镇湖街道志

LOCAL RECORDS OF ZHENHU SUB-DISTRICT

江苏省苏州高新区镇湖街道志编纂委员会　编

图书在版编目（CIP）数据

镇湖街道志 / 江苏省苏州高新区镇湖街道志编纂委员会编 .-- 北京：方志出版社，2019.12

（中国名镇志丛书）

ISBN 978-7-5144-3977-9

Ⅰ. ①镇… Ⅱ. ①江… Ⅲ. ①区（城市）—地方志—苏州 Ⅳ. ① K295.35

中国版本图书馆 CIP 数据核字（2019）第 251338 号

·中国名镇志丛书·

镇湖街道志

编　　者：江苏省苏州高新区镇湖街道志编纂委员会
责任编辑：董　琳

出 版 者：方志出版社
地址　北京市朝阳区潘家园东里 9 号（国家方志馆 4 层）
邮编　100021
网址　http://www.fzph.org
发　　行：方志出版社图书经销中心
电话　（010）67110500
经　　销：各地新华书店
排　　版：北京纺印图文设计制作有限公司
印　　刷：北京中科印刷有限公司

开　　本：787 × 1092　　1/16
印　　张：17
字　　数：321 千字
版　　次：2019 年 12 月第 1 版　　2019 年 12 月第 1 次印刷

ISBN　978-7-5144-3977-9　　定价：138.00 元

序一

习近平总书记指出："不忘历史才能开辟未来，善于继承才能善于创新……只有坚持从历史走向未来，从延续民族文化血脉中开拓前进，我们才能做好今天的事业。"中国优秀传统文化是在漫长的历史长河中历经无数次涤荡和沉淀而形成的思想精髓，蕴藏着无穷的宝藏和无尽的力量。发掘和继承优秀传统文化，是延续中华文明"根"与"魂"的必由之路。与时俱进，推动传统文化不断开拓创新，是中华文明常葆勃勃生机的重要保证。

"国有史，邑有志。"编修地方志是中国特有的文化现象，是中华民族的优秀文化传统。数千年来，连绵不断的志书编修为保护中华民族根脉，传承中华文明发挥了不可替代的作用。中国现存古志有 8000 余种，占现存古籍的十分之一。中华人民共和国成立以来，编修完成数万种省、市、县三级综合性行政区域志、部门志、行业志、专志等，编纂数万种地方综合年鉴、行业年鉴和专门年鉴等，整理出版数千种历代方志及相关研究成果，发表相当数量的方志理论与年鉴理论研究成果。这既是对我国国情、地情持续开展的大规模普遍调查，也是对各地自然与社会发展状况进行的综合研究，其成果构成了一座丰富的文化资源宝藏，为各级领导科学决策提供了重要参考，为推动经济社会发展和文化建设发挥了重要作用。

当前，中国特色社会主义进入新时代，全国地方志事业也进入新时代。如今的地方志事业围绕党和国家利益、经济社会发展，以人民为中心开拓创新，志、鉴、馆、史"四驾马车"并驾齐驱，志、鉴、馆、网、库、用、会、刊、研、史"十业并举"，加快实现在全国范围内全面推进地方志从一项工作向一项事业转型升级。在党中央、国务院的亲切关怀和各级地方志工作者的共同努力下，一批紧密结合社会发展需求、具有独特创造性的工作逐步开展，涵盖中国名镇志、中国名村志、中国名山志、中国名水志、中国名街志等"名志"系列文化工程是其中代表。作为首个"名志"系列文化工程的中国名镇志文化工程，启动于 2015 年，至今已是第三个年头。中国名镇志丛书在记述主体上，选择中国历史文化名镇、经济强镇、特色镇等在全国具有影响力和代表性的乡镇，旨在全面展示中国名镇的文化精髓；在内容题材选择上，重在突出不同名镇的“名”和“特”，力求集中体现不同名镇最精彩的部分，增强可读性；在志书编纂程序设置方面，志书申报、篇目设计、专家审读、专家组验收等流程环环相扣，紧密结合，力争把每一部志书都打造成精品佳志。

习近平总书记指出：“历史和现实都表明，一个抛弃了或者背叛了自己历史文化的民族，不仅不可能发展起来，而且很可能上演一场历史悲剧。”2018 年是改革开放 40 周年，40 年来中华大地发生了翻天覆地的变化，乡镇发生了极为深刻的改变，从粗茶淡饭到有机食品，从粗布衣裙到精美时装，从土屋平房到高楼大厦，人民生活水平大大提高，城乡差距不断缩小。然而，在感受辉煌成就的同时，我们也应该看到，许多精巧的古建、精湛的工艺、亲切的乡音、独特的乡俗也在快节奏的发展中与我们渐行渐远，曾经的家乡正逐渐变为记忆中的故园。

党的十九大报告提出乡村振兴战略，此后党中央、国务院又推出一系列重大举措。实施乡村振兴战略，必须全面加强乡村文化建设，培养乡村文化自信，培植文化之“根”，铸牢文化之“魂”。没有乡村文化的高度自信，没有乡村文化的繁荣发展，就难以实现乡村振兴的伟大使命。振兴乡村文化，既要塑形，更要铸魂，必须遵循乡村发展的客观规律，在发展中把文化的精髓保留下来，把乡土味道、乡村风貌的“魂”传承下去。在保留优秀乡村文化内核的基础上，用现代表现方式，把反映时代精神、先进理念的内容通过群众喜闻乐见的文化产品表达出来，才能够让乡土文化具有更强大的生命力。用创新性的模式书写乡镇志，传承和抢救乡土历史文化，激发爱国爱乡情怀，为探索中国特色新型城镇化发展经验、发展模式、发展道路提供历史智慧和现实借鉴，正是实施中国名镇志文化工程的目的和意义所在。

“月是故乡明”。中国人素有“家国情怀”，家乡的山水是最为美丽的，家乡的风俗是充满温暖的，一声亲切的乡音，一口熟悉的家乡菜，都能拨动游子的心弦，让其魂牵梦萦。中国名镇志丛书是一套全面梳理中国名镇历史人文，挖掘文化特色，突出“名”和“特”的镇志。它能让人民群众深刻感受到本土本乡自然的优美、历史的醇厚、人物的杰出、艺文的风雅等，有助于培养人民群众对家乡文化的自信，激发起人民群众浓烈的爱乡爱国情怀，助力国家新型城镇化建设和乡村振兴战略的实施。

是为序。

中国社会科学院院长
中国地方志指导小组组长　谢伏瞻

序二

连绵不断地编修地方志是我国特有的文化传统，为传承中华文明作出了巨大的贡献。在党中央、国务院的高度重视和支持下，这一古老的文化传统焕发勃勃生机，展现新的活力，成为保存、继承、发扬光大中华优秀传统文化的重要依托，培育和践行社会主义核心价值观的重要媒介，社会主义先进文化建设的重要组成部分，发展中国特色社会主义，增强道路自信、制度自信、理论自信的重要载体，在实现“两个一百年”奋斗目标和中华民族伟大复兴中国梦进程中具有不可替代的地位和作用。

事物总是在不断发展中前进。经过改革开放以来 30 余年的发展，中国特色地方志事业与传统的编修地方志已不可同日而语，形成了志（志书）、鉴（年鉴）、库（地情数据库）、馆（方志馆）、网（地情网站）、刊（期刊）、会（学会）、研（理论研究）、用（开发利用）等多业并举的新格局。截至 2015 年 10 月底，全国编纂完成首轮、二轮省、市、县志书 8000 多种，编修部门志、行业志、专业志、乡镇村志 27000 多种，编纂地方综合年鉴 2300 多种，累计整理旧志 2500 多种，还编纂出版了大量的地情书，字数以百亿计，形成以反映国情、地情为主要内容，全面系统、持续不断、卷帙浩繁的社会科学成果群。另外，还开通了 27 个省级网站、230 个市级网站、816 个县级网站；建成国家方志馆 1 个、省级方志馆 16 个、市级方志馆 86 个、县级方志馆近 300 个。这些成果，成为国家极为重要的文化资源，是国家文化软实力和公共文化服务体系的重要组成部分。

最近几年，地方志工作的触角在不断延伸，部门志、行业志、专业志、特色志、乡镇村志编纂方兴未艾，成为当前地方志事业发展新的增长点和亮点。特别是乡镇志，兴起了编纂热潮，从自发的民间行为逐渐过渡为政府组织的文化行为，有的省份以政府令形式将其纳入地方志编修范畴，像河南省还以省政府办公厅名义要求全省普修乡镇志。乡镇志并不是一个新生事物，据现有资料可考，宋代常棠所撰《澉水志》是现存最早的一部乡镇志。与省、市、县三级志书相比，乡镇志虽属小志，但意义却不小，特别是在当前国家全力推进新型城镇化建设的背景下，乡镇志的作用更显重要。

启动中国名镇志文化工程，是适应当前新型城镇化建设形势发展需要、地方志事业发展形势需要的重要举措，也是充分发挥地方志存史、资政、育人功能的重要手段。作为最基层行政组织的志书，镇志是最接近中国社会发展变迁的国情、地情记录文本，具有重要的历史文献价值。而作为充分反映本区域自然、政治、经济、文化和社会的历史与现状的资料性文献，镇志又能全面展示发展脉络，摸索发展经验，为探索中国乡镇未来发展方向提供借鉴和参考。当然，对于祖祖辈辈生于斯长于斯的中国人来说，故乡就是一个魂牵梦萦的地方，故乡的情怀终生难忘。留得住乡愁，记得住乡思，充分展示名镇文化魅力，激发爱乡、爱国情怀，正是中国名镇志文化工程题中应有之义。

是为序。

中国社会科学院原院长
中国地方志指导小组原组长 王伟光

序三

“国有史，邑有志”，中国自古就有注重编史修志的传统。按照我国目前地方志行政法规，国家各级地方志机构的法定职责是编纂省、市、县三级志书，并不包括县以下的乡镇志和村志。这种规定，一方面可能因为全国有数百万自然村落和数万乡镇，全部实行官修很难实现；另一方面可能因为我国历史上就有“皇权止于县”的说法，县以下的民间社会历来是一个以自治为主的领域。然而，改革开放几十年来，我国社会正在发生巨变，这种巨变在基层社会的乡镇、村落、家庭领域更为深刻。作为“乡之首，城之尾”的镇，逐渐被日益崛起的大都市淹没了光彩，村落在快速的城镇化过程中每天都在大量消失，农村家庭的小型化、空巢化趋势非常突出。在这种情况下，我一直在思考，如何留得住历史文化记忆和乡愁，如何把修志的工作向基层社会延伸？

中国人的“家国情怀”，是从“诚意、正心、修身”开始，到实现“齐家、治国、平天下”。所以从国家一统志，省、市、县三级志，到乡镇志、村志、家谱，也是一个完整的系统。

正是在这种背景下，我们决定启动中国名镇志文化工程。乡镇是无数中国人生命的底色和成长的摇篮。如何在城镇化进程中，留得住乡愁，记得住乡音，忘不了乡思，事关城镇化进程的人文关怀和文化保护，事关文化血脉的传承。同时，科学记录城镇化进程，反映城镇化成就，也为今后探索城镇化发展规律、积累经验提供了基本素材。作为全面系统记述一定行政区域的自然、政治、经济、文化和社会的资料性文献，志书是以上功能最好的载体。

我国目前有 4 万多个乡镇，全部修乡镇志还不具备条件。中国名镇志丛书选择的是传统文化名镇、历史军事重镇、革命历史名镇、民族特色名镇、特色经济名镇、旅游景观名镇等类型的乡镇，应该是最具代表性的，在中国乡镇文化传承和社会发展中具有标杆意义。

编纂中国名镇志丛书是对乡土历史文化的保护。随着城镇化进程加快，有不少乡镇被撤并，有些还是在历史上有重要意义的历史文化名镇、特色镇等。如不及时对其历史进行整理、记录，这些重要的历史资料将散佚殆尽。因此，中国名镇志丛书的编纂是对宝贵历史资料的抢救。

编纂中国名镇志丛书是对乡土意识的传承。什么东西有魅力？故乡的山水，乡音乡情的记忆，乡土的气息和家乡菜的味道，不管走到哪里，总是触动心弦。中国名镇志丛书记录的是家乡的山山水水，家乡的历史文化，家乡的风土人情，留住的是乡愁。这些最能激发远方游子和本地民众的爱乡情怀、爱国情怀。

编纂中国名镇志丛书是一种学术探索。镇志的编纂，实质也是一次深入的社会调查研究。“麻雀虽小五脏俱全”，相比省、市、县，乡镇第一手资料的获得需要付出更大的努力。我们也希望在志书编纂上有所创新，使中国名镇志丛书成为一套图文并茂、雅俗共赏的新型志书。

中国社会科学院原副院长
中国地方志指导小组原常务副组长
李培林

中国名镇志文化工程专家委员会

中国名镇志文化工程学术委员会

江苏省苏州高新区镇湖街道志编纂委员会

江苏省苏州高新区镇湖街道志编辑人员

主　　编　徐建龙

副 主 编　邵　亮

执行主编　林锡旦

编　　辑（按姓氏笔画排序）

王丽佳　朱凤静　刘小春　汤爱兵　孙　妍

张晓东　陈水中　姚海泉　裘　星

摄　　影　沈一鸣　强晓佟　夏听枫　夏剑华等

照片提供　江苏省苏州高新区档案馆

编　　务　浦伟明　郁福明　袁　清　孙建东　金华忠

郁建新　郭　成　姚方亮　李小花

中国名镇志丛书凡例

一、以马克思列宁主义、毛泽东思想、邓小平理论、“三个代表”重要思想、科学发展观、习近平新时代中国特色社会主义思想为指导，坚持辩证唯物主义和历史唯物主义的立场、观点和方法，存真求实，全面、客观、系统记述中国名镇城镇化进程和改革开放成果，传承和抢救乡土历史文化，激发爱国爱乡情怀，留住乡愁，为探索中国特色新型城镇化建设、服务乡村振兴战略提供历史智慧和现实借鉴。

二、为全面反映入志事物发展脉络，各志上限追溯至事物发端，下限一般断至各镇志启动编修年份，个别重大事项可延至搁笔。详今明古，着重反映时代特色和地方特点，重点体现各镇的“名”与“特”。

三、记述地域范围以下限年份的行政辖区为主。为体现名镇在更大区域内的意义，可以从更开阔的区域视野记述与该镇相关的内容。

四、统一采用纲目体，设类目、分目、条目三个层次。横排门类，纵述史实，述而不论。

五、综合运用述、记、志、传、图、表、录等各种体裁，以志体为主。体裁运用适当创新，篇目设置不求面面俱到，一般意义上的乡镇级内容略去不载。

六、除引用文字和附录文献资料外，统一使用规范的现代语体文记述，行文力求朴实、严谨、简洁、流畅、优美，具有较强可读性。

七、人物部类遵循“生不立传”原则，人物传主按生年排序，只选录对本镇发展有重大影响的人物，不面面俱到。

八、各项数据一般采用国家统计部门数据。数据缺乏的，采用主管部门或主办单位正式提供的数据。

九、数字用法、标点符号、计量单位分别执行国家标准《出版物上数字用法》（GB/T 15835—2011）、《标点符号用法》（GB/T 15834—2011）、《国际单位制及其应用》（GB 3100—1993）和《有关量、单位、符号的一般原则》（GB 3101—1993）。历史上使用的计量单位，如斗、石、里、尺、磅、华氏度等，在引文时可照录。考虑到社会使用习惯，全书中亩不统一换算。

十、中华民国成立前的纪年，使用朝代年号纪年，括注公元年份；中华民国成立后的纪年，均使用公元纪年。志中所称“解放前（后）”，以该镇解放日为界；“新中国成立前（后）”，以中华人民共和国成立日 1949 年 10 月 1 日为界；“改革开放前（后）”，以 1978 年 12 月中共十一届三中全会召开为界。本志“××年代”，凡未加世纪者，均指 20 世纪。

十一、为节省篇幅，避免重复，本志采用条目互见法。参见条目的表示形式为：参见本志“××类目·××分目·××条目”。

十二、对旧志、古籍中的繁体字、冷僻字一般用简化字或通用字替换，易引起误解的则保留。

十三、记述各个历史时期的党派、机构、职务、地名等，均以当时的名称为准。对频繁使用的名称，首次用全称并括注简称，其后用简称。

十四、各镇志需要单独说明的事项，均在各自编纂始末中记述。

鎮

镇湖街道在中国的位置

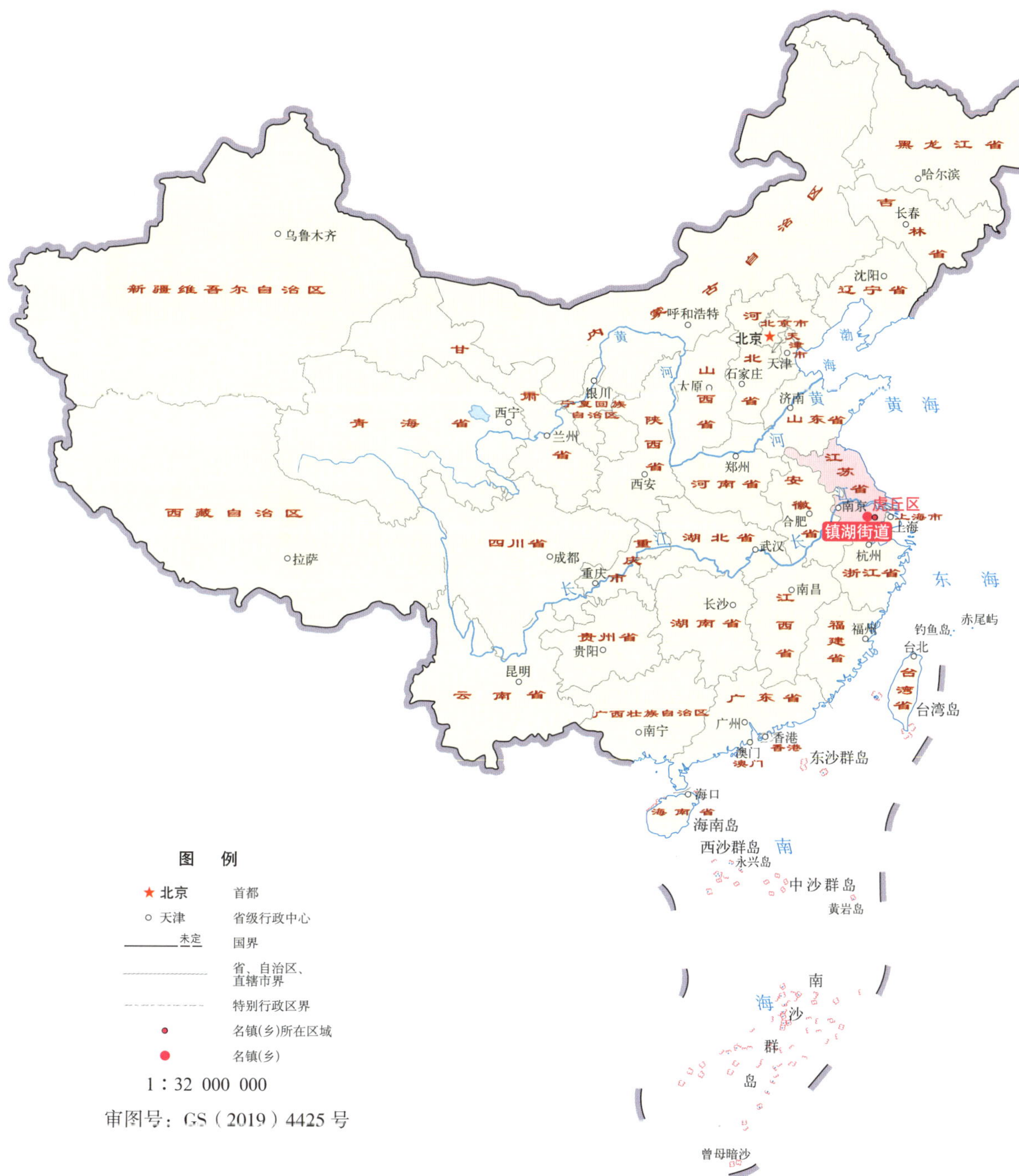

审图号：GS（2019）4425号

镇湖街道在江苏省的位置

镇湖街道地图

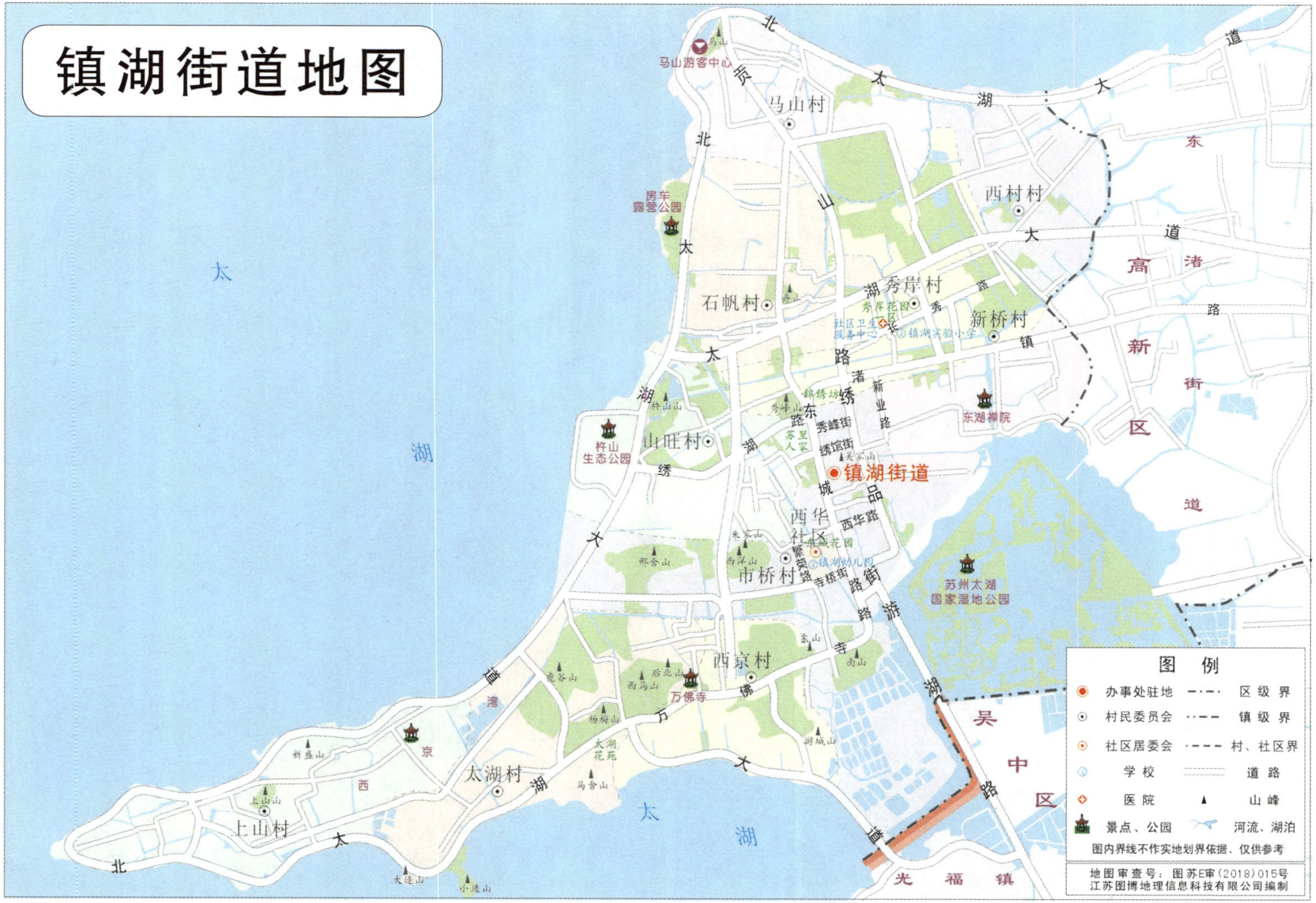

马山游客中心
马山村
西村村
房车露营公园
石帆村
湖秀岸村
秀岸花园
社区卫生服务中心
镇湖实验小学
新桥村
锦绣坊
东湖禅院
杵山生态公园
山旺村
秀峰街
绣馆街
苏里人家
镇湖街道
西华路
西华社区
东城花园
镇湖幼儿园
市桥村
寺桥街
苏州太湖国家湿地公园
西京村
万佛寺
太湖村
上山村
太湖花苑
光福镇
吴中区
高新区
东渚街道
太湖
图例
办事处驻地
村民委员会
社区居委会
学校
医院
景点、公园
区级界
镇级界
村、社区界
道路
山峰
河流、湖泊
图内界线不作实地划界依据、仅供参考
地图审查号：图苏E审（2018）015号
江苏图博地理信息科技有限公司编制

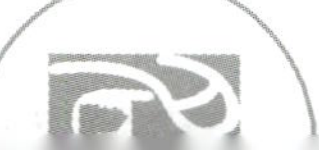

中国刺绣艺术馆园林建筑

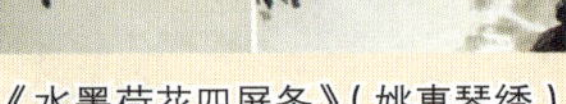

《水墨荷花四屏条》（姚惠琴绣）

《翡翠炉》（陈红英绣）

《醉花荫》（邹英姿绣）

《护法女神图》（蔡梅英绣）

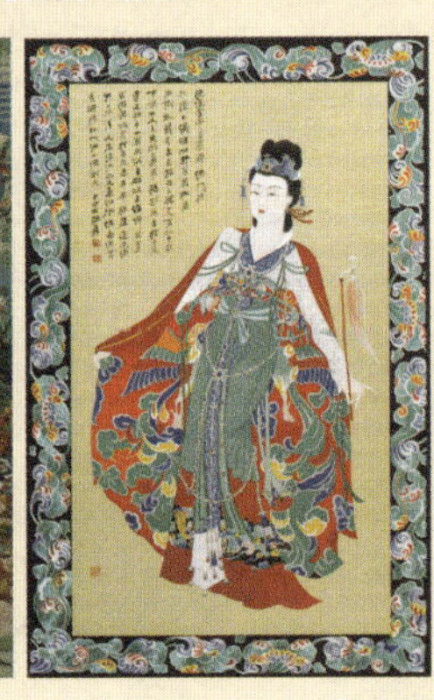

《张大千仕女图》（姚红英绣）

樱桃小鸟

异色异样双面绣《代代相传》（姚梅英绣）

双面三异绣《水果玻璃盘·牡丹花监》(钱建琴绣)

双面三异绣《牡丹花篮·水果玻璃盘》

《长毛猫》(陈红英绣)

《小女孩》(卢福英绣)

《琵琶浔阳图》(王建琴绣)

《月华》(邹英姿绣)

《黄蕊梅红花》(卢梅红绣)

《马踏飞燕》(王丽华绣)

苏州太湖国家湿地公园

镇湖渔船风光

太湖傍晚扁舟归

目录

苏绣之乡　生态镇湖

镇湖为苏州西临太湖斜插湖水的半岛，风光秀丽，旧称西华；而蚕桑刺绣向为习俗，至今不辍。这两大特色在21世纪前后得到了提升和发扬。刺绣文化因双面绣的普及得到提升，从刺绣加工基地逐渐发展为自主生产、经营、销售的中国刺绣基地镇，镇湖因此被文化部评为中国民间艺术之乡，2010年镇湖刺绣获国家质量监督检验检疫总局地理标志产品保护。2013年镇湖划属苏州西部生态城，全面发展绿色生态产业，依太湖风光发展旅游度假产业，生态美景与文化刺绣相辅相成，成为镇湖一幅天然双面绣。

江南水乡，太湖岸边。坐标镇湖，曾称西华；三面环水，一派风光。谓吴西华丽地区，为湖畔锦绣之地。

镇湖旧属苏州吴县，今归苏州国家高新技术产业开发区（以下简称“高新区”）苏州西部生态城。自2002年高新区鼓励镇湖全面发展绿色生态产业，如刺绣文化创意产业、旅游度假产业、现代农业产业、绿色环保产业，挖掘提升地域传统文化，促进自然生态环境与人工生态环境和谐共融，实现生态文明，镇湖形成刺绣文化与生态旅游产业两大亮点，且相互融合辉映。

历史上，镇湖“户户有绣棚，人人会刺绣”，是苏州城区（指苏州古城区）的刺绣加工基地。随着城区双面绣的发展，镇湖刺绣水平也大幅提高。人们常直接到镇湖寻访采购“小猫”刺绣艺术品，寺桥商业区一时设绣庄店铺百余家，环境秩序较乱。镇湖于1998年高标准建起长1700米、宽25米的绣品街，后又改造提升，2011年建成商业特色街，成为著名的刺绣工艺品一条街。2007年，在街西侧建成园林风格的中国刺绣艺术馆。2014年，苏州镇湖刺绣艺术馆有限公司获批国家级非物质文化遗产生产性保护示范基地。镇湖刺绣前后经历了十年积累、十年保护、十年升华的历程，练就了镇湖八千绣女的软实力和硬功夫。国家级非物质文化遗产（苏绣）代表性项目代表性传承人26名。由此形成设计、绘印、染线、刺绣、培训、制框、包装、经营、运输一条龙产业链，街道一半以上的人员都投入其中，并成长为集自主生产、销售、展示于一体的刺绣集群产业。

镇湖早于2000年就开始全力栽培绿色环保刺绣业、文化创意产业。2000年5月4日，镇湖被文化部评为中国民间艺术之乡（2008年统一调整为“中国民间文化艺术之乡”）。同时“真山真水园中城”也从居民向往的美好家园逐步变成了现实。就在苏州西太湖东畔，总面积45平方千米的苏州西部生态城开始进行基础建设，坐拥25千米太湖岸线、10多座大小山脉，镇湖正是其核心区域。

2011年11月，经苏州市政府批准，以总面积19平方千米的镇湖街道为主体，组建市级旅游度假区。已建成苏州太湖国家湿地公园、太湖风情湖滨沙滩浴场、新盛茶园、杵山生态公园、太湖房车露营基地，以及大、小贡山岛，裸心泊等。2014年5月，苏州太湖湖滨国家湿地公园通过国家AAAA级旅游景区验收。2015年，中国刺绣艺术馆景区建成全国首家刺绣文化产业国家AAAA级旅游景区。2015年，苏州西部生态城成为苏州首家国家生态旅游示范区，是苏州乃至江苏的生态高地。

2015 年 5 月 25 日，苏州太湖国家湿地公园、中国刺绣艺术馆两景区成功获评首批全国旅游价格信得过景区。

镇湖的生态文明建设融合各产业，日新月异地展现出现代农业产业新庄园的气象，有各具特色的绿色蔬菜生产区、观光果园、水产养殖区、水生植物种植区、休闲木屋区等功能区，新能源汽车充电桩、生态廊道和杵山生态公园西侧太湖水域旅游项目，生态建设在苏州大获成功，低碳、环保、绿色梦想触手可及。镇湖由此成为生态示范区，而苏绣精品，屡屡被作为国礼馈赠，成为国家名片。

经过多年建设，苏州西部生态城“水绿相系、一心一带多廊；产业驱动，六大组团”的总体结构特征，展现在世人面前。以游湖湿地公园为主体的生态“绿心”，是具有生态价值的核心景观；以沿太湖 1 千米生态区域为主体的湖滨景观游憩带，是生态城建设与太湖水域之间的生态缓冲区域；以多条山水廊道为纽带组织游湖与沿太湖生态区域的生态沟通走廊。以产业为驱动力形成了以活力主核、创意小镇、低碳邻里、太湖广场、雅居小城、健康绿核为主题的 6 个实体功能组团。

2015 年，镇湖全年旅游刺绣经营额达 14.6 亿元，村集体经济平均收入 245 万元。全街道教科文卫高质量发展，社会保障系统全覆盖。2015 年年终，户籍人口 23022 人，其中 90 岁以上长寿老人 213 名，人均收入 25956 元，户均收入 89629 元。

向往西华，因其华丽清新；热爱镇湖，得其宜居温馨。镇湖不搞大开发，而是以保护传统文化和生态环境为中心，向世人展示着雅绣镇湖之精美“双面绣”：生态与文化相结合，相辅相成，相映成趣，恰如生态美景与文化刺绣的一幅双面绣。没有文化的生态就缺少灵魂，没有生态的文化就缺少生命。主动把生态、文化深度融合，已成为镇湖街道的一大特色。

基本镇情

镇湖三面环水，山清水秀。太湖大道直达镇湖，交通便捷，资源丰富，产业生态，经济社会稳定。教科文卫齐备，社会保障惠及民众。2015 年镇湖 2 万余人口，90 岁以上长寿老人 213 名。民风淳朴，百姓自食其力，勤劳持家，生活小康。

建置区划

建置沿革 镇湖，古时称西华。秦王政二十五年（前222），秦平定江南，置会稽郡，以吴国古都设吴县，属苏州吴县。唐陆广微《吴地记》后集载，吴县二十都，其中即有“西华”之名。梁大同年间（535—546），建造长山教寺（地址在今寺桥东侧），教寺西侧河道建造石板桥，桥名“寺桥”，桥堍西逐渐形成商贸集市，俗称“寺桥头”。北宋元丰年间（1078—1085）以境域在吴县西部太湖之滨，山清水秀，物产丰富，水乡江南，华丽之地，遂设西华乡建制，意为“吴西华丽之地”。主街因名西华街，位于市桥村，东西走向，东起东城路，西至繁荣路。旧时，曾有南北杂货店、布匹店、药店、席行、渔行等50多家。1929年8月，沿用乡名“西华”设西华镇。集镇所在地别名西夏（方言与“西华”同）、寺桥（以万佛寺得名）、市桥（集市所在），下辖5个乡，即市岸乡、石帆乡、东马乡、三洋乡、长巷乡。

1949年10月，西华镇撤镇建乡，划建为镇湖、青龙、山湖3个乡。相传大禹曾用铁锅沉入游湖镇住蛟龙，乡以传说取名“镇湖”，属吴县木渎区，乡政府驻寺桥。1956年10月，撤区并乡，镇湖、青龙、山湖3乡合并成立镇湖乡，辖17个行政村（社），属吴县。1958年10月，镇湖撤乡建镇湖人民公社，划建为12个大队，即上山、大连、马市、西京、市桥、新桥、邢旺、杵山、石帆、马山、马桥、市岸。1962年，从市岸大队分出西村，成立西村大队。1983年7月，恢复镇湖乡建制，乡政府驻寺桥街，辖13个行政村，即上山、大连、马市、西京、市桥、新桥、邢旺、杵山、石帆、马山、马桥、市岸、西村。1989年12月27日，成立寺桥居委会。

1995年6月8日，镇湖乡属吴县市。1995年11月24日，镇湖撤乡建镇，实行镇管村体制，辖寺桥居委会和上山、人连、马市、西京、市桥、新桥、邢旺、杵山、石帆、马山、马桥、市岸、西村13个村委会，镇政府驻寺桥。1997年10月18日，镇政府迁至西华路 1 号。

2000 年 12 月 31 日，镇湖镇属吴中区。

2002 年 4 月，撤销镇湖镇并入东渚镇。7 月 15 日，原镇湖镇区域随同东渚镇从吴中区划归虎丘区管辖。9 月 6 日，苏州市调整新区和虎丘区行政区划，成立苏州国家高新技术产业开发区（简称“高新区”）（虎丘区），为两块牌子，一套班子。原镇湖镇区域属苏州高新区（虎丘区）。10 月 16 日，撤销镇湖镇建制，改设镇湖街道办事处，沿用至今。

行政区划

明清时期，县以下设乡，乡以下为都、图、村。清末民初，西华乡辖 3 个都，即二十三都、二十四都、二十五都，24 个图。1931 年，西华属吴县第三区（即光福区），1947 年，并编属吴西区。1949 年 4 月 27 日后，隶属吴县木渎区人民政府。1950 年 3 月，区乡调整，隶属光福区，划建青龙、镇湖、山湖 3 个乡的区划，分别下辖行政村、自然村。

乡、公社、生产大队 1956 年 4 月，青龙、镇湖、山湖 3 乡合并，成立新的镇湖乡，并建有高级农业生产合作社 17 个。1958 年成立镇湖人民公社，下设 12 个生产大队，一度曾改为 6 个营、44 个连。1959 年年底，恢复 12 个生产大队，111 个生产队。1962 年，调整为 13 个生产大队，129 个生产队。1970—1982 年为 13 个生产大队，144 个生产队。1983 年 7 月，恢复镇湖镇建置，改生产大队为行政村，改生产队为村民小组。

镇、行政村 2000 年年末，全镇辖 1 个居民委员会、1 个渔业村、13 个行政村，即市桥村、邢旺村、马桥村、杵山村、石帆村、马山村、市岸村、西村村、新桥村、西京村（明代曾以山名“雷堆山”为村名，清末以河浜“西泾”为村名，1958 年春以“泾”“京”谐音改名西京村）、马市村、大连村（1950 年以大址头的“大”和连头的“连”作行政村名）、上山村，144 个村民小组。

街道办事处、行政村 2002 年 10 月 16 日，苏州市区划调整，镇湖镇随之撤销镇建制，改设镇湖街道办事处。

2004 年 12 月 1 日，原大连村与马市村合并改为三湖村，邢旺村与杵山村合并改为山旺村，马桥村与市岸村合并改为秀岸村。2007 年 10 月，原三湖村更名为太湖村。2011 年 4 月，原市镇居民委员会更名为西华社区，并将渔业村划归西华社区。2015 年年末，镇湖街道办事处管辖10个行政村（市桥村、新桥村、秀岸村、西村村、山旺村、马山村、石帆村、西京村、太湖村、上山村）、85个自然村、144个村民小组以及西华社区居委会。

行政村、社区

市桥村　俗称寺桥头，也称寺桥村。地处镇湖镇中心地区。历来是乡、镇政治所驻地。南临太湖，西至西京，东接新桥，北与邢旺、马桥相邻。

市桥村辖寺桥头、西洋、金家（约半个村属邢旺村）、东干里、东城等9个自然村、20个村民小组。总面积为4.68平方千米（含市镇），总耕地面积1513亩，其中，水田1215亩、旱地298亩。2000年年末，水产养殖总面积500亩，养殖品种有青鱼、草鱼、鳗鱼、虾、蟹共10多个品种，总产量191.5吨。2015年年末，总户数878户，总人口2951人，经济总收入335万元。

新桥村　因村里有大新桥（系三孔石板桥）而得名，位于镇东3.2千米。东与东渚镇小市上毗邻，南紧靠游湖，西与市桥村的东浜上接壤，北至县乡公路。

新桥村辖大新桥、湾斗里、小新桥、望河村、后庄村等9个自然村，10个村民小组。总面积为1.02平方千米，2015年总耕地面积789亩，其中，水稻田面积699亩，旱地面积90亩。生猪出栏256头，家禽出栏1865羽。工业销售收入400万元，利税76万元。妇女以从事刺绣业为主，第三产业总值427万元。2015年年末，总户数393户，总人口1375人，经济总收入298万元。

秀岸村　由原马桥村和市岸村合并而成。原马桥村位于镇北1.1千米，市岸村位于镇东北4千米。东与新桥村接壤、与西村相邻，东南至县乡公路，西与杵山村相邻，西北与石帆村毗邻，北与马山村郁舍相连。

2004年12月1日，马桥村与市岸村合并改为秀岸村，辖市岸村、沙盆桥、庄上村、马家村、东浜村等20个自然村，17个村民小组。2004年总面积为2.13平方千米，总耕地面积1625亩，其中粮食作物面积1368亩，旱地257亩。历来以种粮食、油菜为主，土地高程普遍在5.5米以上，为全镇最高，一般不受涝灾之害，土地肥沃，是全镇粮食生产的高产、稳产区，水稻平均亩产最高达618千克。2000年粮食总产量768吨，油菜籽总产量70.4吨。村办企业4家，工业总产值390万元，利税总额23万元。2015年年末，秀岸村总户数696户，总人口2608人，经济总收入266万元。

青山绿水摆渡处

西村村 位于镇东北4.2千米。东与东渚长巷吴公桥为界，南与新桥村接壤，西与市岸村相邻，北紧靠太湖。

西村村辖西村、濮舍、金家里、袁家浜、后塘头等10个自然村，14个村民小组。全村总面积为1.40平方千米。总耕地面积999亩，其中，水稻田858亩，旱地面积141亩。2000年，全村粮食总产量552吨，油菜籽总产量29.5吨。租50亩地种植黄桃，年产量5吨。合股开办金丝雪菜厂，种植雪里蕻400余亩，产量达80吨，形成选种、育苗、移栽、收获、腌制、加工、包装等一条龙生产线，年产值170多万元，利润8万～10万元。2015年年末，总户数518户，总人口1789人，经济总收入311万元。

山旺村 由杵山村和邢旺村合并而成。杵山村位于镇湖镇西北1.5千米，西靠太湖，北靠杵山，故称杵山村。南与邢旺村相连，北与石帆村师姑港为界，东与马桥村毗邻。邢旺村紧靠市镇，南与市桥村毗邻，东紧靠长山港。

2004年12月1日，杵山村和邢旺村合并为山旺村，辖4个半自然村，13个村民小组。总面积为1.78平方千米，总耕地面积为1311亩，其中，水稻田面积1068亩，旱地面积243亩。20世纪80年代开始大规模种植苗木，种植面积后发展到280多亩。当时称杵山村为“花木村”，种植的品种有龙柏、白玉兰、广玉兰、五针松、盘槐、雪松、五色山茶、小叶黄杨、法国冬青、红枫、青枫、铁树、蜡梅、月季、香樟等几十种苗木。2015年年末，总户数618户，总人口2268人，经济总收入339万元。

马山村 位于镇北3.5千米，西、北紧靠太湖。东与市岸村近邻，南与石帆村相连。

马山村下辖马山、郁舍、王家、陆图里、石套里、朱家弄6个自然村，14个村民小组，总面积1.80平方千米。总耕地面积1181亩，其中，水稻田1032亩、旱地149亩。马山村历来有捕鱼传统，亦农亦渔。2000年年末，粮食总产量648吨，油菜籽总产量28.4吨；拥有捕鱼船只112艘，沿太湖围网养殖（蟹）面积2100亩，全村捕鱼和养殖总产量达131.5吨。纯农业产值856万元，林牧渔总产值835万元。2015年年末，总户数593户，总人口2113人，经济总收入313万元。

石帆村 位于镇湖北1.5千米。南与马桥村相连，西紧靠太湖，北与马山村相邻，东与市岸村薛家里接壤。

石帆村辖江湾里、东石帆、中石帆、西石帆、西庄上等9个自然村，14个村民小组。总面积1.72平方千米，全村以种植水稻、三麦、油菜等粮油作物为主。总耕地面积为1439亩，其中，粮食作物面积1264亩，旱地面积175亩。2000年，粮食总产量669

吨，油菜籽总产量 37.3 吨。2015 年年末，总户数 651 户，总人口 2372 人，经济总收入 277 万元。

西京村 位于镇西南 2.1 千米。东、北与寺桥村接壤，南紧靠太湖，西与马市村毗邻。

辖区内有西京村、东马村、前城村、后城、游城村、三家园 6 个自然村，11 个村民小组。村内万佛石塔始建于南宋绍兴年间（1131—1162），寺称万佛寺，为全国重点文物保护单位。全村总面积 1.5 平方千米。总耕地面积 1229 亩，其中，水稻田面积 835 亩，旱地面积 394 亩。2000 年，粮食总产量为 520 吨，油菜籽总产量为 24.9 吨；有针织企业 2 家，建筑总面积 13632 平方米，有织布机 220 台、针织机 550 台，职工 295 人，职工人均年收入 9635 元；农业总产值 1965 万元，工业总产值 8660 万元，第三产业总产值 865 万元。2015 年年末，总户数 545 户，总人口 1924 人，经济总收入 267 万元。全村人均居住面积 60.5 平方米。

太湖村 由大连村和马市村合并而成。南北皆靠太湖。大连村俗称大址（嘴）头。位于镇西部 4.1 千米，东与马市村相连，西与上山村接壤。马市村位于镇西 3 千米，东与西京村毗邻，具有山高田低的地理特点。

太湖村辖大址头、连头村、田肚里、马舍头、寺塘湾、西马 6 个自然村，14 个村民小组。全村总面积 1.83 平方千米，总耕地面积 1411 亩，其中水稻面积 1132 亩，旱地面积 279 亩。年出栏生猪 368 头。20 世纪 80 年代后办苗圃场，种植面积曾达 200 多亩，以种植槐树（盘槐）最多，大连村被称为“槐树庄”，后剩 40 多亩。至 1995 年，在市镇的东城路、寺桥西街、西华路经营刺绣工艺品的门店有 30 多户，占全镇刺绣产业的 40% 以上，主要将刺绣品进行裱装，自产自销。个体门店每年营业总额在 200 万元左右。第三产业总产值 841 万元。2004 年 12 月 1 日，原大连村与马市村合并为三湖村；2007 年 10 月，三湖村更名为太湖村。2015 年年末，总户数 512 户，总人口 2000 人，经济总收入 356 万元。

上山村 镇最西部的行政村，距市镇 5.2 千米。东与大连村接壤，南、西、北紧靠太湖，地处镇湖半岛顶端。面向三万六千顷太湖，是观夕阳西下太湖瑰丽奇景的最佳地方，俗称“峧嘴”。

全村辖上山村、新盛村、三洋村、高家村 4 个自然村，17 个村民小组。总面积为 1.68 平方千米。总耕地面积 1312 亩，其中，水稻田面积 1152 亩，旱地面积 171 亩。2000 年，粮食总产量 627 吨，油菜籽总产量 35.1 吨。上山村船匠较多，湖州、无锡、宜兴等地和太湖渔民称其为“峧嘴匠人”。所打造的各种七桅船、舢板船等大小船行驶快、质量好，江、浙一带常有人来请他们去指导造船。农闲时妇女兼营刺绣，并办有刺绣厂；男子捕鱼虾，有捕鱼船 115 艘，养殖面积 500 亩，捕殖总产量 94.5 吨。2000 年，全村第三产业总产值 817 万元，村办企业职工人均年收入 6756 元。2015 年年末，总户数 512 户，总人口 2000 人，经济总收入 356 万元。全村楼房 436 幢，人均居住面积 56.8 平方米。

西华社区 历史上西华镇（寺桥头）无集镇居民行政管理系统。随着改革开放政策的深入和城乡经济的发展，小城镇人口不断增加，至 1992 年，市镇居民人口达到 912 人。1997 年冬，正式成立市镇居民委员会。2000 年春，把寺桥村、邢旺村等附近的部分村民和镇私营业主划入城镇居民户籍。至 2000 年年末，镇湖镇市镇居民总户数 1230 户，总人口 2283 人。

2008 年 5 月，筹建成立西华社区，在东城花园西侧有社区用房 2200 平方米。辖区总面积 0.8 平方千米，绿化覆盖率 36%，共有 12 个居民小组，628 户农户，常住人口 1591 人，外来人口 215 人，有各类企业 12 家。2011 年 4 月，将 1990 年初建的渔业新村（渔民新村位于镇东 3.1 千米，东、北紧靠新桥村，南临游湖，西与市桥村相接）并入西华社区；11 月，西华社区从市桥村分离出来。2012 年 6 月，西华社区搬到服务中心办公。2015 年年末，西华社区总户数 644 户，总人口 1360 人。

区位交通

区位面积 1950 年前，镇湖面积 0.15 平方千米。随着建设扩张，镇湖形成“井”字形小城镇，2000 年年末，市镇区域面积 0.55 平方千米。至 2015 年年末，镇湖街道市镇中心区域面积 1.6 平方千米，镇湖街道区域（包括水域、岛屿）总面积 20.19 平方千米。

镇湖位于苏州市西部太湖之滨，北纬 31° 5′ ~ 31° 15′ ，东经 120° 7′ ~ 120° 72′ 。

太湖湿地公园

距苏州市中心约26千米，东邻东渚镇长巷、中村、新苏等村；南傍太湖，与吴中区光福镇安山村、窑上、冲山隔湖相望；西、北临太湖。南、西、北三面环水，分别与光福镇、宜兴市、无锡市隔湖相峙。

一叶扁舟在太湖

落日余晖

镇湖春色

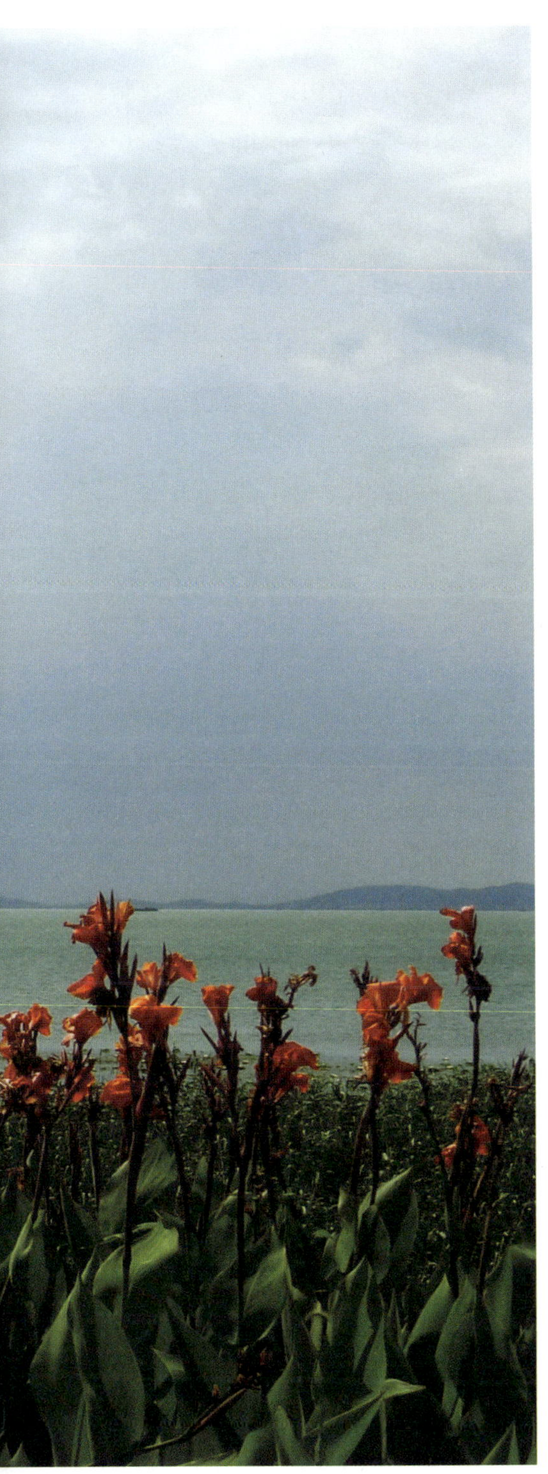

镇湖东距苏州市中心约 26 千米，距吴中区 25 千米，距上海虹桥机场 85 千米，距光福机场 8 千米；南距太湖乡水路 7.5 千米，距西山岛水路 15 千米，距浙江省湖州水路 45 千米；西距宜兴市水路 35 千米；北距无锡市水路 25 千米、陆路 30 千米。地处长江三角洲，沪、苏、通经济圈和上海经济区大都市圈内。

对外交通 镇湖东面靠沪宁高速公路、312 国道和京杭大运河等陆、水交通枢纽，太湖大道便捷连通环城高架线，公交快线 3 号可达苏州火车站、火车站北广场西侧城市候机楼（苏州通浦东、虹桥国际机场班车）、长途汽车站。另有公交线路 352、43、441、330、351、320 路均通达镇湖中国刺绣艺术馆（镇湖街道办事处、苏州西部生态城管委会）、苏州太湖国家湿地公园。

自然地理

地形地貌 镇湖地形狭长，东西全长 9.3 千米，南北最宽处 5.9 千米，最狭处 1.2 千米，总面积 20.19 平方千米。环太湖沿线长 20.86 千米（含湖边山脚），伸入太湖，成为太湖中的一个半岛。镇湖境内中部山多，地势相对略高，地面黄海高程 5.5 ～ 6 米。境东部、东北部为平原，西部的马舍山至上山之间为平原，地面黄海高程 4 ～ 4.5 米。全境地势呈丘陵地貌特征，为高平田地区，土壤以黄棕泥土为主，在水旱交替情况下，腐殖质得以积累，全量养分和速效养分均很多，微粒结构发达，透气透水性好。

气候气象

镇湖地处中亚热带北缘，受太湖小气候调节，雨水充沛，日照充足，无霜期长，具有明显的季风气候，气候温和湿润，干湿冷暖，四季分明。春季冷暖多变，夏季炎热多雨，秋季天高气爽，冬季寒冷干燥。夏季昼长夜短，盛行东南风，冬季日短夜长，常刮西北风。

气温　历年平均气温 15.9℃。最冷为 1 月，月平均气温 4.3℃；最热为 7 月，月平均气温 27.8℃。20 世纪 80 年代后气温逐渐升高，历年平均气温 17.2℃，最高气温 39.2℃。

雨量　全年雨量以夏季（6—9 月）为最多，约占全年降水量的 45% 以上，冬季最少。全年有 5 个相对多雨期：桃花雨（清明至立夏）、黄梅雨（芒种至小暑）、处暑雨、台风雨、秋雨。黄梅雨及台风雨对农作物和人民生活影响最大。年最多降雨日 149.5 天（1957 年）。20 世纪 80 年代后，历年平均降水量为 1236.5 毫米，年降水量最高为 1636.4 毫米（1999 年），年降水量最低为 780.5 毫米（1992 年）。

日照霜雪　历年平均日照数为 2189 小时，平均日照率为 49%。历年平均蒸发量为 1255.8 毫米。年平均相对湿度为 79%。历年平均无霜日为 245 天，一般初霜在每年 11 月上、中旬，终霜日在 3 月份。历年平均气压为 1016.2 百帕斯卡。历年平均风速为每秒 3.9 米，间级大风速为每秒 27.3 米。历年平均下雪 1 ~ 3 次，最大积雪厚度 20 厘米。

主要山水

境域中部有山，太湖边有岛屿。域内多河流，三面环太湖。

山丘　境内有大小山丘 26 座，其中大贡山、小贡山、乌龟山为太湖中岛屿，太湖七十二峰，镇湖占三峰。大贡山海拔高 68.8 米，为镇湖最高山丘。镇湖陆地最高峰为马山，又名石套山，紧临太湖，在镇北部，与大贡山岛隔湖相望，海拔 35.5 米。次为马舍山，位于境域南部，在马舍村东南侧，东北与后北山脉接壤，海拔 34 米，主峰俗称凤凰岭，面向南太湖，山坡上建有太湖度假村和花园、上海交警培训基地。再次为杵山，俗名诸山，海拔 27.4 米，紧临太湖，位于师姑港口西南，产石英石，几经开采，有 60%

上海在镇湖所设培训疗养基地

的山坡被铲为平地。其余为十几米乃至十米以下的小山，系小丘陵地。海拔 13.4 米的小连山位于境西南，雨季太湖水大而成为岛屿，冬季太湖水小而成陆地。随着人为干预，有的小丘已化作坡路或削成大道。

河流 境域三面环水插入太湖，经千百年来自然演变和人工治理，共有大小河流（浜）104 条，贯穿于太湖流域，纵横交错，形成与京杭大运河相通的河网系统，总长度 63201 米。其中，骨干河道 8 条，即上市河、长山港、大寨河（运河）、大新桥港（运河）、游湖（运河）、石帆港、马山新港、市干桥港；通太湖水闸 10 个，即游湖口、西京港口、大连港口、上山港口、三洋港口、新盛港口、马肚港口、师姑港口、马山港口、郁舍港口。大小河流起着引调蓄纳和吞吐水量的作用，具有典型的江南水乡特色。

上市河。东起市镇南山大桥，经前塘桥、东马、西马、大连至上山、高介村止，长 6253 米，是横贯镇西部的东西向河道。

长山港。南北向贯通市镇中心，由南山大桥，南接游湖和上市河，经市镇、邢旺村、杵山村，至石帆村师姑港通太湖水闸，长 2490 米。

大寨河。是镇北横贯东部区域的东西向河道，东接望湖桥，经市岸沙盆桥、马家村，至杵山村杵山山西嘴，长 2830 米。

大新桥港。俗称塘河，东南向，东接东渚长巷，经西村望湖桥，至大新桥，长 2780 米，是经东渚、通安至苏浒运河的船运航道。

游湖。是 20 世纪 70 年代末围垦游湖的堤外河道，东接东渚游湖，经大新桥港，西接上市河，西南至游湖口太湖水闸，南接光福河道（安山港）到铜坑，长 2400 米。

石帆港。东西向，东至罗里口，北接马山新港，经石帆村，西接长山港（接师姑港水闸），长 2705 米。

马山新港。南北向，南接石帆港，北至马山老港太湖水闸，长 1110 米，是镇东北部船只进出太湖的主要通太湖港口。

市干桥港。东北、西南向，东北郁舍新开港、经市干桥，西南接马山新港，长 1900 米。

自然资源

镇湖有丰富而优质的水资源，并提供给其他区域。各类植物有 200 多种，其中有珍贵中药材 28 种；动物资源 100 多种，尤以太湖地方特产鱼类为特色。

镇湖取自太湖水的自来水厂

水资源 境内为水乡地区，水资源丰富，陆地内河主道95条，总长5384米，折合面积为1569.2亩。太湖水域：东有大、小贡山与东渚镇长巷、通安镇金墅之间的湖面，西有与光福窑上村、冲山之间的湖面，北有小贡山岛与无锡市之间的湖面。据不完全测算，镇湖所辖太湖水域面积在80～85平方千米左右。

太湖水 太湖为国家一级水源保护湖泊，湖水透明度为0.35～0.5米。据1995年实测水质，平均pH值为7.8～8.2，矿化度为157.66毫克／升，总硬度为1.523毫克当量／升，碱度为1.251毫克当量／升，游离二氧化碳多数测点未检出，溶解氧为9.73毫克／升。太湖悬移质平均含沙量为0.05千克／立方米。

地下水 镇域地下水十分丰富。第四系中有1～2层含水层，出水量150～250吨／日，水温17℃～20℃左右，水质好，是民用和工业用水的良好水源。

野生类树种 榆树、朴树、冬青、榉树、柘树、楝树、刺柏、乌桕、枫杨、杨树、榕树、香椿、梧桐、槐树、合欢、三角枫、枸杞、小叶女贞等。

树木类 黑松、马尾松、五针松、雪松、罗汉松、柳杉、水杉、龙柏、扁柏、刺柏、香樟、杨树、柳树、榉树、楝树、槐树、桑树、桃树、苏铁、黄杨、冬青、泡桐、梧桐、棕榈、茶树、橘树、枇杷、杏树、银杏、香椿、女贞等。

藤本植物 金银花、葛藤、紫藤、爬山虎、野毛豆等。

草本植物 夏枯草、野枯草、青蒿、艾蒿、野菊、益母草、背阴草、紫花地丁、野胡萝卜、半边莲、蒲公英、车前草、天门冬、麦冬、马齿苋、稗草、水花生、凤眼蓝、红萍、鸭舌草、水草、野菱、虎耳草、牛蒡、牛膝、白茅、狗牙根、芦苇、葛芒、黄梅草、喇叭花、凤仙花、鸡冠花、马鞭草、风轮草、宝盖草、野芝麻、薄荷、一串红、韩信草、通泉草、节节草、筋骨草、野草莓、刺茄、马铃薯、金鱼草等。

水生植物 湿草甸、芦苇、荷花等。湿地植物类型多样，分为挺水植物、浮叶植物和沉水植物三种。挺水植物即植物的根、根茎生长在水的底泥之中，茎、叶挺出水面，如莲藕、荸荠、香蒲、芦苇、慈姑、灯芯草、菖蒲、紫芋等。浮叶植物是生于浅水中，叶浮于水面，根长在水底土中的植物，如睡莲、王莲、菱、芡实、莼菜等。沉水植物是指植株全部或大部分沉没于水下的植物，如苦草、眼子菜、黑藻、金鱼藻、水车前、中华水韭等。

花卉类 玉兰、广玉兰、蜡梅、含笑、金桂、银桂、丁香、樱花、山茶花、君子兰、石竹、寿星桃、紫荆、杜鹃、月季、玫瑰、迎春、茉莉、白兰、金粟兰、海棠、凤仙、鸡冠、万年、芭蕉、美人蕉、蝴蝶花、菊花、兰花、水仙、芙蓉、荷花、紫薇、石榴、夹竹桃等。

瓜果类 西瓜、香瓜、甜瓜、田鸡瓜、桃、杏、李、柿、枣、枇杷、柑橘、黄桃、金橘、石榴、银杏、葡萄等。

粮油类 粳稻、糯稻、籼稻、小麦、青稞、大麦、玉米、甘薯、大豆、小豆、绿豆、蚕豆、豌豆、油菜、芝麻、向日葵、蓖麻、花生等。

蔬菜类 青菜、白菜、菠菜、香菜、蕹菜、苋菜、茼蒿、韭菜、芥菜、雪里蕻、辣椒、大豆、扁豆、豌豆苗、豇豆、菜豆、黄豆芽、绿豆芽、荠菜、落葵、马兰头、枸杞、冬瓜、南瓜、丝瓜、笋瓜、黄瓜、菜瓜、瓠瓜、平菇、蘑菇、慈姑、红萝卜、白萝卜、水芹、旱芹、生菜、金针菇、刀豆、莲藕、茭白、葱、大蒜、洋葱、莴苣、番茄、茄、马铃薯、芋头、竹笋、包菜、花椰菜、长梗菜、黄花菜等。

中药材 镇湖镇境内，中药材主要分布在大、小贡山，有圆叶乌桕、合欢花、枫杨、苦楝皮、小叶女贞、枸杞、金银花、野菊花、爬山虎、蒲公英、夏枯草、紫花地丁、蛇床、野三七、半边莲、半枝莲、千层楼、益母草、避阴草、车前、桔梗、腊梅花、土鳖虫、侧柏叶、龟板、蜈蚣、乌梢蛇、鳖甲等。

家畜家禽类 奶牛、山羊、湖羊、猪、狗、猫、兔、鸡、鸭、鹅、珍珠鸡、鸽子。

畜类 鼬、野兔、刺猬、鼠、蝙蝠、山猫等。

鸟类 麻雀、斑鸠、黑尾蜡嘴雀、画眉、喜鹊、乌鸦、白头翁、燕子、猫头鹰、杜鹃、野鸭、赤麻鸭、绿头鸭、罗纹鸭、绿翅鸭、斑嘴鸭、红头潜鸭、青头潜鸭、鹊鸭、鹈鹕、白鹳、苍鹰、雀鹰、翠鸟、啄木鸟、黄鸟、苍鹭、白鹭、金翅雀、红头长尾山雀等。

两栖类 蟾蜍、青蛙。

爬行类 龟、鳖、壁虎、赤链蛇、翠青蛇、蝮蛇、乌梢蛇、竹节蛇等。

环节类 蚯蚓、黑蚂蚁、黄蚂蚁、白蚂蚁、河虫、中华急游水虱。

节肢类 白虾、细足米虾、青籽虾、蟹、螃蜞、蚕、鼠妇、蜘蛛、蜈蚣、斑蝥、蜜蜂、土鳖虫、螳螂、苍蝇、蟋蟀、蝼蛄、天牛、蜻蜓、蚊、蝗虫、蟑螂、稻螟、萤火虫、金龟子、小头水蛱、猪儿虫。

软体类 中华圆田螺、蜗牛、黄蚬、方形环棱螺、蜒蚰。

脊索、脊椎类 鲚鱼、湖鲚、大银鱼、银鱼、白鱼、鲫鱼、青鱼、黑鱼、草鱼、鳜鱼、鲤鱼、鳗鱼、鲢鱼、花骨鱼、川鲦、鲈鳜、鳝鱼、泥鳅、鳊鱼、寡齿短吻银鱼、麦穗鱼、西湖颌须鮈、鲶鱼。

人口姓氏

人口总量 现有资料最早为1948年，当时镇湖居住总人口11969人，其中男性6030人，女性5939人。

1949年10月撤镇建乡，西华镇分划为3个小乡，总人口12469人，其中男性6408人，女性6061人。镇湖乡总人口3940人，其中男性1940人，女性2000人；山湖乡总人口4104人，其中男性2201人，女性1903人；青龙乡总人口4425人，其中男2267人，女2158人。

1953年第一次人口普查，镇湖乡3721人，山湖乡3896人，青龙乡4310人，合计11927人。1964年7月1日，全国第一次人口普查，镇湖境域总户数3574户，总人口15040人。2015年年底，镇湖街道总户数6667户，总人口23022人。

人口构成

民族构成 镇湖人口素以汉族居住。20世纪80年代后，有少数民族姑娘陆续嫁入镇湖。2000年第五次全国人口普查显示，镇湖少数民族有壮族、侗族、土家族、苗族、布依族，共26人。至2015年年底，增加蒙古族、满族、回族、藏族、佤族，共有10个少数民族，共90人。

年龄构成 至2015年年底，0～17岁3506人，18～34岁4752人，35～59岁8990人，60岁以上5774人。61～80岁4346人，其中男性2241人，女性2105人。81～90岁872人，其中男性379人，女性493人。91～101岁213人，其中男性64人，女性149人。

2015 年镇湖 90 岁以上高龄老年人统计表

表 1 单位：人

年龄	91 岁	92 岁	93 岁	94 岁	95 岁	96 岁	97 岁	98 岁	99 岁	100 岁	101 岁
男	15	18	15	3	2	4	3	2	1	—	1
女	29	25	22	19	15	7	11	9	6	4	2
合计	44	43	37	22	17	11	14	11	7	4	3

性别构成 至 2015 年年底，镇湖街道有男性 11198 人，女性 11824 人，男女比例 94.71。

人口来源 一是历史上本地人口；二是因战争、灾荒等因素造成北方人口南徙到镇湖；三是自然出生，四是人口流动变迁，有迁入、迁出。

2015 年年底镇湖街道各村（社区）人口变动情况表

表 2 单位：人

村名	出生			死亡			迁入		迁出	
	合计	男	女	合计	男	女	省内	省外	省内	省外
西华社区	18	8	10	2	2	—	7	2	—	—
市桥村	33	20	13	12	10	2	5	7	1	—
新桥村	15	9	6	5	2	3	2	—	—	—
秀岸村	28	14	14	12	6	6	4	3	—	1
西村村	20	10	10	7	2	5	1	3	—	—
山旺村	24	15	9	15	9	6	3	3	1	1
石帆村	15	10	5	14	6	8	1	6	—	3
马山村	27	14	13	17	5	12	5	7	—	1
西京村	19	11	8	14	5	9	3	3	—	—
太湖村	39	23	16	10	5	5	5	3	1	—
上山村	33	13	20	18	7	11	2	5	3	—
合计	271	147	124	126	59	67	38	42	6	6

主要姓氏 自清末民国初期始，自然村村名带有姓氏的，有董家桥、陈河庄、周家庄、顾家、华家、冯家浜、殷村、姚士泾、赵家墩、吴公桥、袁家浜、钱家浜、时千、朱家、郁家、孙舍、吴家山、时桥、陶家庄、顾家、姚家浜、前孙舍浜、杨家园、濮舍、东王区、仇家桥、马舍、吉家湾、西马、前陈、后陈、东马、邢舍、西马、郁舍、东陈、孙舍、小马家、徐庄、朱家弄、马渎、石套村、杨树园、钱家里、马家、吾家、后王、孙家浜、金家、邢庄、金家、施家弄、陈家弄、倪家弄、高家等村名。至 2015 年年底，除去重名的，则至少有董、陈、周、顾、华、冯、殷、姚、赵、吴、袁、钱、

时、朱、郁、孙、陶、杨、濮、王、仇、马、吉、徐、吾、金、邢、施、倪、高 30 个姓氏以村落名保存下来。

至 2015 年年底，镇湖总人口计 23022 人，姓氏计 260 个。人口超过 1000 人以上的六大姓为：姚（2041 人）、张（1486 人）、郁（1273 人）、陈（1211 人）、顾（1170 人）、朱（1016 人），共占镇湖总人口的 35.61%。500 ~ 1000 人的姓氏有 7 个，350 ~ 490 人的姓氏有 7 个，250 人以下的本地姓氏 51 个，迁入姓氏 189 个。

经济　社会

综合经济　2000 年，镇湖地区生产总值 67758 万元，其中工业总产值 32000 万元。2002 年区划调整以后，高新区管委会明确不考核镇湖 GDP 和工业产值、招商引资的要求。2015 年，镇湖完成地方一般预算收入 12323 万元，占全年目标的 107.16%，同比增长 14.47%；固定资产投资 176390 万元，占全年目标的 103.76%，同比增长 16.81%；新增内资注册资金 26100 万元，占全年目标的 101.4%，同比增长 18.2%。社会消费品零售总额增幅为 4.56%。2015 年，镇湖人均纯收入 25956 元，增长 11.3%；村集体经济平均收入 245 万元，增长 10%。

农业　镇湖历来就是苏州水稻高产地区之一，传统种植以水稻、三麦、油菜为主，副业种桑养蚕、植麻、刺绣、捕鱼、饲养畜禽等。2015 年，农业总产值 831.84 万元，包括粮食、油料等；林牧副渔业总产值 10536 万元；多种经营 37484 万元，包括桃果、葡萄、水梨、蔬菜等。农业口合计总产值 48851.84 万元。

工业　2001—2005 年，有 17 家公司及工厂。2010 年年末，有 11 家公司及工厂。2015 年年末，除高新区西华自来水厂外，其他都属私营企业，内资企业 445 家，工商个体户注册有 1420 户（包括刺绣业）。刺绣业销售总额 14.6 亿元。街道全年工业总产值 1.89 亿元，其中规模以上工业总产值 8600 万元。

服务业　2015年年末，有农业、林业、畜牧业、渔业服务，信息传输、软件和信息技术服务，租赁和商务服务，科学研究和专业技术服务，科技推广和应用服务，居民服务，修理和其他服务等服务机构。街道、西华社区、各行政村和各行业共有服务机构165个，服务业从业人员215人。

教科文卫

教育　教育在镇湖早有基础。旧时曾创办新盛、大连、西马、东山、杵山、郁舍、马山等私塾。新中国成立后，教育发展很快，从学前教育到基础教育到成人教育各层次均涵盖，发展质量和办学水平不断提高。

2015年，镇湖幼儿园占地面积6264平方米，校舍面积4023平方米，户外活动场地3631平方米，绿化面积850平方米。全园22个班级，入学幼儿668名，教职员工73名，均达到“二教一保”师资标准。

1914年，镇湖寺桥创办第一所国民小学。2014年6月，镇湖中心小学更名为镇湖实验小学，为百年老校。2015年年末建成新校区，占地面积51.7亩，建筑面积36952平方米（2016年9月进驻），有各类现代化教育设施。2015年共28个班级，981名学生。76名教师，其中，本科学历56名，大专学历16名，中专学历4名。镇湖小学被评为全国少年宇航技师江苏省活动基地、省三星级科技活动先进学校。

镇湖中学创始于1958年9月，2000年年底，学校占地面积9767.29平方米，建筑面积3845.32平方米。学校藏书22500册，其中，教育类11255册，工具书513册，其他书籍10732册。2013年8月，镇湖中学11个班级、457名学生、62名教职工，与东渚中学合并组建成苏州市高新区第三中学。

幼儿园孩子表演节目

镇湖中心小学打击乐《龙腾》获江苏省第四届少儿艺术节“少儿文艺赛演”一等奖

1989 年 8 月建立成人教育中心校，与苏州电视中等专业学校联办两期电视中专班，毕业 12 名学生；与苏州市职工业余大学、吴县市电视大学联办 3 期企业管理、经济管理大专班，毕业 54 名学生。镇湖街道劳动服务公司每年在自主创业服务中心办各类培训班，至 2015 年年底，先后举办培训班 125 期，共培训 5048 人次。2006 年，镇湖街道与苏州市工艺美术职业技术学院合作设立刺绣大专班，至 2015 年年末，共招收 41 名，获结业证书 38 名，在校 3 名。

科技 2000 年年末，有科技组织 7 个，科技队伍 369 人，其中高级职称 4 人，中级职称 93 人，初级职称 225 人。2015 年年末，主要行业的科技人员共有 490 人。其中，按类别有：专业科技干部 25 人，农林（果）水利系统技术人员 38 人，财经系统人员 39 人，教育系统 76 人，卫生 56 人，刺绣工艺技艺人员 256 人。按职称结构有：高级职称 84 人，中级职称 208 人，初级职称 198 人。

2014 年 7 月，镇湖首次公布升级版丝线。这一技术的创始人周海云与苏州大学合作，目前已研制出近 1000 种颜色的丝线。这些丝线耐水色牢度达到 4 ~ 5 级，超出国家的 3 级标准；耐光色牢度达到 4 级，而国家对此尚未订立标准。这让苏绣在四大名绣中再次领先。

文化生活 1965 年建立镇湖文化站，1983 年重组业余文艺宣传队，自编自演节目，如歌曲《请到我们水乡来》、歌剧《王阿夯如今发了财》、戏曲《水乡风情》、弹词开篇《太湖明珠刺绣乡》等曾多次在县、市文艺创作会演中获奖。1984 年以来，每年春节举办全镇象棋比赛，1985 年，市桥村 4 组村民费纪华获吴县象棋比赛个人第一名。镇湖有 5 支篮球队，平时举行定期或不定期篮球赛活动，1998 年，镇湖篮球队获吴县市“电力杯”篮球赛第一名。2015 年年末，设有舞蹈房、瑜伽房、乒乓球室、绣娘之家活动中心，成立镇湖街道绣娘舞蹈团、镇湖街道绣娘艺术团、镇湖好声音歌唱团等文艺团队，开展丰富多彩的文艺活动。

医疗卫生 镇湖卫生院始建于 1958 年。2014 年年底改为今名。2015 年年末，苏州西部生态城社区卫生服务中心（镇湖街道社区卫生服务中心）成立，建筑面积 10000 平方米，业务用房 6700 平方米，总投入 960 万元。设有 14 个业务科室，床位 50 张，为苏州市医疗保险定点医院。下设石帆、秀岸、市桥、太湖 4 个社区卫生服务站。现有人员 64 人，在编 33 人，编外 24 人，其他 7 人。其中，本科学历 26 人，大专学历 18 人，中专（含高中）学历 11 人，中专以下 9 人。承担社区居民疾病预防、医疗、保健、健康宣传教育服务等任务。

社会保障 高标准建设马山村、上山村社区股份合作社物业用房。有效引导富民合作社，投资年收益率不低于8%。2015年，镇湖农村社区股份合作社和富民物业专业合作社股金分红1728万元，户均收入2807元。辖区零就业家庭动态消除，新增实现就业427人，援助困难人员就业6人。开发公益性岗位，安置就业困难人员就业62人。累计扶持创业62人，开展创业培训44人，开展技能培训311人。参加市居民医保人数18273人，参保率99%。2015年，新增儿童医保缴费人数1208人，大学生医保缴费人数78人。针对区医保参保人员年度门诊自付医疗费用超出6000元以上部分按比例进行赔付。纳入社会化管理的退休人员360人，纳入社会化管理的老年居民137人。全年发放低保救济金、优抚金、残联救助等社会救济资金759万元。

居民收入 1965年，人均收入89元，户均收入418元。1983年，人均收入473元，户均收入1758元。2000年，职工人均收入7127元，居民人均收入6537元，农民人均收入5242元，户均收入17537元。2015年，人均收入25956元，户均收入89629元。

锦绣人生

镇湖街道居民收入选年统计表

表 3　　单位：元

2005 年收入		2010 年收入		2013 年收入		2014 年收入		2015 年收入	
人均	户均	人均	户均	人均	户均	人均	户均	人均	户均
7960	22171	13553	42719	20711	69619	23318	79801	25956	89629

2015 年年末，居民银行储蓄存款总额达 9.51 亿元，人均储蓄存款额为 41308 元。

镇湖居民住房面积人均 40 ~ 60 平方米。据抽样调查统计，有 1% 的居民建造或购置别墅，小轿车基本每户有一辆，最多有 4 辆。家用电器俱全，生活用品日趋高档，衣食住行时尚，精神文化生活不断丰富。

镇湖居民新居

苏绣产业

镇湖由于历史原因成为刺绣基地，改革开放后镇湖趁势而起，建立绣品街（全国特色商业街）、中国刺绣艺术馆。镇湖由此被评为江苏省民间艺术之乡、中国民间艺术之乡、国家文化产业示范基地、苏州苏绣文化产业群，中国刺绣艺术馆通过国家AAAA级旅游景区验收。2010年镇湖刺绣被国家质量监督检疫总局批准实施地理标志产品保护。

刺绣基地

历史演进

镇湖刺绣成为刺绣基地，是经过历史的积累，在多方面的影响下，一步步形成发展起来的，有其历史因缘。

古代刺绣 苏州地处江南水乡，史前原始人类以打鱼为生，为避水中蛟龙之患，苏州地区古时有“断发文身”的习俗。《事物纪原》称：“今世俗皆文身……旧云起于周太王之子，吴太伯避王季历而之句吴，断发文身以象龙子，避蛟龙之患。”而刺绣即文身习俗从身饰转移到了服饰。

刘向《说苑・卷九・正谏》载：“晋平公使叔向聘于吴，吴人拭舟以逆之，左五百人，右五百人，有绣衣而豹裘者，有锦衣而狐裘者。”古代吴地早就有绣衣者。

民间还流传着当年吴王夫差与西施泛舟游太湖，见到民间采菱女子于荷莲间嬉戏，头顶荷叶，身体在荷莲间穿行，煞是好看，回宫后西施就根据观赏到的情景，绣制成藕荷腰兜和包头巾，这种服饰从此在苏州流传至今。镇湖边上的“游湖”亦因此得名。刺绣源于镇湖地区的生活，因时因地因人而异，呈现出丰富多彩的特点。

五代北宋时民间就有了“凤穿牡丹”的刺绣经袱。1956 年 3 月，苏州市文管会在虎丘塔第二层发现一批文物，其中有块黄绢地绣“凤穿牡丹”纹经帙，纹样以卷草环成菱形，内有两只凤凰相对而飞，民间称之为“凤求凰”。四角绣四面对称的缠枝牡丹。针法有散套针、抢针、齐针、辫子股等。凤凰用红、蓝、绿、白等色，富有民间气息。这件弥足珍贵的“凤穿牡丹”绣品，是现今保存最早的“苏绣”标本，具有苏州特色的题材和图案，彰显出苏州刺绣的技艺和艺术水平。

栽桑养蚕 太湖之滨，由于地域和气候条件的优越，栽桑养蚕、缫丝刺绣成为人们一项传统的农事。这种民间传统较为古老，在吴地有着深厚的基础。清光绪吴县《光福

虎丘塔出土刺绣经帙

志·卷一·风俗》载，“妇女以蚕桑、织绣为工……凡女未笄，即习养蚕。四、五月谓之蚕忙。又有女工以刺绣、织麻为事。”镇湖当时属光福区，这一风俗说的也是镇湖当时的情景。

镇湖是农桑集中的地方，三国吴赤乌三年（240）正月，孙权曾颁布“禁止蚕织时以役事扰民”的诏令，鼓励农桑；唐宋时，吴地有“柔桑翳目，木奴连云”之说。自明清以来，财富所聚，全在这一片片桑园中小小的桑树上。栽桑是为了养蚕，养蚕是为了抽丝，蚕丝是刺绣的原材料，是妇女织绣的条件。有了这些原材料农妇就可以在家自行加工生产了。镇湖一年要养四批蚕：春蚕、夏蚕、秋蚕和桂花蚕。清末，镇湖种桑面积达2100多亩，每年养蚕种达1000张。在饲养夏蚕时，正逢单季稻莳秧，又要采桑、喂蚕，故有农谚“莳秧轧勒，忙档里”[①]。所产蚕茧农家自备丝车，土法缫丝。1954年，种桑面积2234亩，蚕种近1500张，蚕茧总产量27500千克，80%农户种桑养蚕。1974年，种桑面积1012.93亩，蚕种1894张，蚕茧总产量65836.5千克，为历史最高产量。1986年后，随着刺绣的兴旺，出现种桑不如种菜，养蚕不如刺绣的现象，桑田日减，养蚕户渐少，至1992年蚕桑生产自然淘汰。

家家刺绣　蚕桑业的发展也促进了民间刺绣产业的发展。“家家养蚕、户户刺绣”，

① 吴语“轧勒”：挤在；“忙档里”意思是忙上加忙。

形成吴地农家妇女普及的家庭副业。“家家有绣棚，人人习针巧”，吴地农家妇女，治家之间，莫不以刺绣为事；妇女以刺绣为生，以刺绣为贤淑，社会上又对此大加赞赏和提倡。七八岁即帮母亲穿针引线的乡村女子，在镇湖是极寻常的，祖祖辈辈的女性都从事绣活，一方面传统观念认为家里的衣帽鞋被等针黹活是女人的本分，何况在刺绣之乡；另一方面也是女人谋生、养家糊口的职业。

镇湖刺绣，原来主要是家庭世代相传的日用品刺绣，以戗针著称。自清代以来，有空余时间的妇女多以刺绣加工的形式，为绣庄刺绣各类日用绣品，换取一定的报酬贴补家用。大都是由发包人背了需加工的绣件包袱走四乡分发绣件到各家，俗称“放生活”（苏州话，就是发放刺绣活件），发包人对于某妇擅长何等工作，以及各女工有无闲暇等情况，了解得很清楚，因此发放绣件是有的放矢，因人而施的。至绣好后就收回绣庄，按手工之繁简、花样之轻重、质量之好坏酬以工资。绣庄再将之绣成绣片销售。绣庄只是在购买原料、配备绣线、画花制样、发放绣件及销售等方面经营，具有中间商性质。

刺绣加工 清末民国初年，镇湖也有了替绣庄代为发放绣件的个体经营店坊，如王德英、许如玉、府寿芝等。1927 年，苏州至西华客运轮船通航，镇湖个体刺绣发放人员逐渐增多，刺绣加工户则星罗棋布于各村落。

他们从苏州或上海等地的绣庄领取绣件回乡下发放，从中赚取加工费差额。妇女把领来的绣件按要求加工完成后，交货给发放人，按尺寸大小及质量优劣领取加工费。老年妇女及刺绣初学者绣制帽顶花、帐沿、鞋头花、百子衣褶，中青年妇女绣制被面、戏服、旗袍、靠垫等。

1955 年 2 月，光福区组建刺绣大社，下设刺绣工场，社员分布于 12 个公社，从业人员 7229 人，并在西华（镇湖）、东渚、官桥（藏书）、舟山（光福）建立发放站。刺绣工场的生产工具有的是个人带来，有的是集体添置。集体工场属手工业工会领导，工场工人采取多劳多得的劳动方式。工场从业务总收入中抽出 2% 或 5% 的经费作为公杂费开支（房租、水电费和添置必要工具材料），其余的都作为工资，按工人等级或按件计算发给工人。

1955 年 2 月，光福区建成刺绣大社，镇湖建立刺绣发放站，设站长、会计、现金保管及工作人员共 5 人，地址在寺桥街西端。刺绣发放站负责全乡刺绣品生产的发放、验收、技术指导、现金结算和支付等工作。个体发放逐渐停止。1961—1964 年，镇湖发放站主要经营被面、台毯、靠垫等外贸出口绣品的加工生产。

1959年，包括镇湖在内的全县各公社均成立刺绣生产合作社。镇湖刺绣生产合作社属于吴县刺绣生产合作社的基层社，成员来自本乡的13个行政村，其在业务上接受吴县手工业生产合作社联合社的领导。镇湖刺绣生产合作社在上级联社的组织和领导下统一安排刺绣生产。据镇湖刺绣生产合作社1963年5月12日的工作总结载：当时主要生产刺绣被面、大台毯和圆靠垫等，总产量3年（1963年为1—4月）分别为21655条（是将不同类型的刺绣产品折算成“条”来计算当年的总产量，下同）、22622条、9373条；每年的产值都在增加，每年的刺绣加工收入也呈上升趋势，其中市桥、西京、市岸、西村、石帆、上山较高，都在2万元以上，市桥1962年收入47022元。

产品主要用于出口，一开始主要销往苏联等东欧国家，后在苏联订单减少的情况下转而销往西欧国家。在日用绣品发展的同时，还逐步转向刺绣艺术精品。

绣艺提高　镇湖刺绣业的全面提升和发展，是随着双面绣[①]的发展而大幅提高的。自镇湖有刺绣起，主要从事单面绣的制作。改革开放以后，随着苏州刺绣厂和苏州刺绣研究所双面绣的兴起发展，市场供不应求，亟须刺绣外发加工的补充。1980年，石帆大队绣女卢菊英、马春凤、郁桂珍、童金媛等人到胥口姚舍工艺厂学习双面绣《螳螂猫》的技法和针法，在她们传授辅导下（首先是亲朋好友，然后是周边邻居），双面绣逐步普及。1983年，镇湖中学创办教育工艺厂，设刺绣工场，招收绣工30多人，先为吴县刺绣总厂加工绣件，后又承接苏州刺绣研究所加工业务。加工产品主要是双面绣《金鱼》《花鸟》，以台屏、地屏为主。苏州刺绣研究所定期到校办厂进行业务辅导。镇湖双面绣《金鱼》就是从这里传向各个村落。同年，一部分初、高中毕业生拜师学艺，双面绣制作技艺由她们一传十、十传百地传授给邻里乡亲，镇湖出现了制作双面绣的高潮。

大多数刺绣产品是给单位或个体经营户加工的，少数产品是自产自销。双面绣产品最多的是“猫”系列产品:《螳螂猫》《扑蝶猫》《波斯猫》《地毯双猫》《沙发双猫》《花篮猫》《缸猫》《三猫》《线球猫》等，还有金鱼、山水风景、动物、古代仕女、花鸟。随着刺绣技艺的提高，双面异色绣品（正反两面画面相同，色彩异样）和双面三异绣品（两面画面轮廓相同而物象不同，色彩不同、采用的针法、绣法不同）也应运而生，作

① 单面绣反面是杂乱的针脚、线头，双面绣是一幅绣品两面绣得一致，都可观赏。

品推向苏州市场，作为馈赠贵宾的高级礼品。镇湖绣女的刺绣技艺由此得到极大提高，镇湖逐渐成为苏州市区双面绣的重要生产加工基地，由此也成为镇湖重要的加工产业。

绣品街

刺绣经营起步于20世纪80年代初，由客户来样订货，逐年发展，由农村转移到市镇。至1995年，市镇的东城路、寺桥西街、西华路经营刺绣工艺品的门店有30多户，占全镇刺绣业的40%以上。主要业务是将刺绣品进行裱装，自产自销。

在镇湖商业中心寺桥街，姚惠琴、姚惠芬姐妹首先创办琴芬绣庄。绣庄集生产、销售、展示、传承、开发、研究、组织、管理、教学、培训等功能于一身，改变了原来农村、乡镇刺绣业的定位和形象。

其他个人刺绣经营店铺也如雨后春笋般纷纷开张，城里人需购买绣品的，大都会到镇湖寺桥街的刺绣店铺选购，无形中成为认可度较高的绣品市场。1991年，寺桥街有绣品店45家，逐年增加到70家、85家、90家、140家、145家、180家。在这些绣品店的背后，也逐渐滚雪球般形成一支支专业刺绣加工队伍。寺桥街已无法承载这样规模的刺绣专业经营，镇政府及时规划建设一条新的绣品街加以培植引导。

绣品街道　镇湖刺绣在生产销售过程中，在原寺桥街逐步自发形成了一条刺绣专业街，镇政府经研究决定，为促进刺绣业的发展在其东部另行建设一条新的专业绣品街。

1996年，镇湖征用水稻田249.25亩，旱地13亩，拆迁宅基地1户4间，居民住宅

绣品街刺绣工作室

新疆克孜勒苏柯尔克孜自治州的12位绣娘到镇湖学艺

转向（面向绣品街道）11 户、44 间，建造新的专业绣品街。规划绣品街道用地 63.75 亩，次干道（弄巷）路用地 6.3 亩，绣品街道两侧建造店面房规划用地 192.2 亩。1997 年年初，设计和规划绣品街，街道南北走向，南至镇湖卫生院，接游湖大桥（游湖公路至光福镇）；北至马桥村（化工厂），接县乡公路。1997 年 11 月，破土动工兴建绣品街道，同时建造门面房。

1998 年 11 月 26 日，绣品街道建设竣工并验收合格交付使用。街道全长 1700 米，路宽 25 米，柏油路面，地下铺设有自来水、污水排放等管道和通信电缆；地上路面设有绿化带、人行道，并安装路灯 36 对（72 盏），绣品街（道路）建设投入资金 370 多万元。街道两侧共建造门面房屋 520 余间，门面楼房二、三层不等，并兴建了中国刺绣艺术馆。绣品街总建筑面积 7 万多平方米。绣品街门面房建设总金额达 6000 多万元。

绣品街新颜

镇湖绣品一条街

镇湖镇党委、政府出台入驻绣品街优惠政策，把沿街门面房以极低的价格出售，购房者付清购房款后，即进驻装修开店营业。绣品街吸引了 300 多家刺绣工作室，绣品店犹如三月春花开满了古镇一条街。这些绣品店利用沿街自己的店面房，既做工场，又搞经营。除了刺绣工作室、作坊、绣庄等生产兼销售的店铺外，还自发形成了绣线店、电脑绘画印花、设计创意、绣片镜框、红木座架、装裱包装盒等配套商铺，形成一条集刺绣设计、生产、装裱和销售为一体的完整产业链。

自绣品一条街建成之后，越来越多的镇湖农村绣女到镇上开店，甚至将周边东渚、光福、通安等乡镇的绣女也吸引过来，众多的绣店及其配套商店集聚到绣品街上，产生一定的规模效应。全街道以刺绣工艺品为主，带动了其他行业的发展，是镇湖绣乡的一大特色。

2010 年，镇湖街道先后投入 4000 万元对绣品街环境进行全面优化和提升，2011 年 3 月，镇湖绣品街通过全国特色商业街专家评审，成功晋升为全国特色商业街。

规模效应 刺绣的规模效应首先表现在镇湖开店的数量上。2015 年，镇湖拥有刺绣生产、销售以及配套的电脑印花店、花线店、镜框木工店等 320 余家，成为在国内具有一定知名度的专业刺绣生产和批发市场。镇湖刺绣企业的空间集聚，一方面为店主们提供了可观的经济收益，另一方面也为镇湖大量领活加工的农村绣女提供了稳定的收入，共有的规模效应使双方都从中受益。

绣品街以经营绣品生产、销售为主，占比 90% 以上。绣品街有大小不等的刺绣

中国刺绣艺术馆

工场32家，绣女1100余名，普通工场有绣女40名左右，最小的工场有绣女10名左右，最大的工场有绣女90名左右。较大的有卢福英、梁雪芳、王丽华、朱寿珍、姚惠芬等开办的工作室或艺术中心。绣品街上的夫妻店最多，其次是姐妹店，合股店甚少。镇湖刺绣精英、经营能手都聚集在绣品街上，组成了镇湖刺绣产业的强大阵容。

至2015年年底，有的店铺因业务需要扩大面积，逐渐在绣品街周边的绣馆街等设立店铺工场，形成以绣品街为中心更大范围的刺绣中心街区。共计有绣品店、刺绣艺术中心、刺绣作坊、绣品展厅、绣品厂等332家。绣品街已容不下众多刺绣店铺的发展，有的需调整更大面积，与绣品街周边相连处的绣馆街、西华路、支路、绪镇路等也都开设起绣品经营店铺。

以镇湖绣品街为中心，是集镇湖刺绣精英和绣品经营者进行绣品生产、绣品展示和绣品批发销售、零售为一体的镇湖刺绣工艺品专业市场，成为镇湖绣女和绣品经营者展示自己才华的舞台，为镇湖居民增加经济收入，安心刺绣生产，起到重大作用。刺绣亦由镇湖人的家庭传统副业转化为刺绣产业。

中国刺绣艺术馆

2007年9月26日，中国刺绣艺术馆开馆。艺术馆占地面积8000平方米，建筑面积5000平方米，总投资5000万元，是目前国内规模最大的专业性刺绣展馆。设有3个主要展示馆，即绣史馆、镇湖馆、全国馆。此外还有会议厅、刺绣操作展示厅，庭院池水，苏式园林建筑。镇湖借此馆举办了多届中国刺绣文化艺术节，宣传交流中国刺绣文化，团结全国各地刺绣人士共同为继承和发展刺绣文化产业做出了贡献。

2013年1月，镇湖刺绣艺术馆有限公司获批江苏省非物质文化遗产生产性保护示范基地。2014 年 5 月，获批国家级非物质文化遗产生产性保护示范基地。中国刺绣艺术馆成为弘扬我国刺绣文化和艺术的有效载体。每届刺绣艺术节都有成果发布，成为助推刺绣业界的信息平台。

绣史馆 第一进二楼。一楼展示中国刺绣早期出土文物：西周墓葬中用辫子股针法刺绣的印痕。战国秦汉时期湖北江陵马山楚墓和湖南长沙马王堆汉墓中出土的刺绣品。湖南长沙马王堆汉墓出土的绣品复原件，其中，长寿绣、乘云绣、信期绣是出土织物中采用的最为典型的 3 种绣法。此外为历代名绣及清代宫廷服饰、民间服饰、民间服饰小件等，陈列 21 种主要常用刺绣针法。楼上是桑蚕织绣模拟展，吴地有“家家养蚕，户户刺绣”之习俗，养蚕、缫丝、织绣过程都不易。20 年里，镇湖全国特色商业街绣品街、中国刺绣艺术馆、创意绣坊等一一拔地而起。2000 年 5 月 4 日，镇湖被授予“中国民间艺术之乡”称号；2001 年 4 月 12 日，镇湖被命名为“刺绣基地镇”；2006 年 6 月 30 日，被评为“国家文化产业示范基地”。

镇湖馆 此馆选取了部分绣娘的部分作品。将不同类型的刺绣代表作陈列在此馆，充分展示镇湖绣娘多样的刺绣方式、灵活的创意、娴熟的技艺，体现了苏绣不同主题、不同针法、绣法的结合运用，及绣出的各有特色的刺绣艺术精品。

王丽华的作品《岁月》，取稿于摄影金奖作品，充分运用平针、打籽针等十几种针法，使用 300 多种色线，精心绣制而成，形态逼真地表达了人物面部的沧桑感，肌肉的饱满度绣制得入木三分。

邹英姿的《花旦》，为了表现不同部位的不同神韵，耗时三年之久，其针法的多样化与丝线颜色的繁复变化都令人赞叹。

薛金娣绣制的郎世宁作品《锦春图》，采用细平绣针法绣制，几乎都是用 1/16 丝绣制。设色浓艳鲜丽，充分表现了郎世宁的绘画特色。

刺绣作品《花旦》

刺绣作品《龙头观音》

绣品《写意牡丹》

蔡梅英的《龙头观音》，以细平绣为主要针法，穿插虚实绣、滚针绣等多种针法绣制，将观音的神态绣制得慈悲祥和。

姚惠芬的《写意花鸟》系列，是在虚实乱针绣及写意刺绣的创作中逐渐形成的艺术特色与风格，善于用丝线的粗细和色差来绣出物像的明暗层次、色彩浓淡、墨晕变化，于行云流水的针法中绣出了水墨画大雅大俗的动人气象。

陈红英的《井冈山》，运用丰富多变的乱针绣技法，通过铺底后的纵横交错层层加针施彩，尤其对主要景点、景物的浓淡把握，表现得恢宏雄伟、气势磅礴、意境深远。

姚惠琴虚实乱针绣《马克思》，是为了纪念恩师中国工艺美术大师任嘒閒所做的临摹之作。姚惠琴深得老师虚实乱针绣的真传，并加入自己的理解，再现出当年名作的风采。

卢梅红的《写意牡丹》，是一幅原创作品，卢梅红远赴洛阳拍摄牡丹图片，用了300多种色线，用时大半年绣出幽美意境，给传统苏绣融入新的活力。

卢福英的《紫气东来》，作品采用虚实乱针绣手法，模仿西方油画的印象派风格，不同位置既有冷色调又有暖色调，色彩反差形成了丰富的色彩层次感，光影效果淋漓尽致。

周海云的《拙政园》，作品是双层绣，前层是一幅风景画，画面上池塘碧波荡漾，鸳鸯戏水。后层则选自拙政园见山楼实景。用两层刺绣拼合成一幅刺绣，近水远楼，有立体感，当时在刺绣行业尚属首次。

第二进二楼，展示苏绣起源于吴俗断发文身，一直发展到双面异色绣《猫》、双面三异绣《狮与猫》的技艺演进过程。此外还展示了苏绣很多著名的表现形式，如发绣、仿真绣、乱针绣等。

全国馆 第三进一楼，展示的是全国四大名绣：苏绣、湘绣、蜀绣、粤绣的代表作。

蜀绣。是以四川成都为中心的刺绣产品的总称。其图案主要以民间流行的题材为内容，由于多种针法的使用与配合有各自的习惯，从而逐渐形成特色和蜀绣的流派。展品有蜀绣研究所所长郝淑萍的作品《芙蓉鲤鱼》等。

湘绣。湘绣题材丰富，品种多样，色彩鲜艳，以中国画为蓝本，常在绣中配绣诗句；以狮、虎为经典之作；主要运用湘绣“鬅毛针”这一独特针法，柔软而充满韧劲，与雄狮的威武相得益彰。

粤绣。包括广绣和潮绣。广绣是产于广州地区的手工刺绣品，其特色有五：用线多样，讲求华丽效果，多用金线作刺绣花纹的轮廓线，装饰花纹繁缛丰满，绣上多为男工。潮绣产于潮州地区，以金碧、粗犷、雄浑的垫凸浮雕效果钉金绣为特色而标异于其他绣种。

苏绣。广义上的苏绣是以江苏苏州为中心，遍衍江苏省的无锡、常州、扬州、宿迁、东台等地的刺绣产品总称。狭义上的苏绣，即苏州刺绣。苏绣，源于苏州，素以精细雅洁著称，图案秀丽，色泽文雅，针法灵活，绣工细致，形象传神。此处展示了几位苏绣大师的佳作。顾文霞作品《仿宋孔雀小品》，特点是用孔雀羽线绣制而成。孔雀羽线的研制方法失传已久，顾文霞在复原孔雀羽线的研制方法上做出很大贡献。常州乱针

杨守玉乱针绣《少女与白鹅》 任嘒閒虚实乱针绣《杨守玉像》

绣《手上落鹰的女孩》，为吕凤子后人吕存绣制。常州乱针绣是由杨守玉20世纪20年代在江苏丹阳正则女校始创，以看似杂乱的长短交叉线条，通过分层加色手法，将画理和绣理融合一体，一改传统刺绣“密接其针，排比其线”的框架，展现出西洋画的艺术效果。杨守玉的三位学生后来到苏州市文联刺绣小组任技艺老师，乱针绣由此在苏州生根开花，并由任嘒閒创出虚实乱针等。

其他刺绣。三进二楼，主要是展示全国各少数民族及地方绣的绣品。如彝族和瑶族的服饰挂件，色彩绚丽。贵州的苗绣，将刺绣技艺和银饰相结合来演绎苗族美好的生活和向往。

江西的夏绣，俗称麻布（又称相夏布）刺绣，是以材质命名的绣种，起源于北宋，流行于民间。

宣纸刺绣技艺，原产于江苏省扬州高邮地区，第九代传人顾玉纯的宣纸刺绣作品《荷花》，针法和绣线隐藏于图案之中、与书画笔墨共舞，浑然一体。

上海的绒绣，是一种织毛式的绣种。产品以色彩丰富、配色和谐、绣工精良、层次清晰、造型生动、形象逼真而著称。

京绣，又称宫绣，是以北京为中心的刺绣产品总称。多用于宫廷装饰、服饰，用料讲究、技术精湛、格调风雅，端庄华丽，大都与皇室有着千丝万缕的联系。

瓯绣，产于瓯江地区。瓯绣是我国出口名绣之一，不仅被国家珍藏，还被作为国礼赠送。

产业集群 随着中国刺绣艺术馆的建立，缘于苏绣产业的集聚效应和苏绣文化的创新发展，中国刺绣文化艺术节选在苏州举办。改革开放以后，苏绣在保护中获得新生，在发展中赢得市场。经过多年的积累，苏绣已逐步形成以苏州刺绣研究所为龙头的科研、展览、旅游研发创新机构；以镇湖等地为创新、生产、加工、销售、展示的苏州刺绣文化产业群。

苏州高新区镇湖街道是苏绣的主要产地，2010年2月24日，镇湖刺绣被批准为地理标志产品保护；2013年12月9日，镇湖刺绣被核准使用地理标志保护产品专用标志。在镇湖2万余常住人口中，常年在刺绣一线的绣娘有8000多人，还有3000多人从事刺绣相关配套服务工作。绣件发放逐步扩大到东渚、藏书、光福、望亭、通安、浒关，最远的发放至江苏省宝应和盐城等地，形成以镇湖为中心，四周呈放射状的规模刺绣加工生产基地。庞大的刺绣从业人员规模，以及创作设计、打印图像、配线、制框、物流等完备产业链的形成，还有绣品街的集中刺绣生产营销、中国刺绣艺术馆的高品位陈列展示，使镇湖逐渐聚集起一个刺绣产业集群。

集群具备以下 4 个特点。自然条件：镇湖交通已汇入大交通圈，方便快捷；人力资源，占全镇半数以上的人力参与刺绣，周边乡镇还有源源不断的刺绣人力补给；原材料丝绸、丝线正是苏州特产，绣花线具有“光、滑、细、柔”特点，并可分擘细丝，既无贩运之困难，又可随时染织，诸方面都利于刺绣业。需求条件：苏绣名播海内外，成为苏州市、中国的名片，为最畅销的外贸产品之一，不仅有用于室内装饰的需要，也有开发成旅游纪念品及国家礼品的需要，其市场需求与日俱增。相关支持产业条件：主要是刺绣制作的辅助业，包括刺绣所用的底料原料业、花线业、电脑印花业、装裱业、红木框架业、锦盒包装业，以及配套的运输体系等，已形成完备的产业链。竞争条件：苏绣是市场业态的民间艺术，镇湖刺绣产业集群，其形成是一个典型的自下而上的过程，苏州城内刺绣企业先后被改制、拍卖乃至消亡，而镇湖刺绣更成为苏绣异军突起的领头羊，技艺又得到城内苏绣大师们的倾心辅导，且乡镇（街道）对此特别保护、十分扶持，镇湖刺绣成为苏绣生产基地的地位已牢不可替。

2014 年 12 月 22 日，苏州市政府正式发文，镇湖苏绣被认定为苏州市首批、高新区首个产业集群品牌培育基地。

经营特色

专业组织

初期的刺绣在自给之余，便产生了刺绣加工业务，这就有了城里早期的专业绣庄和后来的个体刺绣发放站。随着社会发展开放，刺绣经营也形成了自己独特的形式，与众不同的刺绣专业性组织促进了刺绣经营特色的形成。

西华刺绣发放站 1925 年至 1955 年初，先后出现了 18 位个体刺绣发放人员，他们大都在自己家中设发放点。其中，有 2 家实为以发放刺绣为掩护的中共地下党联络站。1955 年 2 月，吴县光福区刺绣生产供销合作社设立西华刺绣发放站，负责全西华妇女刺绣品生产的发放、验收、技术指导、现金结算和支付等工作。西华刺绣发放站对镇湖那个时期的外发加工刺绣生产起了延续、促进的作用。

镇湖刺绣发放站 1964 年 3 月，建立镇湖公社刺绣发放站（简称“放绣站”），其前身即西华刺绣发放站，地址在寺桥南刘荣桥家。站长张巧娥，下设副站长、主办会计、现金出纳会计、收发绣品工作人员等 7 人；并设有技术辅导员网络，由刺绣站负责人、公社妇联主任、大队（行政村）妇女主任、生产队（村民小组）妇女队（组）长担任刺绣技术辅导员，并配合负责刺绣的发放和生产管理等服务工作。1982 年春，镇湖刺绣站迁址镇湖寺桥街西端南侧，新建 6 间两层楼房。1985 年 9 月，马荣桢任镇湖刺绣站长，工作人员增至 12 人。

随着农村铺开推行以农户为单位的家庭联产承包责任制后，农村富余劳动力增多，农村绣女除了春种秋收“两忙”参加农田劳动外，农闲时间则专门从事绣品制作。此时市场上绣品的需求量猛增，镇湖刺绣发放站的绣件供不应求，很多绣女因此外出寻找货源。市区苏州刺绣厂的皋桥、南门、横塘刺绣发放站，苏州刺绣厂、苏州刺绣研究所，还有木渎绣品厂等，都是镇湖绣女光顾的地方。她们领料加工，精心绣制，按期交货，镇湖逐步成为苏绣生产的加工基地。与刺绣生产相配套的刺绣管理机构同步演变。1996 年 10 月，实行企业机制转换后，镇湖刺绣站撤销。

放绣站功能 在整个刺绣生产过程中，镇湖刺绣发放站虽有发包人的影子，实际已成为一个经营组织机构，一直担任很重要的角色。全乡以刺绣生产合作社为组织形式，通过放绣站对外承接加工任务，从事刺绣生产和获得刺绣收入。在以吴县刺绣生产合作社为基础成立吴县刺绣厂之后，镇湖便成为该厂的外发加工基地之一。

镇湖刺绣发放站每天去工厂拿绣活，有围巾、和服腰带、台布、被面等刺绣件，配好线就带回去发放给农村绣女做。按绣女技艺和擅长放绣，对绣件、绣工难易、所需时间等详细记录在册。绣女绣好后就交站里，按质、按量、按时结算工钱。放绣站一批绣件收齐后就交到工厂，签单子结账，再带回一批绣件。如果有人家生活比较困难或是婚丧嫁娶急需用钱，放绣站也会预支部分工钱。

镇湖刺绣发放站从存在到改革开放前夕，一直是引领镇湖刺绣业发展的一个重要机构。从功能上承担着镇湖刺绣发放的任务，在刺绣工厂和镇湖绣女之间起到桥梁和纽带作用，沟通着城乡之间的经济联系。放绣站是工厂的一个派出机构，负责生产任务的分配和实施；放绣站还是农村通往城市的一个窗口，是从城市获得加工货源的依托。在外贸订单增加和生产定额不断提高的情况下，刺绣工厂仅仅依靠内部职工难以完成任务，大量的刺绣活需要外发加工；而农村绣女拥有很强的生产能力，但是缺少货源，放绣站功能于此可见。

镇湖刺绣发放站是一个经营单位，管理费标准根据绣工工资和实际用线量来提取，一般为 5.5%（其中：费用 2.5%，收益税 0.4%，利润 2.6%），用于发放站的人员工资和基本开支。这种运作模式是计划经济体制下的产物，因为在当时情况下农村绣女只有通过放绣站才能够拿到刺绣活，绣女很难从刺绣工厂独自揽活。随着国家经济体制改革推进，刺绣发放站开始解体。

多年来，放绣站做了发放绣品、全面辅导、普及提高镇湖绣娘刺绣水平的大量工作，成为这个历史时期至关重要的刺绣生产组织者、经营者。

镇湖刺绣技术研究会 1994 年 6 月成立，地址在镇湖中学东大门南侧，设会长 1 名、副会长 5 名、会员 38 名。其会员都是从事刺绣生产的技术骨干。镇湖刺绣技术研究会成立后，每年组织一次交流和探讨刺绣新工艺、开发新产品的会议，提高绣女刺绣工艺技术水平。2000—2005 年，主要研究和探索刺绣精品和人像绣绣制的针法、色彩，在书画与刺绣的结合上探讨和交流刺绣技术，为提高镇湖绣女刺绣工艺技术水平起了重要作用。

镇湖刺绣协会 1998 年 10 月成立。现设在中国刺绣艺术馆内。刺绣协会有理事 8

两名绣娘获姑苏绣娘技能大赛一、二等奖（2007 年 10 月）

姑苏绣娘技能大赛现场（2007 年 10 月）

名，会员57名。2004年4月，镇湖刺绣协会召开第三次会员大会，有正式会员64名。会议授予荣誉会员8名，其中包括国家级刺绣艺术大师顾文霞、蒋雪英、俞福臻、王祖识等。镇湖刺绣协会配合镇政府，负责组织绣女的专业培训；组织和鼓励绣品经营者、刺绣能手参加各种展览、展销、展评等商务活动；组织绣女开展精品、质量评比竞赛活动；加大镇湖绣品的对外宣传力度，提高镇湖刺绣工艺产品在国内国际知名度等工作。

镇湖刺绣市场管理办公室 2003年初成立，地址在镇湖街道办事处办公大楼内，设主任1名，下设副主任3名及工作人员等共9人。主要负责集镇和绣品街经营绣品和刺绣工艺品生产的店和工场（作坊）的经营秩序，督促搞好依法经营、依法缴纳税收，检查、监督及查处外省（外地）低劣刺绣品进入镇湖刺绣工艺品市场的情况，规范镇湖刺绣市场守法经营、诚信经营，保证刺绣市场的正常运转。

镇湖刺绣产业推进办公室 2005年5月18日成立，地址在镇湖街道办事处办公大楼内。主要负责镇湖刺绣产业的宣传和引导，关心和加强绣女的刺绣工艺技术培训，规范刺绣市场的管理，开展刺绣精品展评和刺绣技术交流，进一步推进刺绣产业的发展。

推进举措

镇湖刺绣的发展和繁荣得益于政府的硬件支持和软件服务。苏州高新区及镇湖镇（街道）一如既往全力支持刺绣产业发展，给予一系列的优惠政策，扶持刺绣产业茁壮成长为全国著名品牌，镇湖刺绣成为国家名片。

政府扶持 2000年，在当时镇政府的支持和努力下建成绣品一条街，改变了刺绣产品分散经营的格局，刺绣市场的集聚效应推动了刺绣产业的发展。继绣品街后，镇湖街道又筹建中国刺绣艺术馆。

镇湖街道办事处多次举办活动，如有奖征集镇湖刺绣的广告语，以提升镇湖刺绣的品牌形象；组织举办镇湖“十佳绣娘”的评选活动，促进刺绣人才的脱颖而出。成立以管理、研发、引导、培训为目的的镇湖刺绣协会，注册“镇湖刺绣”商标，使镇湖刺绣逐步走上规范发展和良性发展的道路，提高镇湖刺绣的整体发展水平。

行政服务 工商行政管理部门在农民绣女开店过程中做了很多深入、细致的工作，为经营者提供咨询。如开店有多种性质：一类是个体户，即个体工商户；一类是私营企业，注册资金在50万元以上；还有一类是合资性质的，如中外合资企业。

办理登记、注册和签发营业执照的手续。工商所规定，正常情况下，一个星期内办好，如果急的话，特事特办，工商所不会耽误经营户做生意。

外出考察 镇湖绣女自1987年始就走出国门、出国考察，开阔视野、拓展销路。是年，镇湖刺绣站站长马荣祯到日本进行为期7天的考察。1988年夏，绣女陆红琴到日本东京、大阪、名古屋、横滨等城市进行为期15天的考察，并现场进行刺绣表演。20世纪90年代后，镇湖绣女出国考察逐步增多，先后有卢菊英、卢福英、姚建萍、姚惠芬等到日本、美国、德国、澳大利亚、荷兰、新西兰、捷克、新加坡、罗马尼亚等国家和地区，进行20多次考察，为镇湖刺绣走出镇湖，走向世界，拓展刺绣市场奠定了良好的基础。1999年年底，卢福英首次到日本，连续参加两个展示会，吸引大批观众，建立了良好互动关系，此后每年都要到日本各地参观和参展，表演刺绣，有时连续两三个月，由此获得很多刺绣品订单，这是通过现场展演刺绣吸引到的刺绣业务。2014年7月29日，蔡梅英前往美国、加拿大参加文化活动，现场展示苏绣艺术。这是中国首次在北美两大重要城市华盛顿和多伦多举办中国民俗文化节，也是中国首次以国家名义和主题活动的规格参加世界著名的民俗文化节。

市场开拓 镇湖政府鼓励和组织镇湖刺绣工艺品经营者和刺绣艺术能手，面向全国，走向世界，大胆开拓，拓宽镇湖刺绣艺术作品的销售渠道，提高镇湖刺绣在全国的知名度。镇湖绣女参加国际、国内的各种展览、展销、展评会，向国内外客人展示镇湖

蔡梅英接受采访（2011年4月30日）

绣女的刺绣艺术作品，受到国内外客人的高度赞誉。2014 年 10 月 6 日，由中国紫檀博物馆、江苏省工艺美术行业协会主办，被业界称为“作品规模最大、艺术价值极高、收藏价值无限”的朱寿珍中国首届刺绣艺术顶级藏品展在北京开展。镇湖刺绣工艺品经营者，在上海、北京、天津、西安、成都、昆明、福建、哈尔滨、沈阳、郑州、长春等 20 多个大中城市开设刺绣工艺店，据不完全统计，镇湖在全国各地开店经营绣品的有 200 多个店面。

对外宣传 镇湖镇政府加大对镇湖刺绣的宣传力度，提高镇湖刺绣在国内外的知名度。邀请相关新闻媒体，不间断宣传镇湖刺绣艺术作品和绣女。1999 年 3 月 5 日，镇湖举行 1999“三八”刺绣精品展活动，特邀江苏电视台《大视野》栏目组到镇湖，摄制《镇湖绣女相聚在展厅》的专题新闻。2000 年 7 月 8 日，镇湖被文化部命名为中国民间艺术之乡，并举办“锦绣镇湖”刺绣艺术节，全国各级各地 32 家新闻机构集聚镇湖进行新闻报道，中央电视台和江苏电视台拍摄了专题片。2001 年年初，中央电视台到镇湖拍摄 24 分钟的专题片《苏绣奇葩镇湖锦》，全面介绍苏绣发展的历史，独特的艺术风格和镇湖蓬勃发展的刺绣产业。《苏州日报》《姑苏晚报》《扬子晚报》《江南时报》等报刊报道了镇湖刺绣一条街以及镇湖绣女。此外，还通过互联网着重介绍镇湖刺绣，镇湖传统刺绣工艺走上世界信息高速公路。

2014 年 11 月 25 日，《人民日报》《光明日报》等中央主流媒体，以及全国妇联宣传部、江苏省妇联宣传部等聚焦高新区，就发展地方传统手工艺（苏绣）带领女性创业就

第十届中国工艺美术大师作品暨国际艺术精品博览会镇湖展位（2009 年 10 月）

业、镇湖刺绣产业展洽基地等情况进行采风宣传活动。截至 2015 年年底，已有 580 多人次被世界各地客户查阅，为镇湖刺绣艺术作品走出国门提供信息和商机。据不完全统计，自 1998—2015 年，中央电视台多套电视节目组、中国教育电视台、凤凰卫视、台湾东森电视台、江苏电视台、苏州电视台等到镇湖拍摄刺绣的新闻报道达百余次；刺绣艺术先进人物和刺绣优秀作品登报和刊物连载 200 多次，主要有《人民日报》《解放日报》《新华日报》《中国引进报》《中国信息报》《中国贸易报》《中国妇女报》《侨报》《中国巾帼人才选》《中国新闻人物 》《中国当代名人大典》《择业大市场》等。

经营方式

镇湖绣品街绣品的经营方式，基本是自产自销、前店后坊、产销一体。2015 年年末，绣品街及附近中国刺绣艺术馆、西华路、渚镇路共计有绣品店（刺绣艺术中心等）和刺绣作坊（绣品工场、绣品厂）330 多家，经营形式和经营规模大致可分两种类型：一种是自产自销，如夫妻（姐妹）绣品工艺店；一种是前店后坊，如刺绣作坊（工场）。另外还有工艺品和刺绣品兼营的店铺。其优势和特点是，各自根据不同的实际情况，包括经营能力、刺绣技艺、资金多少、场地大小、业务渠道等因素，灵活经营。采用最适合自己的经营策略，或守摊候客或外出开店，或零售、批发、订购、推销、展销，甚至开展网络销售等。

夫妻（姐妹）刺绣工艺店 是镇湖绣品街上经营绣品购销的主力军，占绣品经营者的 86%，经营者 400 余人，大都是以夫妻搭档、姐妹合作的形式组建。这部分经营者，除经销少量的高档绣品外，大量经营中档和普通刺绣工艺产品。夫妻店的绣品来源有三：一是下乡到农村走门串户，到绣女家收购绣品，进行以样（图样）以质论价收进；二是发放刺绣工艺品图样，并核定价格，绣品制作完工后，交给经营者进行经济结付；三是定点（户）定价（绣品样）绣制，经营者指定数名或数户绣女，常年提供刺绣产品。定点的绣品，既能保证货源正常，又能保证绣品质量。为此，大部分夫妻（姐妹）店都采用定点加工绣品。

夫妻绣品经营，一般情况女的看店多，看店经销绣品，同时进行绣品制作；男人在外跑绣品的采供销业务（也有一部分绣女自己在外跑供销业务的）。他们在镇湖、光福、通安等镇收购绣品，提供销售货源，并到全国各地推销绣品，开拓销售渠道：一是靠朋友帮助介绍和推销绣品；二是与各大城市中的宾馆、商场合约代销绣品；三是自设店面或租用柜台销售绣品。

刺绣作坊（场、厂） 绣品街及周边开办了30多家刺绣作坊或厂，统称刺绣工场，占绣品街绣品经营者的14%。在工场组织制作绣品的绣女1300多人。凡是能在刺绣工场做刺绣的绣女，一般是年龄在40岁以下，且刺绣工艺技术兼优的绣女。工场绣女的工资报酬，是计件工资制，有些绣品急于交货须加班，由工场老板按小时支付绣女加班费。一般刺绣工场主要绣制刺绣精品，有花卉、虫鸟、飞禽、山水、风景、人物；还有绣制国画、油画、版画、工笔画、摄影照片等精品绣；如有大批量订单，工场老板兼采取外发加工绣制的方式。

绣品街上的刺绣工场经营者，一般都是刺绣能手或刺绣工艺师。有相当一部分人，在国内外开通刺绣花样联网，并在网络上有一定的知名度，如卢福英、姚建萍、姚惠芬、姚惠琴、梁雪芳、王丽华、朱寿珍、蔡梅英、薛金娣、卢梅红等。她们中有的曾多次参加国内外刺绣精品工艺展览、展销、展评、展示等商务活动，拓展了国际、国内市场，提高了刺绣工艺品的销售能力。

刺绣工场的绣女知名度较高，国内外客商闻名而来或来电订货的较多，工场又有承接批量生产的能力，绣品的质量稳定，价格合理、产品齐全、货源充足，对客商的信誉度也高于一般绣品经营户。绣品街上的刺绣工场，是镇湖刺绣（绣品街）专业市场上的生产销售大户。

营销方式 镇湖绣品街刺绣工艺品的营销方式，大致分为零售、批发、订购、推销、展销、电子商务等，销往全国和世界各地。

第二届中国国际版权博览会绣娘现场刺绣表演（2009年10月）

零售。镇湖绣品街绣品的零售额不大，每年主要靠春、秋季旅游客商游玩时购买，数量不多。有到苏州旅游的游客，有周边城市的人员，也有少数是从外地专程去购买的。外国顾客主要是苏州高新区、工业园区外资企业的业主和高级白领，以及上海等周边地区的外商，也有小部分是到苏州旅游或专程到镇湖购买绣品的外国客人。

批发。绣品批发是镇湖绣品街绣品销售的主要方式，一般是零售商和中间商来批发。零售商有来自苏州的，有来自全国其他地区的，最大的批发商来自河南开封，当地有一条汴绣街，专门销售镇湖批发的绣品。也有在广东东莞开工艺品商店，做工艺品生意，20 世纪 90 年代初就到镇湖进货了。有时是为一个大型会议批发绣品，作为礼品赠予与会者的，每年到镇湖两三次，批发绣品。在绣品批发过程中，批发商一般都很谨慎，经常是货比三家、讨价还价，直到满意的价格才成交。

承接订购。订购是绣品销售的主要渠道，绣品店根据客户的要求，加工生产各种规格和式样的绣品。订购商通过介绍或是慕名而到镇湖，一般先要在镇上住几天，到绣品街挨店铺走走看看，收集一些产品资料，咨询价位，熟悉情况。店主人当面介绍，并送上名片和宣传材料。经过一番考察后，他们会比较同类产品的质量和价格，然后再决定订购什么绣品。老客户一到镇湖就将原先设想好的绣品直接订购，不需要专门摸情况。

外出推销。镇湖绣女和绣品经营者，走出镇湖，到大城市、大宾馆、大商店、旅游区和景点推销自己的绣品。推销绣品的方式有二：一是将绣品从镇湖直接运到外地销售或定店（同外地店老板签有协议）代销绣品；二是绣女自身就在外地城市开店销售绣品。

展销。绣女通过参加展览会或展销会展出自己的绣品，以精美实物吸引参观者，以展促销。镇湖绣女常到上海、北京、天津、广州、南京、汕头、深圳、昆明、杭州等城市参加各种展览会、博览会、展销会、展示会等商务活动。1999 年 11 月，镇湖有 7 名绣女参加全国“双学双比”十年成果展。2000 年，姚建萍在上海世纪公园举办“姚建萍个人刺绣艺术展览”，并作为上海国际第二届文化艺术节内容之一。绣女们甚至把自己的绣品展览会办到国外，开辟海外市场。2000 年，镇湖绣女卢福英三次赴日本举办个人绣品展览、展销会等商务活动，获得成功。同时这些绣女走南闯北，开阔视野、增长见识，获得市场信息，寻找商机，开拓销售渠道。2015 年，顺利建成江苏省巾帼手工业苏南刺绣展洽中心。此外，镇湖街道也建立中国刺绣艺术馆作为对外展示镇湖刺绣的一个窗口。

电子商务。这是在苏绣业内新开展的一种经营方式。比如，有一家公司设两个天猫店铺，有一家分设两个网址。2015 年 11 月 28 日，第八届刺绣艺术节结合互联网时代特点，推出官方电商平台——苏绣名品网。

2005 年，镇湖刺绣年销售总额达 4.98 亿元，利润 1.8 亿元。2007 年销售总额 7.7 亿元，2012 年 11.99 亿元，2013 年 12.8 亿元，2014 年 13.8 亿元，2015 年 14.6 亿元。

创新经营

21 世纪以来，刺绣的侵权与专利问题，是镇湖刺绣遇到的难题，刺绣产品的经营方式也面临升级换代。

刺绣版权 由于刺绣工艺的特殊性，绝大部分绣娘需要采用美术领域的作品进行二次创作。这就容易造成或是一幅著名书画家的作品可能被很多绣娘使用，创作出很多幅同样绣面内容的刺绣作品，形成同质竞争；或是绣品如果没有征得原画作者的同意，绣娘就容易因侵权而被起诉。为此，2013 年 4 月 16 日，高新区宣传部、科技局、镇湖街道主办，高新区镇湖刺绣协会等特承办“美术作品版权与苏绣艺术再创作对接暨美术作品展”，展出苏州国画院专业画家冯豪、刘佳、方向军、姚永强、吴明艳 5 位画家的 50 幅美术精品，免费提供给镇湖绣娘再创作。展览的美术作品使用权归镇湖街道所有，镇湖街道可将这些用于生产、制造、销售、许可制造、许可销售的刺绣产品上，也可作为产品包装的一部分、商标及广告宣传，也可以授权镇湖绣娘使用这些美术作品。5 位画家还一一与 5 位知名绣娘签约对接，就作品的版权开展多种合作，增强苏绣作品的原创性和市场竞争力。

2015 年 6 月 16 日，江苏省首届版权推动艺术创新论坛暨苏绣原创工程研讨会在镇湖开幕。在原创作品授权仪式上，江苏省版权协会副会长华颂瑞代表省版权协会分别与画家签订美术（图画）作品改编权专有使用的授权协议，与苏州镇湖刺绣协会签订美术作品交流和维权合作协议，与刺绣艺术家签订美术（图画）作品改编权许可使用协议。全体与会人员还共建江苏省刺绣作品展示交易群。苏州市版权局进行宣传培训，出台文件，副局长张梅针对苏绣产业的版权状况深入调研，撰写《苏州刺绣产业与版权保护》的专题报告，研究和支持苏绣作品版权维护工作。

交易平台 为防止刺绣作品被模仿、盗用，镇湖刺绣协会于 2010 年正式建立版权交易平台。镇湖与国内知名画家、摄影家、书法家签订版权购买协议，将他们的优秀作品收入版权作品库。为帮助绣娘们解决版权问题、规范刺绣产业版权秩序，2010 年，苏

苏州市版权局副局长张梅（左）向镇湖分会负责人虞美华（右）授牌（2009年3月20日）

州市知识产权局支出专项资金50万元，与高新区镇湖街道共建苏州市刺绣作品版权许可交易平台。平台已建3个数据库：一是已过50年版权保护期的作品库，其中的作品可被绣娘合法免费下载使用；二是集体购买获得的美术、摄影作品库，该库作品只需与镇湖街道知识产权管理中心签订协议后，会员支付少量费用即可获得刺绣使用权；三是无授权优秀作品库。该库作品可委托镇湖街道知识产权管理中心与作品著作权人联系，商定具体协议后获得授权。绣娘一旦购买了某件作品的版权，库里的作品就标有记录；其他绣娘再选择这件作品绣制的可能性便会降低。

防伪标记 2011年11月，苏绣作品有了防伪标记。即用一根特制的透明丝线，在绣品右下方绣一个防伪标记，肉眼看不见，但用蓝光灯一照，就查看到蓝色的“SXIP1”字样。“SX”是苏绣的简称，“1”表示第一幅。第一幅有防伪标记的苏绣作品是《百花齐放》，该作品取自当代美术家王新陵创作的牡丹四屏之四，由镇湖梅红绣庄的卢梅红和她的两位同事历时3个多月完成。

绣品上市 近年来，镇湖刺绣的市场整体价值水平有较大提高，特别是作为艺术品更具有投资升值空间，受到越来越多海内外人士的青睐。市场投资额逐年增大，镇湖刺绣产业率先与中国文化艺术品产权交易所合作，探索刺绣产业与资本市场的对接，让资本市场反哺刺绣产业。

2014年5月28日，在中国刺绣艺术馆，两个刺绣艺术品资产包完成上市签约，王

2014 年 9 月 25 日苏绣艺术品权益份额资产包上市敲锣仪式

丽华刺绣艺术品《青铜之韵》定向发行总额 4400 万元，姚建萍刺绣作品《和谐盛世》定向发行总额 5200 万元，通过在香港注册的中国文化艺术品交易所（简称：中国文交所）上市融资。此次大胆尝试将所作刺绣艺术品作资产包上市，苏绣“联姻”资本市场，为绣娘们进一步创作开辟了资本市场。2014 年 12 月 2 日，镇湖街道与中国文交所上海自贸区现货交易中心达成战略合作协议，全面开启镇湖苏绣面向国内外中高端艺术品市场的新渠道。

绣娘绣品

至2015年年底，镇湖人口有2万余人，参加刺绣及配套工作的占半数以上，其中八千绣娘是全国“四大名绣”中的主力军，她们为继承和创新发展苏绣做出了卓越贡献。苏绣百花齐放，宝塔形的刺绣队伍越来越壮大，以至名家名绣辈出，屡获全国大赛金奖，大师佳作更是传世珍品，不断攀登着苏绣技艺的新高峰。随着镇湖刺绣精品作为国礼馈赠各国元首，镇湖刺绣也成了苏州市名片、中国国家名片。

八千绣娘

刺绣是镇湖特有的民间工艺，也是由妇女从事的传统副业，历史悠久，代代相传，延绵不绝。自十二三岁的少女至七八十岁的老妇都能飞针走线。至 2015 年，镇湖从事刺绣的妇女有 8000 人左右，号称“八千绣娘”，占全镇人口的 35%，其中 7000 多人是普通的农村绣女，500 多名绣女在镇上或外地开店，256 人已获得工艺美术初级、中级、高级技术职称，50 多人经过努力已成为刺绣精英。

绣女传统

苏州刺绣源远流长，有着良好的传承，早已成为一种民俗深入人们的生活之中。镇湖刺绣最初是绣家中日用品，常用的是齐针、施针、戗针等，技艺传承形式是母传女、姐传妹，家族内部传承。镇湖是无人不知绣，无女不会绣。

农村绣女　在镇湖为数最多的就是分散在农村的普通绣女。这些绣女一般以农业生产为主，春种、秋收两个农忙结束后，农闲时间从事绣品加工。世代承传，习以为常。自清代绣庄盛行以来，逐渐形成以专业加工刺绣为主，春、秋两季农忙为次的生产习惯，一直流传至今。农村绣女的刺绣时间每天在 8 ~ 10 小时，晚上也要刺绣，即使在农村没通电的时候，绣女也要点上一盏小美孚灯（有玻璃罩的煤油灯）在昏暗的灯光下，熬夜刺绣。那时婚后的绣女更为艰苦，她们把婴儿放在长桶内，用一根绳子，一头系在长桶木架上，一头系在自己的大腿上，一边刺绣，一边摇桶，直到孩子睡着为止。白天，绣女要料理家务，如洗衣、煮饭等。忙中抽空则抓紧刺绣。

十二三岁的少女利用休息日和寒暑假练习刺绣，初学时跟随母亲、姐姐或嫂子对棚学做，熟练后，单棚独做，挣得的收入用来买书交学费。这是镇湖最常见的一种习俗。18 ~ 45 岁的绣女是农村绣女中的主力军。镇湖绣品街形成后，她们由分散走向集中，大多数年轻绣女都进入绣店工场，在绣店老板的指导下，边学艺边生产，技艺水平不断

传承刺绣技艺从娃娃抓起

镇湖小绣女

镇湖家庭绣

农村传统刺绣

提高。45 ~ 65 岁的绣女绣制韩国服装、日本和服，还有一些图案较简单的单面或双面绣。65 岁以上的绣女绣制杂品。镇湖的妇女从小到老都在刺绣，这是千百年来形成的苏绣传统风俗。

绣女绣要　太湖边的苏州绣女，大都心灵手巧。安居心细，绣出的绣品才能达到精细雅洁的效果。刺绣的首要任务是先要培养细致的性格。譬如平时要养成爱清洁的习惯，刺绣全凭一双干净的巧手，要爱手如爱护眼睛一样，上棚刺绣前必须用香皂将手洗干净，以免弄脏花线和绣面，而且需保持手指的滑润，便于使针取线，不致将绣线弄毛。刺绣时座位需注意背部不能过高或过低，避免口中的气哈出弄湿绣地；剪刀应摆在身旁左侧，以免与绣线纠缠而造成使用不便；手腕下要垫一张纸，纸面需光滑，以免绣面起毛而使绣品不够清洁；汲取润泽线头的口水要像取露一般，必须先漱口，清理掉口中的脏东西；刺绣时遇到气候变化或刮风下雨，需及时关上门窗，以免影响绣面整洁；绣棚不能直接受到阳光照射，以免绣线、绣面被晒变色；离开绣棚前，要将绣面绣针、

绣娘们在刺绣

绣娘刺绣

绣线、画稿等清理好，用干净的白布轻轻覆盖好，以免受灰尘污染。

刺绣作为一种以针引线穿刺造型的工艺，其感情传达之细腻、丰富，其性格表现之生动多样，为其他传统文化难以企及。而这种多情、细腻、含蓄、精巧的品格恰恰与绣制者的性情相吻合。情真才能意切，意切才能心巧，心巧才能艺美。镇湖刺绣，源于绣女们对刺绣的一片真心倾情，由此构成了华夏文化中一个璀璨的华章。从每件刺绣艺术精品中，人们都会看到绣娘们的倾心付出。

以绣为业

既以苏绣为业，绣娘们都全身心地投入，经历过不同时期经济收入的起伏，也攻破了刺绣过程中的种种难关，获得了丰硕成果。

以绣养家 绣女的经济收入，历来是很微薄的。在“农业学大寨”时期，生产队实行大寨式评工记分。农闲时，绣女凭证从公社刺绣发放站领取绣品加工。农忙时，生产队安排老弱病残妇女集中刺绣，绣品加工工资都由刺绣站直接转入生产队账户，年终分配时按劳动单价折算人工。全社共有 144 个生产队，分配水平悬殊，最好的生产队每工单价 1 元左右，绝大多数生产队每工 0.5 元左右，最差的每工单价只有 0.13 元。1983 年后，绣品需求量大，销量猛增，双面绣产品价格可观，绣女的收入不断增加。绝大多数绣女每天工钱在 20 ~ 35 元，年收入 8000 元左右，技艺水平高、工作效率高的绣女每天工钱在 50 ~ 70 元，年收入可达 1.5 万 ~ 2 万元。年收入较高的要算会开相（绣制人物面部）的绣工，一天工钱可超过百元。自产自销的绣女收入更高。镇湖人以绣为业，基本可维持正常生活开支，甚至可以小康富裕。

此后，镇湖的绣女专业队伍人员越来越多，形成了镇湖绣品产销一条街，逐渐形成一种商业气候。人家意识到，到镇上开店更容易吸引客户，可以带来更多生意。至 2005 年年底，全镇共有绣店 253 家，其中绣品街有 242 家，这些店 90% 以上是夫妻店，年龄集中在 30 ~ 40 岁，多数已婚，文化程度以初中和小学毕业为主体，占 80%；高中、大学毕业占 15%。年龄超过 50 岁的开店绣女，文化程度都很低，约占 5%。她们放弃农业，以绣为业。镇湖拥有绣品街、中国刺绣艺术馆、刺绣名人坊等多个刺绣产业载体，全街道两万人口中约有 1.2 万人从事刺绣及相关产业，刺绣销售产值以 20% 的速度逐年递增，刺绣收入占当地百姓家庭总收入的 70% 以上。与此同时，镇湖刺绣的迅猛发展，有力地推动了镇湖文化旅游等现代服务业的繁荣。2013 年，全街道刺绣及旅游品销售额达到 12.8 亿元，刺绣经济成为镇湖重要的经济支撑。

除了绣品街外，农村绣女成了镇上绣店强大的人力支撑和后盾。2015 年年末，镇湖街道女性总人数为 11824 人，据不完全统计，刺绣的绣娘为 8109 人，其中年龄在 30 ~ 65 岁的有 6339 人，是从事刺绣业的主力军。没有这些绣女的劳动，镇上绣店就难以运作和发展。她们在以自己的生活实践创造着刺绣文化与艺术的历史。镇湖刺绣的发展就是靠普通绣女一代又一代地向前推进。

1992—2000 年镇湖各村绣女情况统计表

表 4　　　　单位：人

年份村名	1992	1993	1994	1995	1996	1997	1998	1999	2000
市桥	1166	1155	1160	1167	1146	1155	1150	1136	748
新桥	487	481	470	463	465	441	455	445	439
马桥	332	331	333	341	346	354	350	341	340
杵山	413	425	421	434	421	463	425	461	452
邢旺	365	367	364	353	348	352	348	342	324
西村	622	627	630	621	631	620	623	619	606
市岸	586	585	587	599	597	601	594	586	567
马山	738	737	736	739	736	739	737	720	708
石帆	890	887	893	892	894	876	858	842	835
西京	702	689	695	682	689	671	675	662	663
马市	394	395	393	398	397	404	398	392	386
大连	286	285	285	288	285	285	274	272	264
上山	819	817	815	810	796	768	787	776	755
居委	284	298	288	335	346	353	367	390	857
合计	8084	8079	8070	8122	8097	8082	8041	7984	7944

店铺绣女　镇湖绣女历来都是在家里代人加工刺绣，1983 年，农村实行土地联产承包责任制，解放了大量的劳动力。各行各业都面临体制改革和机制转换，特别是与镇湖发展密切相关的刺绣行业开始分化和形成新的组合。有见识、有能力的绣女从民间传统

绣品街刺绣工作室外景

工艺品生产中看到了新的希望，开始以自产自销、单打独闯的形式走向市场。小本经营者，肩挑手提，穿巷跑街兜售叫卖刺绣工艺品，那时主要以销售双面绣“猫”为主（镇湖把销售刺绣工艺品的都俗称“卖猫”），苏州十全街上的工艺品商店、宾馆内的售货部、宾馆相邻的商店，是“卖猫”者必去的地方，他们交易的方式是以代销为主，卖完结账。稍有资本的个体户，或独资或合伙去外地开店经销，遍及全国 20 多个城市，共设 200 多个销售点。还有少数“卖猫”者，通过亲戚、朋友、战友等关系，把销售目标对准外贸公司，求得批量产品销售国外。

镇湖绣品街建成后，绣娘们以此为基地，绣店里都在飞针走线，至少有一个棚架搁在店门口。店铺内往往坐着十几位绣女，有的是本地人，是刺绣小姐妹，有的是外来妹，因为生计也到镇湖打刺绣工。店铺主人一方面要安排好店铺内一众绣工的生产任务

刺绣工作室内绣品琳琅满目

和技艺指导，空闲时也上棚刺绣，因为重要绣品得自己操作，既可以增加收入，更重要的是可以给客户现场表演。

店铺绣女工作十分繁忙，她们要根据市场供求或客户订货情况，制定自己的生产计划。在制作绣件过程中，认真做好选稿、上稿、配线、发放、装裱等各道工序。

一是选稿。主要方式有从图书上找，由画师供稿，客户提供画稿，从刺绣网站中选稿，从同行那里得到。选用的画稿，关键要求构图简练，用笔工整，线条清晰，色彩鲜明，能适应苏绣针法的表现。

二是上稿。将画稿图案用简单的线条描绘到底料上。为了省钱，简单图案上稿都由店铺绣女自己完成，复杂难画的图案请画师上稿。

三是配线。配置表现图案色彩的线主要有花线、纱线、金线、银线等。花线色彩品种繁多，配线要保持原来图案色稿的颜色，特别要注意中间色的搭配。简单图案绣件可请花线店代配，复杂图案必须由绣店老板亲自配齐。

四是发放。把绣件发给绣女加工，更多的绣件则要外出发放。店铺绣女为了抓好质量，经常隔三岔五去发放地辅导督促绣女。

五是装裱。晚饭后，店铺绣女工作的重点就是将绣好的绣片裱在夹板上，要求紧绷、匀贴、不变形、不沾渍，靠两只手拉，时间长了，十个手指直发痛。绣件裱完，配好玻璃，装框钉好。装裱大件的绣片更吃力，绣件装框人手不够时还要请邻居帮忙。

店铺绣女还得熟记卡纸、玻璃、夹板、镜框、包装盒、包装箱等不同规格的尺寸。在商品交易中还要逐渐了解各地客户对绣品的爱好，对店内的绣品不断加以调整、创新。有条件的店都开辟了精品室，陈列各种高档的绣品。她们以绣为业，在经营操作过程中不断提升自己的业务技艺水平。

虽然绣娘们有吃苦耐劳的品格和敢闯市场、敢冒风险的精神，还有适应环境变化和捕捉市场信息的能力，但是她们在实践过程中还是遇到了不少困难，如文化知识低浅、经营管理不善、普通话不够标准等。

绣品种类 绣品式样品种繁多，千姿百态。从形式上看，有紫檀红木几架、景泰蓝配制的各种绣片、册页，有配制在镜框中的风景、人像、花鸟、各类宠物，有插屏、条屏、屏风和中堂；从绣法上看，有平绣、单面绣、双面绣、双面异色异样异针绣、乱针绣等。

绣品店铺内挂满了各种档次的绣品，间隔挂一些盘金绣、宝应绣、湖南湘绣作

各种题材的刺绣艺术品

刺绣作品《唐三彩骆驼》

人民大会堂江苏厅背景:《江南三月春意浓》

品。图案既有传统的小猫、金鱼、牡丹、月季等飞禽走兽和百草异花，还有借鉴国画、油画，艺术绣制的山水风景、人物群像等苏绣艺术精品。反映吴地习俗文化的绣品很受旅游者的青睐。如十二条鲤鱼图案象征“月月有余，年年有余”，猫蝶相戏图寓意“耄耋长寿”，鸳鸯与藕比作“鸳鸯佳偶”。还有寓意富贵的《凤穿牡丹》、寓意光明美好的《丹凤朝阳》、寓意祥瑞的《吉庆有余》、寓意发财的《刘海戏金蟾》，以及《龙凤呈祥》《百年好合》《麒麟送子》《五谷丰登》《太平有象》《三羊开泰》《并蒂同心》《大官赐福》等。

高档次的苏绣艺术精品商店，则陈列着《邓小平》《蒙娜丽莎》《金鱼》《小猫》《蝴蝶》《熊猫》《张大千》《杨贵妃》《史湘云》《犀尊》《古月清风》《吹箫引凤》《向日葵》《竹石》《姑苏繁华图》等，琳琅满目。

苏绣《金鱼》

技艺传承

苏绣技艺全凭手工，手把手地口授身教，苏绣技艺属于国家级非物质文化遗产之一。

基本技艺　根据中国工艺美术大师李娥瑛总结的《苏绣技法》一书，苏绣针法可分为九大类、43 种。如齐针、戗针（正戗、反戗、迭戗）、套针（平套、散套、集套）、接针、擞和针、乱针绣等。刺绣以一定的针法和绣法来进行，需根据不同的刺绣对象来选择不同的绣法和针法。一种物像往往可以运用各种针法，一种针法也可以绣多种物像。当人们学会了基本的刺绣方法，经过一段时间的熟练操作，还可以一步步深入学下去，全面地掌握刺绣技艺，成为一个刺绣能手。

苏绣技艺的要求可概括为：平（绣面平服，熨帖如画）、光（光彩炫目，色泽鲜明）、齐（针脚齐整，轮廓清晰）、匀（皮头均匀，疏密一致）、和（色彩调和，浓淡合度）、顺（丝缕合理，圆转自如）、细（用针纤细，绣线精细）、密（排列紧凑，不露针迹），画绣合璧，形神兼备。苏绣艺术具有图案秀丽、色彩淡雅、线条明快、针法活泼、绣工精细的风格。观赏一幅刺绣作品，第一眼的感觉是构图、色彩、形象，给人以美感；然后是细赏其针法、丝理、技艺之精妙。

针法择要　针法与绣法，是结合具体绣品对象作不同选择的。现选择其中常用针法作简介。

齐针。是刺绣基本针法之一，也是各种针法的基础。以线条排列均匀、齐整而名齐针。绣法：起落针都要在纹样的外缘，线条排列要均匀，逐针排列，不能重叠、露底，力求齐整。齐针按丝理不同可分直、横、斜三种，即直缠、横缠、斜缠。应用范围：花鸟、人物、山水及其他图案等都以齐针为基础，因而初学者必须首先掌握齐针，锻炼刺绣基本功。注意事项：拉线轻重一致，绣时线绒要退松。

戗针。苏绣传统针法之一，特点是层次清晰、均匀、富有装饰性。取其逆而不顺之意，故名戗针。根据绣制程序和不同的表现效果，可分正戗、反戗、迭戗 3 种。

正戗针。用齐针分皮（皮，即在每个刺绣小单位分层绣制的层次，俗称皮头）前后衔接而成，由外向内顺序进行。刺绣步骤：第一皮按纹样外缘用齐针出边，线条长 1 ～ 2 市分（0.33 ～ 0.66 厘米）（据花形大小确定），线条粗细约一绒左右。第二皮（即批，第二层）起称“戗”，针迹要衔接前一皮线条的末尾。以后各皮类推。用色由深渐浅，或由浅入深均可，但需顺序渐进。

反戗针。用齐针由内向外有规则地进行，皮头比正戗清晰、整齐。丝理（即丝缕、丝路，指丝线排列方向）方向一致，皮头相互衔接。刺绣步骤：首先将花瓣分成阔狭相等的若干皮，用齐针绣第一皮，从第二皮开始要加扣线。扣线的方法是在前一皮两侧线条的末尾横一针，在后一皮边线中心点起针，把横线扣成倒“Y”形。再从中心线绣向两侧，每皮起针须从空地绣向扣线，并将线紧扣成弧形。以后各皮照此类推。

迭戗针。形似正戗，层次整齐、清楚。一般绣果子为宜。刺绣步骤：分皮间隔进行，绣一皮空一皮，直到绣满纹样为止。戗留空的皮头时，针脚要衔接前后两皮的头尾。注意事项：每皮阔狭要均匀，丝理要一致。

套针。苏绣主要针法之一，是分皮顺序相套而成，故名套针。根据针法组织与表现效果，可分平套、散套、集套 3 种。

平套。分皮顺序进行，由后皮线条嵌入前皮线条中间，丝丝相夹；并衔接着前一皮线条的末尾，使之镶色和顺，绣面平服。刺绣步骤：第一皮用齐针出边，线条长约 1 ～ 2 市分（0.33 ～ 0.66 厘米）。第二皮起称“套”。套的线条比出边的线条长 1/10，是用一丝相隔一丝的稀针，罩过出边的十分之六，稀针排列的距离要与线条粗细相适应。第三皮的线条长短与第二皮同，每针在嵌入第二皮线条中间的同时需与第一皮末尾相衔接。以后各皮均照此类推。注意事项：排针稀密与用线粗细要均匀，每皮丝理要一致。

散套。是苏绣欣赏品中运用最广泛的针法之一。主要特点是线条高低参差排列，分皮进行，皮皮相迭，针针相嵌。由于线条组织形式比较灵活，因而善于表现刺绣物体的丝理转折，不受色级、层次限制。镶色浑厚和顺，绣面细腻平服，少见针迹，能够细致地表现花卉、翎毛等的生动姿态，有比较丰富的艺术表现力。刺绣步骤：第一皮出边，外缘整齐，内长短参差，参差距离约是线条本身长度的 1/5 左右，排针要密。第二皮“套”，线条是等长的，排针是一针间隔一针的稀针，针迹高低参差，线条要罩过出边的十分之八左右。第三皮线条嵌入第二皮线条之间与第一皮相压。以后各皮照此类推。最后一皮外边缘要绣齐，线条排列要紧密。注意事项：两皮针迹之间的距离相当于同一皮的线条长短参差的距离，这样循环往复地刺绣，绣面上的针迹虽参差不齐，但仍有规律而均匀。在丝理凹凸转折时，线条宜短，每皮转折角度约 1 ～ 2 丝（一丝即一根绣花线的十二分之一），以便逐步转折，运行自如。线条粗细与排列要均匀。后一皮插针应插入前一皮两线之间，以隐伏针迹。

集套。针法组织与平套同，由于集套是绣圆形纹样，每一针针迹都要对着圆心，集中到中心，故名集套，在近圆心处要做藏针。刺绣步骤：第一皮用齐针出边，外缘排针略稀，内较密，第二皮套，即用一丝隔一丝的稀针绣。线条要罩过出边的十分之六左右。第三皮的绣法与第二皮同，但由于渐近圆心，故要绣藏针，每隔三针，藏一短针。以后各皮由于接近圆心，线条之间空隙越来越小，要重新组织排列，按第一皮“套”的方法一针排稀一针，越到中心处，藏针越多，直到绣满为止。最后一皮针迹集中于圆心处。

擞和针。组织与散套大同小异，不同的是：散套针线条重叠，擞和针平铺；散套绣浑厚，擞和针平薄；散套针的针迹隐伏于线条间，擞和针针迹比较显露。主要用于绣花鸟、人物、树石、书法等。刺绣步骤：由内向外进行。第一皮用长短线条参差排列。第二皮用等长线条上下参差间隔，嵌入第一皮线条的空隙中。第三皮与第一皮线条末尾相接。以后各皮照此类推。由于线条铺平，不重叠，因此针迹之间差距较大，针迹显露多，但线条组织比较灵活，不受色彩层次限制，因而镶色比较和顺。

施针。是欣赏品中绣人像、动物、飞禽的主要针法。特点是用稀针分层逐步加密，便于镶色；丝理转折自然，线条组织灵活。刺绣步骤：第一层先用稀针打底，线条长短参差，线条之间的距离要根据需要灵活掌握，一般间隔两针。如色彩复杂，需绣多层者，可酌量排稀，便于加色，但排针的距离要相等。以后每一层均用稀针按前一层组织方法，依绣稿要求分层施密，逐步加色，至绣成为止。注意事项：如逐步加密是因为和色需要，则线条要均匀而嵌直，不宜同色线并列而影响色彩和顺。如表现鸟、猫的毛丝，可用深浅相近的线色交叉绣之，以表现毛丝松软自然的感觉。

接针。用短针前后衔接连续进行，后针衔接前针的末尾，连成条形。适用绣字、孔雀羽毛、鸳鸯头部羽毛；也可作缠针的辅助针法，帘绣也由接针组成。刺绣步骤：从纹样一端一针，线长约 1 ～ 2 市分（0.33 ～ 0.66 厘米）。以后用等长线条连续进行，后针要刺入前针线条末尾中间，使针针连成一线。注意事项：凡用接针绣的线条平行时，针迹要参差。

乱针绣。乱针绣是杨守玉所创的一种新颖针法和绣法。因为其表现力强，能适合刺绣西洋画中的人物、风景，摄影作品，已迅速成为大众喜爱的一种针法绣法。乱针看似乱，其实乱中有规律：是利用长短参差的直斜、横斜线条交叉掺和而成，能一次、再次地掺色，如同西画之多次上色彩。刺绣步骤：第一批按轮廓分成若干块面，用稀针打底，线条略粗，约一至二绒（一绒为一根绣花线的二分之一）；第二批、第三批可根据要求，一次、再次掺色，线条渐细，组织亦由稀趋密。由于线条组织成交叉形，因而在掺和后，仍能保留多种色线的固有色。色彩掺和的次数不拘，直到光、色、形都符合要求为止。

虚实针。由虚虚实实的线条组成，线条等长参差，由粗到细，排列是由稀到密，针脚亦逐步由长到短。需注意的是刺绣时要正确绣出物体的轮廓形状，研究好线条丝理的转折、粗细及虚实的排列，选择好相应的不同色阶的线色，刺绣时镶色和顺，不露针迹。

此外还有编绣、网绣、纱绣等戳纱类刺绣，贴绫、穿珠、迭绣、帘绣等特殊刺绣，采用头发丝的发绣，用金、银线绣的平金、盘金绣等。

双面绣艺　双面绣：是指在一个幅面上同时绣出正、反两面一样的图案。关键是绣时要将针垂直刺下、穿上，处理好针脚与线色不乱，做好藏针线脚的收尾工作，以达到正、反面相同的艺术效果，如双面绣《猫》，两面图形色彩完全相同。

双面异色绣：是指在同一幅面上同时绣出正、反面图案相同、色彩有异的艺术效果，如双面异色绣《虎丘》，图形相同，但一面是春天景色，一面是秋天景色。

双面三异绣：是指在同一幅绣面上，同时绣出正、反面图案、色彩、针法均不相同的艺术效果。如双面三异绣《仕

双面三异绣《小白猫与巴儿狗》

双面异色乱针绣虎丘（春）

双面异色乱针绣虎丘（秋）

女与鹦鹉》，两面颜色不同，针法不同，图像中一面仕女在槛内，一面在槛外，是目前刺绣中难度最大、艺术效果最新奇的艺术品。学会一般刺绣可能几年即成，但要成为刺绣艺术家，可能需数十年的功夫，甚或要尽一生的努力和悟性方能达到。

画绣共工　欣赏苏绣艺品，要从绣稿谈起。“绣工未动，画工先行”。画师要努力根据刺绣图案的特点、针法和色彩的运用，选择题材，设计图样，创作出适合发挥刺绣技艺又满足人们观赏或日用习俗需求的图稿，提供绣稿和色稿。画与绣的艺术效果是不一样的。画是用笔和色彩依照绘画技艺来表现的，自有其墨韵浓妆淡抹的特色；绣是通过无数纵横的彩色线条组成的画面，受光反射出的丝光回动有明有暗，产生很有生气的活动感、实物感。因此，刺绣画稿又不同于一般画稿，有特殊要求，需适应针法色彩的表现特点，服务于刺绣技艺的施展，构图简练，用笔工整，线条清晰，色彩鲜明。欣赏艺品，就要体会画师的一番心意。

绣工则要对图稿进行分析研究，考虑选用什么针法绣什么部位的物像，用什么粗细的线色绣成什么效果的绣品。如果仅成为画的复制品，那就失去刺绣艺术的价值了。刺绣艺人要根据不同的画稿，充分运用苏绣的针法、色彩等传统特点进行艺术再创造。经过刺绣的艺术加工，一些精致的绣品本身就是一幅锦绣的画面，并被誉为“佳者较画更胜”，达到画所不及的艺术效果，真正体现出刺绣艺术的美。从中看到刺绣大师们意识和技艺的功力所在。

对于国家级非物质文化遗产的关键技艺部分，镇湖领导和刺绣艺人特举办“非遗”教育实践基地，开办刺绣课专门培养新一代刺绣人才，以代代保护传承下去。

苏绣艺术作品，尺幅之间，凝聚着千针万缕，演化着奇艺妙用，显示出艺人的识见

苏绣“非遗”教育实践基地揭牌（2010 年 5 月 12 日）

刺绣课培养新一代刺绣人才

学生在刺绣

镇湖绣艺传承

和功夫，展示出画绣的艺术和魅力。苏绣名品之所以能展现高超的技艺水平，主要靠艺人熟练掌握刺绣的线条、丝理，熟悉各种针法和绣法，灵活自如地进行创造性的刺绣操作。苏绣技艺传承除了精细的操作，更在于雅洁的艺术追求。情志高、艺德好，是传承的最高境界。

绣娘拜师　镇湖绣娘最能认真刻苦学习，还专程通过各种途径努力寻师求学，或进高校进修。

1989年开始，就有绣女寻到苏州刺绣研究所要求学艺，但那时还不允许对外传授。有幸近代仿真绣创始人沈寿的再传弟子牟志红也是位有心人，悄悄嘱其在上下班必经之路租房，暗中授艺于她。绣女寒暑三年，晨针暮线，偷学绣艺，以绣为乐，终于成才。像此绣女一样偷学技艺的还有其他人，曾以作品和真诚感动同乡，成为吴县刺绣厂顾金珍的徒弟，而且婚嫁在即，宁可推迟婚期，先要学艺，立业再成家。有位绣女拜苏州刺绣研究所王祖识为师，学艺三年，只绣了3幅作品，少而精，老师称赞她“真正用心绣”。有位绣女每天骑自行车到老师那里学艺，路上来回2个多小时，整整3年，风雨无阻。

十几位镇湖绣女通过认真刻苦的“拜师学艺”，果然都能脱颖而出，成为刺绣精英。刺绣拜师，虽然只是一个形式，但是绣女刻苦学绣的顽强精神，也深深感动了刺绣大师。苏州刺绣研究所的几位刺绣大师，都倾心为镇湖绣女传授毕生技艺。当这些学生遇到刺绣中的难题时，各位大师都会前往镇湖尽心尽力指导和研讨，协助完成一些重大题材的设计和刺绣。名师与高徒的合作，自然将镇湖绣艺的水平推向了新高峰。

绣娘培养

大批量刺绣能手的提高，是通过刺绣专业培训班培训实现的。尤其是双面绣猫发展起来后，量大工细，城里曾多次派老师到镇湖教绣，吴县也特地在东山举办刺绣培训班，1200 名绣女参加了推广散套、活毛套新针法的专业技术培训。此外还有多种形式和不同途径的培养。

1998 年 4 月开始，镇湖首次组织刺绣协会会员的刺绣专业培训，为期 2 天，参加培训人员 68 人，由苏州刺绣研究所的顾文霞、吕纯作讲座，传授“审理、度势、剪裁、点缀、崇雅、传神”的选择方法和“平、光、齐、匀、和、顺、细、密”的苏绣刺绣特点，“画”和“绣”相结合的刺绣作品制作经验。68 名参训人员无一缺席，培训中以传、帮、带的方式，传授和启发绣女们的刺绣工艺技法。2000 年以后，镇湖还陆续组织过 3 次对刺绣骨干和刺绣工艺技术能手的培训，并请蒋雪英、侯铁、徐凌志等到镇湖传授苏绣的针法、图案、设计、线色搭配等方面的经验，培训达 400 多人次。

集中优势的培训班，使镇湖刺绣技艺上了新台阶，绣娘对刺绣针法、绣法的运用有了正确的领会，掌握了刺绣的快捷方法，绣品的艺术质量不断提升。苏绣猫也因此普及开来。这个转折点，使镇湖绣女走上刺绣艺术品之路。至 2005 年年底，镇湖绣女中具有助理工艺美术师及以上职称的绣女达 78 名。

绣娘中也有自费培训贫困绣女的。1996 年卢福英创办卢福英苏绣制作中心，把近百名农家绣娘集中起来进行苏绣制作技术的培训，使她们很快提高了苏绣制作技术，其中部分绣娘获得了中、高级工艺美术师职称。年轻绣女们称她卢老师，绣娘们更称她为镇湖刺绣的“大姐大”。2002 年，卢福英苏绣制作中心主动培训了一批残疾青年，其中，西村陈秋英曾赴印度参加国际残联举办的残疾人技能比赛，刺绣作品获得一等奖。现在陈秋英自己也开办了刺绣学校，创新探索培养年轻一代绣女的途径。

绣艺交流　由镇湖地方政府领导牵头，镇湖刺绣协会进行具体组织，每年都要组织一次刺绣工艺技术交流会。组织绣女中的刺绣能手或骨干，讲述在刺绣作品制作过程中的成功经验和体会，重点介绍获奖作品的图样、配色、丝理、针法等工艺技巧，并作现场技能表演。举办展评会，对各刺绣能手的刺绣精品进行展评，从绣品的巧、妙、神、精工、富丽、清秀、高超上评出名次。通过展评，加快刺绣精品生产技术的发展和工艺技术的提高。克服旧的传承方式和传统观念，开展互访、互学、互帮活动，树立互相学习，共同提高刺绣技术的社会新风尚。

绣品一条街形成后，镇湖刺绣业在数量、工艺水平和花样品种上有了很大的发展，

银针杯刺绣作品大奖赛评比（2007 年 6 月）

银针杯刺绣作品大奖赛获奖绣娘与领导及评委合影（2007 年 6 月 30 日）

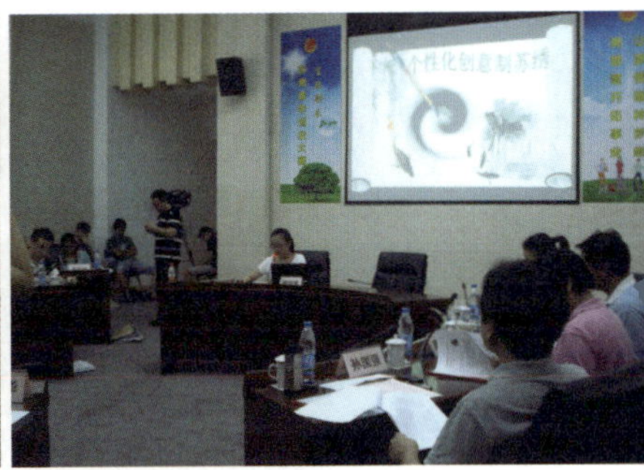
创业大赛（2012 年 8 月 15 日）

特别是刺绣艺术水平不断提高。一部分绣女通过拜师学艺、刻苦钻研、充分发挥自身的特长，又在开店经营的过程中抓住了市场机会和条件，在众多开店绣女中脱颖而出，成为绣女精英。刺绣精英们又陆续为镇湖培养 2000 多名刺绣骨干，镇湖刺绣技艺人员形成宝塔型的刺绣人才群体。

高校进修　1986 年开始，镇湖绣女中陆续有好几位认识到仅凭传统的刺绣技艺，并不能实现自己的创作愿望，主要是自己的基础知识不够，缺乏攀登高峰所需的实力，尤其是对工艺美术的艺术理解和方式方向等都需要学习，只有补上自己的短板，才能继续创新发展。于是先后有朱寿珍、姚惠琴、姚建萍、梁雪芳共十几位绣女，自费到苏州工艺美术学校（今苏州市工艺美术职业技术学院，简称“苏州工艺美院”）、南京艺术学院、中央工艺美术学院（后并入清华大学，更名为清华大学美术学院）等高等院校进修相关专业课程，并获得相关毕业、结业证书。其中姚建萍于 2005 年 11 月被省委宣传部作为“五个一批”高级人才，推荐到北京大学高级研修班进修。2014 年，清华大学开办首届“姚建萍中国刺绣高级研修班”，聘任姚建萍为研修班导师，着力培养“能绣懂画、能画懂绣”的新一代复合型刺绣人才。2015 年，清华大学美术学院“艺术理论与工艺美术创作高级研修班姚建萍中国刺绣教学实践基地”在镇湖揭牌，姚建萍担任导师，着力培养刺绣行业的新型复合人才。消息一出，13 位本地绣娘应声加入，还吸引了 2 位来自新疆、广东的绣娘慕名拜师。

近年来，苏州高新区各级政府与部门积极为绣娘们创造学习机会，先后帮助数百名中青代镇湖绣娘进入北京、南京等地的高等院校进修。同时为帮助绣娘们更好地在家门口学习，2006 年起，苏州工艺美院特创办了 5 年制苏绣大专班，由街道提供学费补贴。已有 5 届学生共 50 多人毕业，从事刺绣研发工作。镇湖刺绣协会先后开办了摄影技艺、

镇湖刺绣大专班首批学员（2006 年）

首批大专班绣娘合影（2006 年 11 月 16 日）

色彩素描、中国美术鉴赏等培训班。同时，引导、扶持农村剩余劳动力，从事刺绣作品装裱等配套产业。2014 年，镇湖绣品一条街通过苏州市人社局认定，成为高新区首个市级创业孵化示范基地。

人才队伍　截至 2005 年年底，镇湖绣女中获评专业技术职称的共 78 名，其中助理工艺美术师（工艺员）有 41 人，工艺美术师有 28 人，获评高级工艺美术师的有 9 人。

截至 2015 年年底，镇湖绣女中有专业技术职称的共 256 名，其中：初级职称（工艺美术员、助理工艺美术师）的有 113 名，中级职称（工艺美术师）的有 87 名，副高级职称（高级工艺美术师）32 名，正高级职称（研究员级高级工艺美术师）24 名。

镇湖有国家级非物质文化遗产（苏绣项目）各级苏绣代表性传承人合计 26 名。其中，国家级代表性传承人 2 名：姚建萍、姚惠芬；省级代表性传承人 1 名：卢福英；市区级代表性传承人 23 名：王丽华、朱寿珍、濮惠菊、姚惠珍、梁雪芳、邹英姿、陈红英、薛金娣、周海云、卢梅红、郁丽琴、蔡梅英、姚惠琴、姚梅英、沈德龙、陈彩萍、陈群英、陈英华、姚彩珍、濮凤娟、姚琴华、黄林珍、郑叶青。

镇湖绣娘获各级荣誉称号的有 37 名，其中，中国刺绣艺术大师 3 名，江苏省工艺美术大师 8 名，江苏省工艺美术名人 11 名，苏州市工艺美术大师 8 名，苏州市民间工艺家 7 名。

此外，还有几位绣娘因为携绣品参加国际上一些展演展示活动，获得了一些荣誉称号，如 2004 年姚建萍被联合国教科文组织授予“民间工艺美术大师”称号。蔡梅英获得“民间工艺美术家”的称号，还被国家知识产权局聘为“中国知识产权文化大使”。

镇湖绣女获各类荣誉称号表

表 5

序号	姓名	荣誉称号	获称时间	评审单位
1	姚建萍	中国刺绣艺术大师	2012 年	中国工艺美术学会、中国轻工业联合会
2	姚惠芬	中国刺绣艺术大师	2012 年	中国工艺美术学会、中国轻工业联合会
3	蔡梅英	中国刺绣艺术大师	2012 年	中国工艺美术学会、中国轻工业联合会
4	卢福英	江苏省工艺美术大师	2008 年 2 月	江苏省经济和信息化委员会
5	姚建萍	江苏省工艺美术大师	2011 年 11 月	江苏省经济和信息化委员会
6	姚惠芬	江苏省工艺美术大师	2011 年 11 月	江苏省经济和信息化委员会
7	王丽华	江苏省工艺美术大师	2011 年 11 月	江苏省经济和信息化委员会
8	朱寿珍	江苏省工艺美术大师	2011 年 11 月	江苏省经济和信息化委员会
9	梁雪芳	江苏省工艺美术大师	2011 年 11 月	江苏省经济和信息化委员会
10	邹英姿	江苏省工艺美术大师	2011 年 11 月	江苏省经济和信息化委员会
11	沈德龙	江苏省工艺美术大师	2011 年 11 月	江苏省经济和信息化委员会
12	卢梅红	江苏省工艺美术名人	2011 年 11 月	江苏省经济和信息化委员会
13	陈红英	江苏省工艺美术名人	2011 年 11 月	江苏省经济和信息化委员会
14	周海云	江苏省工艺美术名人	2011 年 11 月	江苏省经济和信息化委员会
15	姚红英	江苏省工艺美术名人	2011 年 11 月	江苏省经济和信息化委员会
16	姚梅英	江苏省工艺美术名人	2011 年 11 月	江苏省经济和信息化委员会
17	姚惠珍	江苏省工艺美术名人	2011 年 11 月	江苏省经济和信息化委员会
18	姚惠琴	江苏省工艺美术名人	2011 年 11 月	江苏省经济和信息化委员会
19	蔡梅英	江苏省工艺美术名人	2011 年 11 月	江苏省经济和信息化委员会
20	薛金娣	江苏省工艺美术名人	2011 年 11 月	江苏省经济和信息化委员会
21	濮凤娟	江苏省工艺美术名人	2011 年 11 月	江苏省经济和信息化委员会
22	濮惠菊	江苏省工艺美术名人	2011 年 11 月	江苏省经济和信息化委员会
23	陈英华	苏州市工艺美术大师	2014 年 5 月	苏州市经济和信息化委员会
24	倪雪娟	苏州市工艺美术大师	2014 年 5 月	苏州市经济和信息化委员会
25	李海龙	苏州市工艺美术大师	2014 年 5 月	苏州市经济和信息化委员会
26	范玉明	苏州市工艺美术大师	2014 年 5 月	苏州市经济和信息化委员会
27	陈群英	苏州市工艺美术大师	2014 年 5 月	苏州市经济和信息化委员会
28	郁丽琴	苏州市工艺美术大师	2014 年 5 月	苏州市经济和信息化委员会
29	姚琴华	苏州市工艺美术大师	2014 年 5 月	苏州市经济和信息化委员会
30	卢菊英	苏州市工艺美术大师	2014 年 5 月	苏州市经济和信息化委员会
31	黄林珍	苏州民间工艺家	2015 年 12 月	苏州市经济和信息化委员会
32	濮伟芳	苏州民间工艺家	2015 年 12 月	苏州市经济和信息化委员会
33	尤红妹	苏州民间工艺家	2015 年 12 月	苏州市经济和信息化委员会
34	张建英	苏州民间工艺家	2015 年 12 月	苏州市经济和信息化委员会
35	徐祥云	苏州民间工艺家	2015 年 12 月	苏州市经济和信息化委员会
36	周丽琴	苏州民间工艺家	2015 年 12 月	苏州市经济和信息化委员会
37	朱利群	苏州民间工艺家	2015 年 12 月	苏州市经济和信息化委员会

著名绣品

绣品创新

镇湖刺绣的绣娘，绝大多数起步是幼年，即从家中学绣，及长，已在继承传统刺绣的过程中能独力承担刺绣品，但一般是老产品，一旦遇到新的作品需加工，就不知如何下手了。如果要自己独立创新，做人物绣、双面绣，就更是心有余而力不足。于是纷纷想方设法寻师学艺，学成归来，艺高胆大，便开始边绣边创新绣品，以体现自己的技艺水平和人生艺术追求。

探索创新 刺绣的创新探索，因每个绣女的基础、成长过程、技艺水平、认识程度不同而不同，而真正能实现突破创新的，还是那些拜过师、进修过的绣女，她们功底好、闯劲足、具有较高综合素质。

现已 50 多岁的卢福英，从小跟母亲在家学习刺绣艺术，经常“绣有所思”，思考怎样能使绣的作品展现质感、美感，成长后拜苏绣大师王祖识为师。2006 年 9 月至 2007 年 7 月，卢福英作客清华大学美术学院，在专家教授指导下进行“纤维与刺绣”课题研究。2007 年，成功创出了集西方印象派绘画、乱针绣及重彩山水画艺术风格于一体的《重彩山水系列》绣品，获第九届中国（国家级）工艺美术大师精品博览会创新艺术金奖。2010 年，创新绣制的《一团和气》，实现模板雕刻艺术与苏绣艺术的完美创新。后成长为继承、传承、创新的带头人，经历了刺绣作品继承与创新的全过程，她也成为这一过程的代表性人物，1998 年以来连续两届当选为苏州市人大代表。其作品和事迹被《人民日报》（海外版）、中央电视台等 30 余家新闻媒体报道。

市场上的作品缺乏主题与时代烙印，且工作坊和家庭作坊又承载不了大的作品，这一定程度上成了刺绣产业发展的桎梏。姚建萍出于担忧而率先垂范作了题材创新。2005—2008 年，她凝聚 3 年心血完成了《和谐——百年奥运中华圆梦》。这幅原创刺绣设计稿，一共进行了13次大修改，有机吸收和融入各兄弟姐妹艺术的长处和技法。作品集国画、油画、摄影等艺术元素于一体，对雅典卫城以及天坛、长城、珠穆朗玛峰等代表性景观及其距离感、空间感及透视效果进行了重点刻画。作品中的吉祥鸟不仅代表了和平与和谐，更象征着“更高、更快、更强”的奥林匹克精神，统一在千变万化的刺绣针法和绚丽多变的绣稿中。作品宽2.9米、高1.12米，2.9代表第29届奥运会，1.12代表奥运会从1896—2008年，跨越112年，别具创意。2009年，中华人民共和国成立60周年国庆大典上，她拿出巨幅《江山如此多娇》(高1.56米、宽11.96米)献礼，整幅作品以象征中华民族伟大形象的长城、长江以及湖海为主景，全方位展现了层峦叠嶂、水天一色的气势。作品再次获得中国民间文艺最高奖“山花奖”。

新生代创新 一群从小就在棚架边上长大的新生代年轻绣人也开始走向舞台，他们为苏绣注入更多现代的活力元素，在继承传统技艺的同时，各以自己的创新传承着苏绣技艺。吕小怡出生于刺绣世家。2010年世博会，随母亲在苏州馆参展时看到了苏绣被世人广泛赞誉，希望苏绣成为一种时尚走向更大的舞台。她毅然回镇湖当起了绣娘，凭着自己的能力，创新了一批时尚绣。也有的年轻绣女组织十几位青年绣女，专题开发创新产品，成了小师傅带起队伍来。

作为镇湖为数不多的绣郎之一，张雪曾就读南京财经大学国际贸易专业，起初就是想把刺绣带出国，弥补艺术发展和推广的不完整性。2013年，在随母亲参加法国罗浮宫举办的国际非物质文化遗产博览会上，他用一口流利的英语向人们介绍苏绣深厚的历史底蕴。回来后拿起针线立志要成为一位新生代“绣郎”，创作自己的绣品。

新生代绣郎张雪

多方开拓

镇湖刺绣人才群起，做得最好的是继承和创新并举，继承千年传统技艺，这是珍贵的非物质文化遗产，也是创新发展的基础；创新是适应人们新时代的需求，进行全方位的开拓，也是传统技艺生命力的延续。

题材 日用绣品，因为生活时尚的改变，逐渐转到旗袍的装饰上，其他如孩童的虎头鞋、帽等日用绣品也根据时尚变迁不断涌现新品。艺术绣品，保持着花鸟绣、山水绣，并在人物绣，摄影作品绣，猫、金鱼等艺术绣品方面，因着时代的演进，人们不同的爱好及理念追求，不断开拓创新，甚至引领着刺绣艺术品前行。如王丽华的仿青铜器绣件，以丝线柔软的苏绣与古朴浑厚的青铜器强强联合，硬中见细腻，分外夺目。姚惠芬的刺绣《生态之殇》，绣面是海洋中一条硕大的鱼，水面上半身呈现的是鱼的全部骨架，只剩下半身有鱼鳞还在水里，刺绣逼真地向世人警示人类生态环境恶化的状况。姚建萍的刺绣《富春山居图》与著名古画《富春山居图》合璧，以及《世纪和平——百鸽图》，所创绣品反映海峡两岸人们期盼早日团圆和人们向往发展与和平的共同愿望。

款式 20 世纪以来绣得多的是单面绣小片子、单面绣镜框、单面绣屏条、组屏。21 世纪初，镇湖新增巨幅绣品，创作了一些新题材，如卢梅红创绣长 5 米、高 2.5 米的《春日里来百花开》，是百花题材中采用虚实乱针绣的巨幅作品，大胆采用写意手

刺绣作品《春日里来百花开》

创新绣品参展博鳌论坛

法，抽象和具象结合恰当，虚实有致。薛金娣刺绣的《捣练图》、蔡梅英刺绣的《姑苏繁华图》，都是以名画为底本的巨幅刺绣。这是近20年来刺绣艺术精品向大型巨幅开拓的一个示范。

在框架上，双面绣小台屏、中台屏、大地屏较多，传统苏绣的框架有鲜明的中式风格。绣品的结构一直是长方形、圆形为主要框架，刺绣作品的框架虽然是附带的，但是它的造型样式对苏绣的展示效果有很大影响。卢梅红与工艺美院的设计师共同探索开发出多种新式框架。其中的圆盘底座、三角底座等，都是前所未有的新花样，都是创新突破的结果。

原材料创新 镇湖苏绣艺术家坚持以科技创新推动苏绣艺术革新。联合科研单位在织绣用新型丝线研制及生产、刺绣纳米防护自动化等新材料运用领域均取得积极进展。由苏州市刺绣产业创新研究院推送的高色牢度真丝手工织绣丝线，顺利通过江苏省刺绣协会专家考评认证，成为镇湖苏绣产业首款省级丝绸新品。

针对苏绣制品需要避光防水保存的局限性，在苏州市刺绣产业创新研究院和高新区文联的牵线搭桥下，来自镇湖的云帆刺绣工艺品有限公司联合苏州大学研究生工作站，通过改进染丝工艺过程，改善丝线光泽度和手感，极大提高了苏绣的耐光、耐水、耐磨、耐酸碱、耐干洗、耐皂洗等指标，并通过制定规范化的色标、色卡，为丝线重制、量产奠定了基础，以原材料的科技创新，有效提高了苏绣制品的实用性和珍藏价值。

可复制性实验

水洗实验

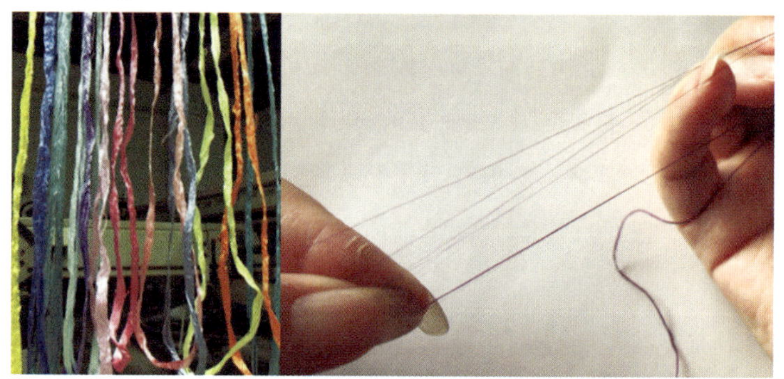
研究成果

理念创新 镇湖刺绣在传承苏绣艺术精华的同时，兼收并蓄其他绣种和绘画、摄影等艺术形式的理念、技巧，并且将传统工艺与时尚元素相结合，在刺绣题材的选择、创意、设计和表现手法、制作工艺、针法以及装帧设计等方面不断推陈出新。从单面绣到双面绣，从原来的刺绣飞禽走兽、百花异草到现在高难度的山水风景、人物肖像，从仿国画到仿油画，绣品的技术和艺术表现形式都有了重大突破。现在镇湖刺绣品种繁多、千姿百态，既有长达十多米的巨幅绣品，也有仅仅数厘米的精微绣品；有用红木框架配制的各种绣片、册页，也有配置在镜框中的风景、人像。近年来，镇湖绣娘

合作刺绣巨幅《归程》

《天下第一梅》巨幅刺绣

还精心绣制了一批名人绣，如《江泽民与联合国秘书长安南》《孙中山》《邓小平》《董建华》《杨利伟》《戴安娜》等，有的被作为国家礼品赠送给外国贵宾。前如姚惠芬的刺绣《生态之殇》、姚建萍的《世纪和平——百鸽图》，就是在更广的范畴对刺绣新理念的探索实践。

中国创意产品设计研究院苏州分院　2012 年，镇湖街道曾与清华大学新经济与新产业研究中心进行产学研合作，商定在高新区镇湖街道成立中国创意产品设计研究院苏州分院，第五届中国刺绣文化艺术节开幕式举行了分院（筹）揭牌仪式。苏绣过去仅仅局限于礼品、藏品、工艺品的范围，之后要扩展到用品、饰品大系列的产品体系中，把文化资源、原创设计助推成为原创的文化产品。

名家名绣

镇湖刺绣名家有 50 多位，现选择各有创意的名作记载入志，都是江苏省工艺美术大师、名人的代表作。

卢福英和《一团和气》　作品《一团和气》选用桃花坞年画的代表作为图稿绣制而成。“和”是作品的灵魂。作者在绣制时除保留原作的脸部线条特点外，更突破原作在线条和色彩运用上不足之处，并着重运用乱针绣的针法，将作品人物的面部进行细化处理，又注意在色泽上加以配伍，以肉色调为主，兼顾运用同类色的渐变来展现脸部的神态，使人物肤质饱满的特性得到真切的展现，面部展现得十分丰润细腻，和颜悦色展现“和”。作者把原作中边缘轮廓线作了大胆改变，采用随意变化的短弧线，甚至不留边缘线，使苏州丝绸之乡丝质服装柔滑的质感得到淋漓尽致的展现。作品规格：60×80 厘米，绣制者花了 380 天时间于 2010 年 6 月 8 日绣成，既承继木版雕刻年画的艺术风貌，又凸

卢福英在劈丝刺绣

卢福英创绣《一团和气》

显苏绣的艺术风格，也是苏州传统手工艺强强联合的代表作之一。

姚惠芬与《葡萄少女肖像》 这幅《葡萄少女肖像》的画面，不是黑白素描而是采用蔡玉水的彩色粉笔画为图稿。整幅画线条纵横流畅，色彩清丽雅致，立体感很强。尤其是少女的头发乱而有序，色彩丰富，层次分明，褐色中融合了黄色和暗红色。作者采用在虚实乱针绣中加入滚针和套针的绣法绣少女的头发。先在底层的头发中用套针加乱针绣打较深较密的底，头部上方的头发则用滚针和虚实细乱针绣。头顶部只用褐色中很淡颜色的丝线绣几根线条，耳朵两侧的头发用滚针很随意地绣了几根线条，其中夹有一根细细白色扎线隐现其中，更显自然淡散，使少女的脸部和头部看似凌乱却又生动逼真。葡萄硕大饱满，色彩层次交错，运用不同的色线或细或粗，或浓或淡将葡萄的质感和立体感绣了出来。最后，用滚针寥寥数针把少女端葡萄的手刻画出来，使之针减而意不减、针不到而神到。目前该幅绣品已捐赠苏州市非物质文化遗产展示馆。

姚建萍与《百鸽图》 2000—2002年，姚建萍结合新世纪题材，带领精锐刺绣团队耗时两年创作了近10米长的巨幅《世纪和平——百鸽图》，用100只飞翔的白鸽象征放飞梦想与希望，牡丹象征百花齐放的行业新面貌。以丰富的表达，富有强烈的时代烙印特征，获中国民间文艺最高奖“山花奖”。文史学者柯继承在“山花奖赞”中赞道：“花

姚建萍、赵采芹创绣：《世纪和平——百鸽图》（绣芯尺寸：990×59厘米）

姚惠芬刺绣照

姚惠芬创绣《葡萄少女肖像》

姚建萍（左）与赵采芹（右）

光笑日，百鸽飞翔。祈求新世纪的和平，放飞新世纪的理想，针针是世人的关心，线线是绣娘的思绪。美好从心底流出，在腕下生春，在帛上升华。”继大型主题作品《世纪和平——百鸽图》之后，姚建萍紧接着又创作了一幅象征56个民族大团结的作品《我爱中华》，并成功搭载中国第20颗返回式卫星遨游太空，为中华各民族大团结和苏绣创新精神作了很好的宣传。

姚惠琴与《君士坦丁堡女郎》 作者根据西方油画《君士坦丁堡女郎》为题材而创作的苏绣作品，成为同题材多作绣品。姚惠琴对绣品主体部分采用十六分之一丝线绣制，主要以平绣及乱针绣为主，配以多种线色精心创作，把脸部肌理的表情都绣制得非

姚惠琴创绣《君士坦丁堡女郎》

姚惠琴工作照

常形象，很好地保持了原作的风格，又体现了刺绣艺术的特色。这是姚惠琴1995年参加北京举办“首届中华巧女手工艺品大奖赛”的作品，是其早年的成名作。

王丽华与《毛公鼎》 这是以摄影作品《毛公鼎》为原样进行的刺绣。毛公鼎厚重而有腐蚀的锈斑，要将上面的图纹刺绣出来有较大困难。作者从2006年开始绣制，整幅作品绣制长达1年半之久。采用500多种颜色的丝线，使之明暗对比强烈，运用苏绣传统的平针针法加以自创的八工针法点缀，用以表现青铜器厚重的质感及器具上斑驳的锈斑，做工精细。使得整个造型浑厚而凝重，纹饰也十分简洁有力、古雅朴素，体现出青铜器的厚重感和经千百年风雨剥蚀后的沧桑之美。能将现代苏绣和两千多年前文化完美结合，是一件难得一见的精美藏品。作品规格：114×103厘米。2014年，王丽华刺

王丽华在刺绣

王丽华创绣《毛公鼎》

薛金娣创绣《捣练图》

绣艺术品《青铜之韵》12 幅（包括《毛公鼎》）定向发行总额 4400 万元，首次作为苏绣艺术品资产包完成上市签约，在中国文化艺术品交易所上市融资。

薛金娣在刺绣

薛金娣与《捣练图》《捣练图》蓝本为唐代张萱的名画，是中国工笔仕女画的重要代表作。画面展示了不同年龄的 12 位女性 3 个先后劳动场景。作者采用细平针绣法，充分表达出苏绣“精、细、雅、洁”的艺术风格。根据每个人物及衣饰的不同特点，用粗、细不同的丝线绣制。最细的地方只有一根蚕丝那么细。原图线条组合宽松自然，笔力劲挺。所有这些，都被作者丝毫不差地将细劲圆浑、刚柔相济墨线勾勒出人物形象，辅以柔和鲜艳的重色，绣出的人物形象端庄丰腴，情态生动；衣裙纹饰变化丰富，典雅婉丽。由于打底已经加了几层，再绣衣裙上的花纹需要特别小心翼翼。根据纹饰的不同，以不同的针法绣制。所以绣制纹饰一天只能绣几个。《捣练图》获第十届中国民间文艺最高奖“山花奖”。

梁雪芳与《尔若盛开》 梁雪芳经过深思和联想后创作的《尔若盛开》系列绣品，每幅绣品规格：35×35 厘米。其 2014 年作品《尔若盛开二》获“从洛桑到北京”第八届国际纤维艺术双年展金奖。作者致力于研究绣稿原创和绣品创新装裱，探索实践传统苏绣与现代艺术科学相结合的新理念。

梁雪芳在工作中

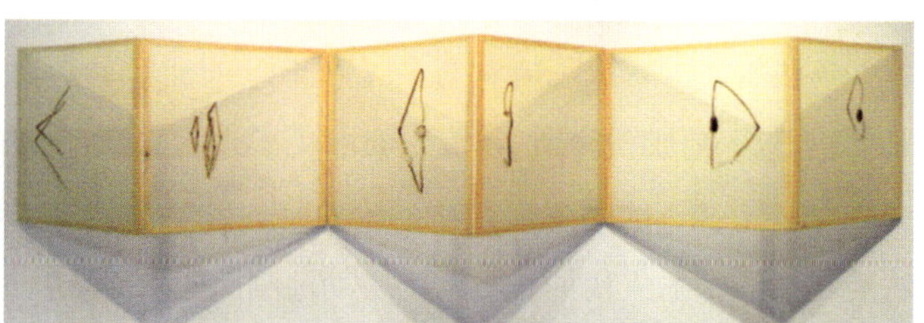

梁雪芳原创绣品《尔若盛开》

邹英姿刺绣劈线中

朱寿珍研究画绣

邹英姿创绣《古月清风》

朱寿珍刺绣《蒙娜丽莎》

邹英姿与《古月清风》《古月清风》取材于古代敦煌艺术。这幅刺绣通过多种针法的运用，丝线的柔软及丝理色调，让久远的西域文化敦煌艺术与现实生活的时空融会在一起。2005年8月,《古月清风》作品（150×100厘米）代表中国苏州刺绣参加日本爱知世界博览会展出，作者亲临现场表演刺绣技艺。

朱寿珍与《蒙娜丽莎》绣品 朱寿珍每年都要绣一幅《蒙娜丽莎》，每天都要绣两三个小时，现在她的学生也能绣《蒙娜丽莎》了。朱寿珍创作第三幅《蒙娜丽莎》刺绣作品时被一位来自深圳的客户相中，但客户又有点怀疑怎么感觉不像是刺绣呢？绣品像画作，但刺绣艺术较画更胜。她随手拈起针线，在旁边一幅未完成的作品上，一针一线地绣给这个客户看。并让客户从左右不同方位再仔细观赏《蒙娜丽莎》绣品，果然看到了刺绣线色的闪光回动。深圳的客户满意地买走了这幅绣品。

姚惠珍与《百子团圆图》局部 《百子团圆图》选用的是清代著名宫廷画家焦秉贞的工笔手绘图，刺绣富有写实性，人物神态各异，惟妙惟肖，服饰色泽艳丽，线条流畅，使百子的形态生动活泼再现在人们面前，体现了儿童的天真无邪，纯真可爱。

周海云与《八十七神仙卷》《八十七神仙卷》系吴道子“吴带当风”的笔法所绘，其白描成为我国绘画上的一种新体例。绣品《八十七神仙卷》，系周海云等采用吴道子同题画稿所绣，绣品规格：43×460厘米。这幅绣品，采用乱针绣和平绣相互结合，其特点是绣品中的人物神态自若，生动地刻画出每个人物的表情神态，针脚灵活，线条流畅，反映出吴道子“吴带当风”的飘逸感，人物没骨如有骨，线条犹如一气呵成。图下方绣的徐悲鸿书法如行云流水。整幅绣品精细雅洁，人物多而丝毫无损。

姚惠珍在刺绣

周海云在刺绣

绣品《百子团圆图》(局部)

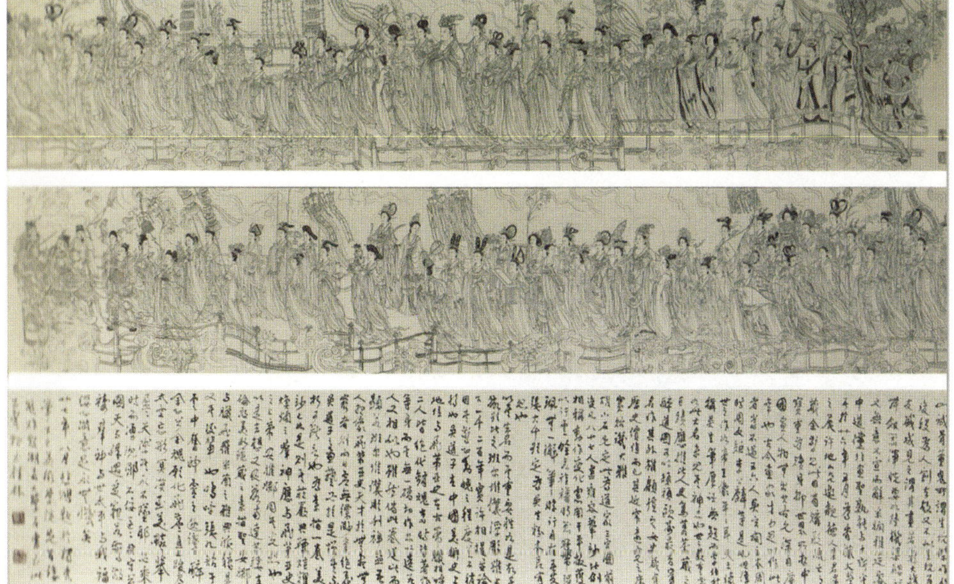

周海云绣品《八十七神仙卷》

大师佳作

镇湖各级大师数十名，各有千秋，各有成就。限于篇幅，现选择3位中国刺绣艺术大师获得中国民间文艺最高奖“山花奖”的作品。绣娘和作品都具有代表性。

蔡梅英《姑苏繁华图》 蔡梅英，1965年出生。主要以猫、金鱼、熊猫等图案为主，能够做到形神兼备，针法中透出灵气。其代表作品有《蒙娜丽莎》《澳大利亚树熊》《唐卡一曼荼罗》《释迦牟尼佛本生故事系列》等。2012年被评为首届中国刺绣艺术大师，为研究员级高级工艺美术师，江苏省工艺美术名人，中国知识产权文化大使；苏州市“五个一”工程奖得主。

蔡梅英在刺绣

《姑苏繁华图》又名《盛世滋生图》，该图由清朝乾隆年间（1736—1762）苏州籍宫廷画家徐扬所绘。整幅画有各色人物12000多人，房屋建筑2000多栋，桥梁50多座，客货船只400多艘。画面自灵岩山起，由木渎镇东行，过横山，渡石湖，历上方山，介狮、何两山间入苏州郡城，经盘、胥、阊三门，穿山塘街，至虎丘山止。

苏绣巨作《姑苏繁华图》于2009年7月在蔡梅英刺绣艺术馆封针，该作品全长15.9米，宽47.5厘米，由蔡梅英带领18位绣娘耗时5年绣制成功。该作品所用丝线总长超过5万千米，丝线颜色达到2000多种，采用了传统的细平绣、虚实绣、滚针绣、乱针绣、打点绣等多种刺绣技法，完整再现了18世纪苏州“商贾辐辏，百货骈阗”的

蔡梅英绣品《姑苏繁华图》长卷

姚惠芬创绣《生态之殇》

市井风情。由于众多色彩的搭配和多种刺绣针法的完美结合，使得画面上的各色人物栩栩如生，细节表现丝丝入扣，远景与近景，店铺、桥梁等细节更具有立体感和层次感。文史学者柯继承在“山花奖赞”中赞道：“拈来天上五彩云，描就人间繁华图。姑苏的山水、城池、街巷、桥梁，繁华的店铺，繁忙的船只，灵动的人流，是当年的颂歌，一曲曲沁人心肺；是当下的锦绣，一针针诱人心志。”

姚惠芬《生态之殇》 姚惠芬，1967年出生。研究员级高级工艺美术师，国家级非物质文化遗产项目（苏绣）代表性传承人，享受国务院特殊津贴专家、首届中国刺绣艺术大师、江苏省工艺美术大师、江苏省有突出贡献的中青年专家、苏州科技学院兼职教授；首届姑苏文化产业领军重点人才；首届姑苏宣传文化领军人才；“2013年度中国工艺美术行业典型人物”。被誉为“苏绣传人”“中华巧女”“央视最精彩女性”。还多次作为“苏绣的形象大使”出访国外，宣传苏绣，弘扬苏州悠久灿烂的历史文化。其勤奋创作、努力创新的苏绣艺术品已在当今的绣坛独树一帜。

2014年11月21日至24日，绣品《生态之殇》，被评为第十二届中国民间文艺工艺美术作品“山花奖”。绣面在灰蒙蒙的天空和深暗的水面大背景下，浮着一条怪异的大鱼，下半身是有鱼鳞的鱼身，上半部只有鱼的骨架，近背景是一棵只有枝干的枯树，凄婉场景令人触目惊心。

作者运用多种苏绣针法让密集的各色线条有机组合在一起。采用了上百种不同颜色的丝线，细乱针、交叉针、套针等针法的灵活刺绣让密集的各色粗细不等的丝线或纵横

姚建萍苏绣作品《丝绸之路·满载而归》

交错，或密集排列，或层次融合，整体画面设色循序渐进却又不拘一格，颜色浓重而不失典雅，光、影、色、线在创作者充满思想与感情的手中，以丰富的刺绣语言表现出令人心动的视觉形象。该作品运用图片构成的形式，以隐喻和反讽的手法对当下严重的环境污染进行了生动的表现，是一幅非常有现实意义的创新作品。

姚建萍《丝绸之路》 姚建萍是国家级非物质文化遗产项目（苏绣）代表性传承人，第四届全国中青年德艺双馨文艺工作者。中国刺绣艺术大师，江苏省工艺美术大师，研究员级高级工艺美术师。她尤其擅长人物肖像刺绣，并领衔创作了一大批极富时代特点的原创主题苏绣作品，四度夺得“山花奖”金奖。现为镇湖刺绣协会会长。

苏绣《丝绸之路》一组两幅，分别为《西出长安》《满载而归》，两幅作品既独立又统一。《西出长安》通过张骞西出长安的场景，回顾了丝绸之路的历史起源，作品用针线展现出苍茫雄壮的厚重之势；《满载而归》运用苏绣艺术的独特魅力，着力表现胡商驼队满载货物，翻越帕米尔高原的情景。分别通过不同的年代，不同的主体颜色，不同的文化背景，共同展现出丝绸之路两千余年的传承和延伸，同时蕴含着对新丝绸之路的憧憬和赞颂。这是姚建萍主创的主题苏绣巨作，现收藏在中国美术馆。其中特别讲究造型结构的和谐处理，构图表达错落有致，疏密相间；大胆运用复杂丰富的色调，烘托出强烈而又斑斓的色彩效果；巧妙处理光影明暗的自然转换关系，使作品虚实相衬，相得益彰；特别讲究针法与丝理的结合，画理与绣理的结合，不同的针法与丝理的错综交叠，通过光线折射，呈现出强烈的立体感。

展演与荣誉

镇湖刺绣以八千绣娘为基础，涌现出了众多名家名绣，通过展演展销，为中外社会各界所认知。大师绣品是最佳的刺绣艺术品，在国内外展演展销中广受好评，被国家领导人作为国家礼品馈赠各国元首，并在国内外获得奖牌无数，有的被中外博物馆和名人所收藏。

刺绣展演 1988 年 6 月 5 日，镇湖绣女陆红琴前往日本大阪、名古屋、横滨等 6 大城市考察和交流，并进行“双面绣”技艺表演，为期 20 天，受到日本工艺界和商界的高度赞誉，于当月 26 日返回镇湖。1999 年年底，卢福英首次到日本，参加两个展示会，连续 12 天当众表演自己的绣艺。之后她每年要去日本京都、大阪等地参加展示、表演绣艺，一去就是两三个月时间，交了一些朋友，也接到许多刺绣订单。

绣娘朱寿珍（左 2）被邀请参加第 26 届世界艺术节和艺术馆馆长等友人合影（2007 年 7 月 20 日）

绣娘蔡梅英（左四）被国家知识产权局授予“文化大使”手印仪式（2008年5月15日）

2000年7月8日，举办“锦绣镇湖”艺术节。全国28家新闻媒体以及省、市各级领导，各界人士200多人，群众万余人参加艺术节活动。中央电视台、中央人民广播电台、《新华日报》等媒体相继进行报道，提高了镇湖刺绣的知名度，吸引一批批刺绣艺术爱好者前往镇湖参观考察。8月25日，江苏省第二届吴文化研讨会的90多名代表参观考察镇湖刺绣工艺品，同时观看了镇湖绣娘的现场表演。9月6日，外国9个驻沪领事及其夫人组成20多人的考察团前往镇湖考察，参观绣品一条街、部分工艺厂。2007年7月14日，越南文化部代表团到镇湖考察刺绣文化；2008年11月12日，世界手工艺大会代表考察镇湖刺绣文化；2010年9月14日，埃塞俄比亚代表团考察镇湖刺绣文化；同日，日本早稻田大学代表团参观镇湖刺绣。

对外交流 2002年8月12日，姚惠芬作为文化交流大使应文化部邀请赴捷克、罗马尼亚等欧洲国家进行文化交流。2006年10月13日，镇湖刺绣作品赴巴西展览；同日，还有镇湖刺绣赴南非进行文化交流。

2013年3月，姚惠芬携十余幅刺绣精品赴英国参加“世界生态纤维艺术展中国文化周活动”，并在英国伦敦大学美术馆表演刺绣技艺，其作品《兰竹图》被伦敦大学美术馆收藏。4月19日，王丽华受文化部邀请，前往沙特阿拉伯进行文化交流。是年，沈德龙应邀赴土耳其伊斯坦布尔参加丝绸之路国际大会中国丝绸展。2014年6月13日，姚建萍携带苏绣作品《君子》屏风系列赴法国巴黎参加中法建交50周年文化艺术展。

2015年4月7—22日，姚惠芬参加由中国民间文艺家协会举办的“中国非物质文化遗产——传统手工艺全球系列巡展活动之美国东部地区巡展活动”。期间，作者先后在美国哈佛大学、耶鲁大学、哥伦比亚大学、纽约大学、联合国总部等地展演、宣传苏绣艺术。2015 年 4 月 23—28 日，姚惠芬在北京恭王府参加由文化部恭王府管理中心主办，江苏省非物质文化遗产保护中心、恭王府中华传统技艺研究与保护中心承办的“锦绣江苏——传统织绣染技艺展览暨中华传统织绣染技艺保护与传承学术研讨会”活动。

苏绣《波斯猫》

国家礼品 刺绣精品作为国家礼品，是改革开放以来中国常采用的礼品。原来是由苏州刺绣研究所、苏州刺绣厂提供的苏绣《猫》或是苏绣《金鱼》，也有根据国家礼品司要求定制刺绣精品，如当年曾给朝鲜领导人金日成 70 寿辰专门设计刺绣的大型《翠竹寿带》六幅屏风，寓意“祝寿”。作为国家礼品的双面绣《波斯猫》，曾分别馈赠给法国总统蓬皮杜、圭亚那总理伯纳姆、伊朗阿什拉芙公主、斯里兰卡总理、突尼斯总理等。而日本首相田中角荣、加拿大总理特鲁多、墨西哥总统洛佩斯、利比亚总统托尔伯特、美国总统卡特夫妇、美国总统里根夫妇、英国女王伊丽莎白等都珍藏有双面绣《白猫戏螳螂》。双面绣《金鱼》也被馈赠给美国总统福特、缅甸总统吴奈温、巴基斯坦总统齐亚哈克、日本首相中曾根等。2015 年，《岁月如歌》《葡萄硕果》《黄山日出》3 幅刺绣作品相继被党和国家领导人作为国礼赠送外宾。

苏绣《白猫戏螳螂》

企业体制改革后，镇湖刺绣鼎盛起来，逐渐承接起刺绣国家礼品的重任。姚建萍的刺绣精品先后获得许多大奖，并参与了多次为国家刺绣礼品的任务。从1996年为马来西亚总理创作的苏绣《马哈蒂尔》开始，她的作品已经有数十次作为国礼，由国家领导人赠予外国元首、政府总理。

获奖绣品 据不完全统计，镇湖绣娘获得国家级、省级各类金、银、铜奖600余件。苏州镇湖绣娘历年来获奖绣品之多，排在全国获奖绣品之前列。其中，获得中国民间文艺最高奖“山花奖”的作品就有8件，居中国刺绣城市之首。现选镇湖部分高级职称绣娘获得金奖的300多件绣品，列表如下。

镇湖高级工艺美术师获得金奖类部分绣品表

表6

序号	作品名称	作者	获奖时间	获奖名称
1	《神舟六号》	蔡梅英	2005年	第七届中国（国家级）工艺美术大师精品博览会中国工艺美术金奖
2	《蒙娜丽莎》	蔡梅英	2005年	第七届中国（国家级）工艺美术大师精品博览会中国工艺美术金奖
3	《红楼群芳图》	蔡梅英	2007年	中国收藏家喜爱的艺术大师和精英评选活动金奖
4	《夜晚的情绪》	蔡梅英	2008年	2008年中华民族艺术珍品文化节首批“中华民族艺术珍品”
5	《曼荼罗一组》	蔡梅英	2008年	2008年中国收藏艺术精品博览会“优秀收藏品”特等奖
6	《牛首》	蔡梅英	2009年	中国（潍坊）第二届文化暨旅游展示交易会民间艺术精品特别奖
7	《阿诗玛》	蔡梅英	2010年	中国（深圳）国际工业设计博览会2010年中国“龙岗·文博杯”中国工艺美术精品奖金奖
8	《秋江渔歌》	蔡梅英	2010年	第三届中华民族艺术珍品文化节“中华民族艺术珍品”
9	《鲤鱼观音》	蔡梅英	2011年	2011“深圳·金凤凰”工艺品创新设计奖作品金奖
10	《澳大利亚考拉》	蔡梅英	2011年	江苏省工艺美术精品博览会金奖
11	《富贵之花》	蔡梅英	2011年	第六届中国民间工艺品博览会金奖
12	《敦煌飞天人物》	蔡梅英	2011年	第四届中华民族艺术珍品文化节“中华民族艺术珍品”
13	《姑苏繁华图》	蔡梅英	2011年	第十届中国民间文艺·民间工艺美术作品“山花奖”
14	唐卡《释迦牟尼佛本身故事系列》	蔡梅英	2011年	第七届中国（深圳）国际文化产业博览会冬季工艺美术精品展“文博杯冬季工艺美术作品精品奖”金奖
15	唐卡《曼荼罗》	蔡梅英	2012年	第十届青海民族民间工艺美术品展“源羚杯”一等奖
16	《澳大利亚树熊（母子情）》	蔡梅英	2012年	2012年中国（杭州）工艺美术精品博览会金奖
17	《母子情》	蔡梅英	2012年	2012“儒仕儒家·百花杯”中国工艺美术精品奖金奖
18	《紫气霞光沐青山》	蔡梅英	2012年	第七届中国民间工艺品博览会金奖
19	《三羊开泰》	蔡梅英	2013年	第十五届（国家级）工艺美术大师精品博览会“创新艺术金奖”

续表 6

序号	作品名称	作者	获奖时间	获奖名称
20	《生活百象》	蔡梅英	2013 年	第十五届（国家级）工艺美术大师精品博览会“中国工艺美术金奖”
21	《无量寿佛》	蔡梅英	2013 年	第十五届（国家级）工艺美术大师精品博览会“中国工艺美术金奖”
22	《三只小猫·玩伴》	蔡梅英	2013 年	第十四届中国工艺美术大师作品暨国际艺术精品博览会获 2013“国信·百花杯”中国工艺美术精品奖金奖
23	《和谐》	蔡梅英	2013 年	第三届东方工艺美术之都博览会“迎春花奖”
24	《时轮金刚》	蔡梅英	2013 年	第三届东方工艺美术之都博览会“博览会奖”金奖
25	《伯牙听琴图》	蔡梅英	2014 年	2014 年“深圳·金凤凰”工艺品创新设计奖作品金奖
26	《高山流水》	蔡梅英	2014 年	2014 山东省民俗文化博览会金奖
27	《乐在其中》	蔡梅英	2014 年	第十六届中国（国家级）工艺美术大师精品博览会金奖
28	《百骏图》	蔡梅英	2014 年	第十六届中国（国家级）工艺美术大师精品博览会金奖
29	《百子图》	蔡梅英	2015 年	首届中国（潍坊）民间艺术博览会金奖
30	《清明上河图》	蔡梅英	2015 年	2015 中国（烟台）民间工艺品博览会金奖
31	《八十七神仙卷》	蔡梅英	2015 年	2015 中国（烟台）民间工艺品博览会金奖
32	《繁花似锦》	陈群英	2010 年	第四届江苏省“艺博奖·银针杯”刺绣作品金奖
33	《水果花篮》	陈群英	2011 年	2011 年工艺美术大师作品暨工艺美术精品博览会金奖
34	《锦春图》	陈群英	2011 年	2011 年工艺美术大师作品暨工艺美术精品博览会金奖
35	《灵气》	陈群英	2015 年	第十七届“世界华人艺术大会”香港大型艺术展国际金奖
36	《江南秋色》	陈群英	2015 年	第十七届“世界华人艺术大会”香港大型艺术展国际金奖
37	《莲蓬图》	陈群英	2015 年	2015“艺博杯”江苏省工艺美术精品大奖赛金奖
38	双面异色绣《玉兰花》	方　英	2012 年	第六届江苏省“艺博·银针杯”刺绣作品大赛金奖
39	《高兴英芝图》	方　英	2012 年	2012“艺博杯”江苏省工艺美术精品大奖赛金奖
40	《〈花开的声音〉抽象画》	方　英	2013 年	二十七届中国北京国际工艺品礼品及家庭用品展览会“工艺美术金奖”
41	单面绣《君子兰》	方　英	2013 年	2013 首届中国红木家具博览会中式家居用品展暨江苏（苏州）工艺美术精品展金奖
42	双面绣《金玉满堂》	方　英	2013 年	第三届东方工艺美术之都博览会“迎春花奖”
43	《花荫双鹤图》	方　英	2014 年	2014 年“深圳·金凤凰”工艺品创新设计奖作品金奖
44	《金玉满堂》	方　英	2014 年	2014“艺博杯”江苏省工艺美术精品大奖赛金奖
45	《金鱼》	方　英	2014 年	第八届江苏省“艺博奖·银针杯”刺绣作品金奖
46	《双鹤图》	方　英	2014 年	首届中国（苏州）民间艺术博览会金奖
47	《邓小平绣像》	卢福英	1998 年	北京“首届中国国际民间艺术博览会”金奖
48	《沙特国王法赫德》	卢福英	1998 年	北京“首届中国国际民间艺术博览会”金奖
49	《玉兰迎春》	卢福英	2001 年	第三届中国工艺美术大师精品博览会金奖
50	《姑苏繁华图》	卢福英	2002 年	2002（杭州）国际民间手工艺品展览会金奖
51	《一团和气》	卢福英	2002 年	2002（杭州）国际民间手工艺品展览会金奖
52	《月季花》	卢福英	2002 年	第四届中国（国家级）工艺美术大师精品博览会暨中国工艺美术优秀作品评选金奖

续表 6

序号	作品名称	作者	获奖时间	获奖名称
53	《圣洁》	卢福英	2002 年	第二届中国（天津）书法艺术节全国工艺美术家书画家作品联展一等奖
54	《百骏图》	卢福英	2005 年	第三届中国（天津）书法艺术节全国工艺美术家书画家作品联展一等奖
55	《风荷》	卢福英	2006 年	第六届（2006・杭州）国际民间手工艺品展览金牌奖
56	《古韵今风》	卢福英	2006 年	第六届（2006・杭州）国际民间手工艺品展览金牌奖
57	《观音》	卢福英	2006 年	第六届（2006・杭州）国际民间手工艺品展览金牌奖
58	《十美图》	卢福英	2007 年	第九届中国（国家级）工艺美术大师精品博览会传统艺术金奖
59	《总领群芳》	卢福英	2007 年	第九届中国（国家级）工艺美术大师精品博览会中国工艺美术金奖
60	《重彩山水》	卢福英	2007 年	第九届中国（国家级）工艺美术大师精品博览会创新艺术金奖
61	《雏鹅》	卢福英	2007 年	第九届中国（国家级）工艺美术大师精品博览会创新艺术金奖
62	《云光紫气沐青山》	卢福英	2007 年	第八届中国工艺美术大师作品暨工艺美术精品博览会 2007“百花杯”中国工艺美术精品奖金奖
63	《雾散天清》	卢福英	2007 年	第九届西部国际民族民间工艺品、礼品、旅游纪念品收藏品博览会金奖
64	《丁香花瓶》	卢福英	2007 年	第九届西部国际民族民间工艺品、礼品、旅游纪念品收藏品博览会金奖
65	《重彩系列》	卢福英	2007 年	2008 中国（深圳）第四届国际文化产业博览交易会“中国工艺美术文化创意奖”特别金奖
66	乱针绣《丁香花》	卢福英	2009 年	第四十四届全国工艺品、旅游纪念品暨家居用品交易会 2009 年“金凤凰”创新产品设计大奖赛金奖
67	《美洲狮・狐狸》	卢福英	2009 年	2009 中国（深圳）第五届国际文化产业博览交易会“中国工艺美术文化创意奖”金奖
68	《春夏秋冬四季条屏》	卢福英	2010 年	2010 中国（深圳）第六届国际文化产业博览交易会“中国工艺美术文化创意奖”金奖
69	《闲》	卢福英	2010 年	2010“艺博杯”江苏省工艺美术精品大奖赛金奖
70	《灿烂瞬间》	卢福英	2012 年	第十三届中国工艺美术大师作品暨国际艺术精品博览会' 2012“儒仕儒家・百花杯”中国工艺美术精品奖金奖
71	《桥》	卢福英	2013 年	中国创新设计文化展暨 2013 中国（青岛）工艺美术博览会创新产品设计大赛金奖
72	《睡莲》	卢福英	2013	第三届东方工艺美术之都博览会“迎春花奖”
73	《捣练图》	卢福英	2013 年	第十四届中国工艺美术大师作品暨国际艺术精品博览会 2013“国信・百花杯”中国工艺美术精品奖金奖
74	《富春山居图》	卢福英	2014 年	2014“艺博杯”江苏省工艺美术精品大奖赛金奖
75	《姑苏繁华图》	卢福英	2015 年	2015 中国（深圳）国际文化产业博览交易会“中国工艺美术文化创意奖”金奖

续表 6

序号	作品名称	作者	获奖时间	获奖名称
76	《四时花鸟图》	卢福英	2015 年	2015“艺博杯”江苏省工艺美术精品大奖赛金奖
77	《静物花卉》	卢梅红	2002 年	第四届中国（国家级）工艺美术大师精品博览会暨中国工艺美术优秀作品评选金奖
78	《春日里来百花开》	卢梅红	2009 年	第十届中国工艺美术大师作品暨工艺美术精品博览会 2009“天工艺苑 · 百花杯”中国工艺美术精品奖金奖
79	《中央公园之春》	卢梅红	2010 年	2010 中国（深圳）第六届国际文化产品博览交易会“中国工艺美术文化创意奖”金奖
80	《牡丹组合》	卢梅红	2012 年	2012 中国（深圳）国际文化产业博览交易会“中国工艺美术文化创意奖”金奖
81	《梦幻牡丹》	卢梅红	2013 年	2013“艺博杯”江苏省工艺美术精品大奖赛金奖
82	《八骏图》	卢梅红	2014 年	2014 中国（深圳）国际文化产业博览交易会“中国工艺美术文化创意奖”金奖
83	《五彩树林》	卢梅红	2014 年	首届中国（苏州）民间艺术博览会金奖
84	《远古传奇》	卢梅红	2015 年	第 50 届全国工艺品交易会 2015“金凤凰”创新产品设计大奖赛金奖
85	《宁芙女神》	卢梅红	2015 年	2015 年中国工艺美术“百花奖”（莆田）金奖
86	《白牡丹》	卢梅红	2015 年	2015 年中国工艺美术“华艺杯”优秀作品金奖
87	《百雨金》	卢梅红	2015 年	2015 中国（深圳）国际文化产业博览交易会“中国工艺美术文化创意奖”金奖
88	《溪涧逍遥图》	倪雪芳	2014 年	中国（深圳）国际文化产业博览交易会金奖
89	《招财猫》	濮伟芳	2007 年	第二届江苏省“艺博奖 · 银针杯”刺绣作品金奖
90	《玻璃器皿》	濮伟芳	2008 年	第四十三届全国工艺品、旅游纪念品暨家具用品交易会 2008 年“金凤凰”创新产品设计大奖赛金奖
91	《重彩山水系列》	濮伟芳	2011 年	第五届中国（合肥）国际文化博览会暨中国工艺美术精品博览会优秀作品金奖
92	《韩熙载夜宴图》	濮伟芳	2012 年	第六届中国（合肥）国际文化博览会暨中国工艺美术精品博览会优秀作品金奖
93	《鹦鹉戏碟图》	濮伟芳	2012 年	第六届江苏省“艺博奖 · 银针杯”刺绣作品金奖
94	《石寿》	濮伟芳	2012 年	2012“艺博杯”江苏省工艺美术精品大奖赛金奖
95	《荷花图》	濮伟芳	2013 年	2013“江苏省工艺美术新人新作成果展作品大奖赛”金奖
96	《桃潭浴鸭图》	濮伟芳	2014 年	2014“艺博杯”江苏省工艺美术精品大奖赛金奖
97	《金玉满堂》	钱建琴	2009 年	第二届中国（南宁）工艺美术精品博览会金奖
98	《富贵牡丹》	钱建琴	2013 年	二十七届中国北京国际工艺品礼品及家庭用品展览会“工艺美术金奖”
99	《聚瑞图》	钱建琴	2014 年	二十九届中国北京国际礼品工艺品博览会“工艺美术金奖”
100	《旋律》	孙丽娟	2006 年	首届江苏省工艺美术“艺博奖 · 银针杯”刺绣作品金奖
101	《蓝色妖姬》	孙丽娟	2010 年	第四届江苏省“艺博奖 · 银针杯”刺绣作品金奖
102	《辉煌》	孙丽娟	2011 年	第五届江苏省“艺博奖 · 银针杯”刺绣作品金奖
103	《锦绣江南图》	孙丽娟	2012 年	2012 中国（苏州）工艺美术 · 丝绸艺术大展暨首届“苏艺杯”精品金奖

续表 6

序号	作品名称	作者	获奖时间	获奖名称
104	《转轮王坐莲花受观音菩萨》	孙丽娟	2015 年	2015 中国（深圳）国际文化产业博览交易会“中国工艺美术文化创意奖”特别金奖
105	《金刚萨埵》	孙丽娟	2015 年	第十一届中国（深圳）国际文化产业博览交易会冬季工艺美术精品展“中国工艺美术百花奖”金奖
106	《水上芭蕾》	孙秋英	2010 年	2010 上海世博会苏州馆展览获最佳特色工艺奖
107	《台湾猕猴》	王丽华	2001 年	第三届中国工艺美术精品博览会中国工艺美术金奖
108	《犀尊》	王丽华	2002 年	第四届中国（国家级）工艺美术大师精品博览会暨中国工艺美术优秀作品评选金奖
109	《翠玉花插》	王丽华	2008 年	第九届中国工艺美术大师作品暨国际艺术精品博览会 2008“天工艺苑·百花杯”中国工艺美术精品奖金奖
110	《川滇金丝猴》	王丽华	2010 年	第十一届中国工艺美术大师作品暨国际艺术精品博览会 2010“天工艺苑·百花杯”中国工艺美术精品奖金奖
111	《错银铜牛灯》	王丽华	2011 年	第十二届中国工艺美术大师作品暨国际艺术精品博览会 2011“天工艺苑·百花杯”中国工艺美术精品奖金奖
112	《玉貔貅》	王丽华	2013 年	2013 中国（开封）清明文化节暨中国（开封）首届工艺美术展金奖
113	《追篮》	王丽华	2013 年	第七届中国（长春）民间艺术博览会金奖
114	《苇林静思》	王丽华	2013 年	第十四届中国工艺美术大师作品暨国际艺术精品博览会 2013“国信·百花杯”中国工艺美术精品奖金奖
115	《细语》	王丽华	2013 年	第三届东方工艺美术之都博览会金奖
116	《毛公鼎》	王丽华	2013 年	第三届江苏省民间文艺工艺美术品“迎春花奖”
117	《长信宫灯》	王丽华	2013 年	2013 中国（杭州）工艺美术精品博览会金奖
118	《仕女俑系列》	王丽华	2014 年	2014“艺博杯”江苏省工艺美术精品大奖赛金奖
119	《黄财神异样绣》	王丽华	2014 年	第一届中国国际传统工艺技术研讨会暨博览会名人名品展评中国传统工艺名品一等奖
120	《龙门石窟》	王丽华	2014 年	第一届中国国际传统工艺技术研讨会暨博览会名人名品展评中国传统工艺名品一等奖
121	《黄财神》	王丽华	2014 年	第四十九届全国工艺品、旅游纪念品暨家具用品交易会“金凤凰”创新产品设计大奖赛金奖
122	《仕女俑系列》	王丽华	2014 年	2014“艺博杯”江苏省工艺美术精品大奖赛金奖
123	《黄财神》	王丽华	2015 年	2015 年中国传统工艺美术精品展“巧夺天工·金马奖”金奖
124	《青铜系列》	王丽华	2015 年	2015“艺博杯”江苏省工艺美术精品大奖赛金奖
125	《老者》	王丽华	2015 年	2015 年中国工艺美术精品博览会“国艺杯”金奖
126	油画敦煌系列绣《供养天》	吴彩霞	2010 年	2010 年工艺美术大师作品暨工艺美术精品博览会金奖
127	《史湘云》	吴彩霞	2010 年	2010 年上海世博会苏州馆展评最佳传统工艺奖
128	《松鼠》	徐红叶	2013 年	二十七届中国北京国际工艺品礼品及家庭用品展览会“工艺美术金奖”
129	《筛月》	徐文瑛	2010 年	第四届江苏省“艺博奖·银针杯”刺绣作品金奖

续表 6

序号	作品名称	作者	获奖时间	获奖名称
130	《宏图牡丹》	徐文瑛	2012 年	二十六届中国北京国际工艺品礼品及家庭用品展览“工艺美术金奖”
131	《敦煌伎乐天箜篌曲》	徐文瑛	2012 年	二十六届中国北京国际工艺品礼品及家庭用品展览“工艺美术金奖”
132	《母亲》	徐文瑛	2013 年	2013 首届中国红木家具博览会中式家居用品暨江苏（苏州）工艺美术精品展金奖
133	《伊丽莎白女王》	薛金娣	2003 年	2003 杭州西湖博览会第四届中国工艺美术大师作品暨国际艺术精品博览会金奖
134	《贵妃戏鹦鹉》	薛金娣	2004 年	2004 年中国民间艺术大师精品赛金奖
135	《墨竹子》	薛金娣	2004 年	2014 年中国民间艺术大师精品赛金奖
136	《戴安娜王妃》	薛金娣	2004 年	江苏省首届民间工艺品博览会“大阿福奖”金奖
137	《吹箫仕女图》	薛金娣	2007 年	2007 江苏省“艺博杯”工艺美术精品奖金奖
138	《秋庭戏婴图》	薛金娣	2008 年	第九届中国工艺美术大师作品暨国际艺术精品博览会 2008“天工艺苑・百花杯”中国工艺美术精品奖金奖
139	《聚瑞图》	薛金娣	2009 年	2009 中国（深圳）第五届国际文化产业博览会“中国工艺美术文化创意奖”金奖
140	《丁香花》	薛金娣	2009 年	2009 义乌“文博会”工艺美术作品展金奖
141	《韩熙载夜宴图》	薛金娣	2010 年	第十一届中国工艺美术大师作品暨国际艺术精品博览会 2010“天工艺苑・百花杯”中国工艺美术精品奖金奖
142	《月曼清游图》	薛金娣	2011 年	第七届中国（深圳）国际文化产业博览交易会“中国工艺美术文化创意奖”金奖
143	《锦春图》	薛金娣	2011 年	第十二届中国工艺美术大师作品暨国际艺术精品博览会 2011“天工艺苑・百花杯”中国工艺美术精品奖金奖
144	《捣练图》	薛金娣	2012 年	第十届中国民间文艺・民间工艺美术作品“山花奖”
145	《冬景婴戏图》	薛金娣	2012 年	第十三届中国工艺美术大师作品暨国际艺术精品博览会，2012“儒士儒家・百花杯”中国工艺美术精品奖金奖
146	《桃潭浴鸭图》	薛金娣	2013 年	二十七届中国北京国际工艺品礼品及家庭用品展览会“工艺美术金奖”
147	《天马行空》	姚彩珍	2012 年	2012 中国工艺美术大师作品暨工艺美术精品博览会金奖
148	《向日葵》	姚彩珍	2014 年	2014“艺博杯”江苏省工艺美术精品大奖赛金奖
149	《老北京风物图卷》	姚红英	2006 年	第四届中国工艺美术博览会“中艺杯”金奖
150	《大师风采》	姚红英	2007 年	第八届中国工艺美术大师作品暨工艺美术精品博览会，2007“百花杯”中国工艺美术精品奖金奖
151	《牡丹尊荣》	姚红英	2007 年	2007“中国南京文化产业交易会・江苏艺博杯工艺美术精品奖”金奖
152	《一字一观音》	姚红英	2008 年	第四届中国（深圳）国际文化产业博览会“中国工艺美术文化创意奖”金奖
153	《张大千肖像》	姚惠芬	1995 年	首届中华巧女手工艺品大奖赛一等奖
154	《泼彩荷花》	姚惠芬	2000 年	第二届中国（国家级）工艺美术大师精品展暨第二届中国工艺美术优秀作品评选“中国工艺美术金奖”

续表 6

序号	作品名称	作者	获奖时间	获奖名称
155	《水乡系列》	姚惠芬	2001 年	第三届中国工艺美术精品博览会“传统艺术金奖”
156	《贵妃醉酒》	姚惠芬	2003 年	第三届（2003·杭州）国际民间手工艺品展览会金奖
157	《菏之韵系列》	姚惠芬	2006 年	第二届深圳国际文化产业博览会金奖
158	《李白诗意写意人物》	姚惠芬	2006 年	第四十一届国际旅游交品和工艺品交易会暨国际礼品和家庭用品展 2006 年“金凤凰”创新产品设计大奖赛金奖
159	《素描少女像》	姚惠芬	2009 年	第十届中国工艺美术大师作品暨国际艺术精品博览会 2009“天工艺苑·百花杯”中国工艺美术精品奖金奖
160	《葡萄少女肖像》	姚惠芬	2010 年	中国（深圳）第六届国际文化产业博览会“中国工艺美术文化创意奖”金奖
161	《姑苏繁华图》	姚惠芬	2010 年	第五届中国民间工艺品博览会金奖
162	《静物瓶花》	姚惠芬	2010 年	第十一届中国工艺美术大师作品暨国际艺术精品博览会金奖
163	《水巷之晨》	姚惠芬	2011 年	2011 江苏省工艺美术精品博览会金奖
164	《怀素写意》	姚惠芬	2012 年	“2009—2011 中国工艺美术国家级培训项目薪火杯学员优秀作品展评”最佳作品奖
165	《佛影》	姚惠芬	2012 年	2012 江苏省工艺美术精品博览会金奖
166	《八大山人花鸟图》	姚惠芬	2013 年	2013 中国（杭州）工艺美术精品博览会金奖
167	《凝神》	姚惠芬	2013 年	第十四届中国工艺美术大师作品暨国际艺术精品博览会 2013“国信·百花杯”中国工艺美术精品奖金奖
168	《写意牡丹》	姚惠芬	2014 年	2014 年“青艺杯”工艺美术创新设计大奖赛金奖
169	《生态之殇》	姚惠芬	2015 年	第十二届中国民间文艺·民间工艺美术作品“山花奖”
170	《荷花》	姚惠琴	2000 年	第二届中国（国家级）工艺美术大师精品展暨第二届中国工艺美术优秀作品评选“中国工艺美术金奖”
171	《水乡》	姚惠琴	2001 年	第三届中国工艺美术精品博览会“传统艺术金奖”
172	《李白诗意人物》	姚惠琴	2006 年	第四十一届国际旅游品和工艺品交易会暨国际礼品和家庭用品展 2006 年“金凤凰”创新产品设计大奖赛金奖
173	《荷之韵》	姚惠琴	2006 年	第二届中国（深圳）国际文化产业博览交易会“2006 中国工艺美术精品奖”金奖
174	《唐寅山水图》	姚惠琴	2012 年	中国（青岛）工艺美术博览会 2012 年“金凤凰·青岛赛区”创新产品设计大奖赛金奖
175	《紫芝山房图》	姚惠琴	2012 年	第十三届中国工艺美术大师作品暨国际艺术精品博览会 2012“儒仕儒家·百花杯”中国工艺美术精品奖金奖
176	《荷韵系列》	姚惠琴	2014 年	“紫薇花·艺博杯”2014 江苏省工艺美术精品奖金奖
177	《簪花仕女图》	姚惠琴	2015 年	“紫薇花·艺博杯”2015 江苏省工艺美术精品奖金奖
178	《周恩来绣像》	姚建萍	1998 年	首届中国国际民间艺术博览会金奖
179	《吹箫引凤》	姚建萍	1998 年	首届中国国际民间艺术博览会金奖
180	《白头鹰》	姚建萍	2001 年	首届中华（天津）民间艺术精品博览会金奖
181	《狼狗》	姚建萍	2001 年	首届中华（天津）民间艺术精品博览会金奖
182	《蒙娜丽莎》	姚建萍	2001 年	第二届中国民间文艺·民间工艺美术作品“山花奖”

续表 6

序号	作品名称	作者	获奖时间	获奖名称
183	《幽谷之王》	姚建萍	2001 年	第三届中国工艺美术精品博览会“中国工艺美术金奖”
184	《世纪和平——百鸽图》	姚建萍 赵采芹	2004 年	第六届中国民间文艺·民间工艺美术作品“山花奖”
185	《国父》	姚建萍	2007 年	首届东方工艺美术之都博览会“迎春花奖”
186	《苗家少女》	姚建萍	2007 年	第九届西部国际民族民间工艺品、礼品、旅游纪念品含收藏品博览会金奖
187	《父亲》	姚建萍	2007 年	第八届中国民间文艺·民间工艺美术作品“山花奖”
188	《母亲》	姚建萍	2009 年	第十三届中国人口文化奖（民间艺术品类）一等奖
189	《江山如此多娇》	姚建萍	2009 年	第九届中国民间文艺·民间工艺美术作品“山花奖”
190	《猕猴》	姚建萍	2009 年	第十届中国工艺美术大师作品暨国际艺术精品博览会 2009“天工艺苑·百花杯”中国工艺美术精品奖金奖
191	《藏羚羊》	姚建萍	2010 年	2010“艺博杯”江苏省工艺美术精品大奖赛金奖
192	《椅中圣母》	姚建萍	2011 年	第六届中国（长春）民间艺术博览会民间艺术品金奖
193	《亭亭玉立》	姚建萍	2011 年	第七届中国（深圳）国际文化产业博览交易会冬季工艺美术精品展“文博杯冬季工艺美术精品奖”金奖
194	《海·鸥》	姚建萍	2012 年	第七届中国（长春）民间艺术博览会民间艺术品金奖
195	《朝露湿红衣》	姚建萍	2012 年	第二届中国湘绣文化艺术节、中国当代刺绣艺术品大展“刺绣语言奖”
196	《荷露娇欲语》	姚建萍	2013 年	2013 中国（开封）清明文化节暨中国（开封）首届工艺美术展金奖
197	《舞者》	姚建萍	2013 年	2013 年中国工艺美术“百花奖”（莆田）金奖
198	《丝绸之路》	姚建萍	2015 年	首届江苏省艺术品博览会金奖
199	《金佛》	姚林芬	2007 年	第九届西部国际民间工艺品、礼品、旅游纪念品（含收藏品）博览会金奖
200	《团圆之乐 》	姚梅英	2007 年	第二届江苏省“艺博奖·银针杯”刺绣作品大赛金奖
201	《金鱼》	姚梅英	2007 年	第八届中国工艺美术大师作品展暨工艺美术精品博览会 2007“百花杯”中国工艺美术精品奖金奖
202	《宁静致远》	姚梅英	2014 年	第二十九届中国北京国际礼品工艺品展览会“工艺美术金奖”
203	《瑞雪》	姚梅英	2014 年	首届中国（苏州）民间艺术博览会金奖
204	《敦煌伎乐天箜篌曲》	姚美芳	2012 年	二十六届中国北京国际工艺品礼品及家庭用品展览会“工艺美术金奖”
205	《秋菊》	姚美芳	2013 年	第七届江苏省“艺博奖·银针杯”刺绣作品大赛金奖
206	《蓝荷》	姚美芳	2013 年	首届中国红木家具博览会中式家居用展暨江苏（苏州）工艺美术精品展金奖
207	《云漫苍山》	姚琴华	2012 年	2012 中国民间工艺品博览会金奖
208	《荷塘情趣》	姚琴华	2012 年	第六届江苏省“艺博奖·银针杯”刺绣作品大赛金奖
209	《苏格兰牧羊犬》	姚琴华	2013 年	2013 上海国际礼品工艺品创意设计展览会“工艺美术金奖”
210	《秾华胜绘》	姚琴华	2013 年	第九届中国（深圳）国际文化产业博览交易会冬季工艺美术精品展“中国工艺美术百花奖”金奖

续表 6

序号	作品名称	作者	获奖时间	获奖名称
211	《其乐融融》	姚琴华	2013 年	第四十八届全国工艺品交易会 2013 年“金凤凰”创新产品设计大奖赛金奖
212	《太湖帆影》	姚琴华	2014 年	2014 中国（深圳）国际文化产业博览会“中国工艺美术文化创意奖”金奖
213	《晴碧远连天》	姚琴华	2014 年	第四十九届全国工艺品、旅游纪念品暨家居用品交易会 2014 年“金凤凰”创新产品设计大奖赛金奖
214	《四季江南》	姚琴华	2015 年	2015“艺博杯”江苏省工艺美术精品大奖赛金奖
215	《鲁昂大教堂》	姚琴华	2015 年	2015“晟宝杯”工艺美术精品大奖赛金奖
216	《青绿山水》	姚琴华	2015 年	2015“晟宝杯”工艺美术精品大奖赛金奖
217	《后院印象》	姚琴华	2015 年	2015 中国（深圳）国际文化产业博览会“中国工艺美术文化创意奖”金奖
218	《山冈上白桦树》	姚子方	2009 年	第二届中国（南宁）工艺美术精品博览会“中国最具潜力工艺美术大师金奖”
219	《圣洁》	姚子方	2009 年	第二届中国（南宁）工艺美术精品博览会金奖
220	《领头羊》	姚子方	2010 年	第八届中国工艺美术博览会暨古典家具、收藏品博览会“中艺杯”优秀作品评比金奖
221	《浴马图》	姚子方	2010 年	第八届中国工艺美术博览会暨古典家具、收藏品博览会（中艺杯）优秀作品评比金奖
222	《玉兰迎春》	姚子方	2010 年	2010 上海世博会苏州馆展览获得最佳艺术效果奖
223	《捣练图》	姚子方	2011 年	第六届中国（北京）国际文化创意产业博览会工艺品及艺术品交易展“工艺美术金奖”
224	《玉女飞腾》	姚子方	2012 年	2012 中国（深圳）国际文化产业博览交易会“中国工艺美术文化创意奖”金奖
225	《睡美人》	姚子方	2012 年	第二十六届中国北京国际工艺品礼品及家庭用品展览会“工艺美术金奖”
226	《九鲤图》	姚子方	2015 年	2015“艺博杯”江苏省工艺美术精品大奖赛金奖
227	双面绣《鎏金弥勒佛》	郁国芳	2013 年	入选“世界之最”国际评审机构评审中心吉尼斯亚洲之最，国际评审主席茅懿鑫宣布为《世界之最》
228	《雄狮》	郁丽芳	2003 年	第五届中国（国家级）工艺美术大师精品博览会暨中国工艺美术优秀作品评选“创新艺术金奖”
229	《沉思》	郁　勤	2014 年	二十九届中国北京国际礼品工艺品展览会“工艺美术金奖”
230	《玻璃杯》	郁　勤	2013 年	中国创新设计文化展暨 2013 中国（青岛）工艺美术博览会创新产品设计大赛金奖
231	《大熊猫》	郁　勤	2005 年	第五届（2005・杭州）国际民间手工艺品展览金牌奖
232	《清明上河图（全景）》	张建英	2007 年	沈阳“中华艺术品收藏博览会”金奖
233	《一代伟人——毛泽东》	张建英	2007 年	沈阳“中华艺术品收藏博览会”金奖
234	《一团和气》	张建英	2007 年	第五届中国工艺美术博览会“中艺杯”金奖
235	《齐白石像》	张建英	2009 年	第二届中国（南宁）工艺美术精品博览会金奖
236	《花鸟屏风领头羊》	张建英	2013 年	第三届东方工艺美术之都博览会金奖
237	《花鸟屏风》	张建英	2014 年	中国（深圳）国际文化产业博览会“中国工艺美术文化创意奖”金奖

续表 6

序号	作品名称	作者	获奖时间	获奖名称
238	虚实乱针绣《水乡》	周海云	2006 年	第三届中国书画艺术博览会刺绣艺术品金奖
239	《太湖群鹅》	周海云	2007 年	首届东方工艺美术之都博览会“迎春花奖”
240	《紫气东来》	周海云	2008 年	“2008 中国南京文化产业交易会·江苏艺博杯工艺美术精品奖”金奖
241	虚实异色乱针绣《牡丹花》	周海云	2012 年	中国（苏州）工艺美术·丝绸艺术大展暨首届“苏艺杯”精品金奖
242	《八十七神仙卷》	周海云	2013 年	第三届东方工艺美术都博览会金奖
243	《丝路》	周海云	2015 年	2015 阿联酋阿布扎比中国贸易周“中国文化特色作品金奖”
244	《汗血宝马》	孙素群	2009 年	第七届全国工艺品、旅游品、礼品博览会“中艺杯”优秀作品金奖
245	《豹猫》	孙素群	2012 年	第七届中国民间工艺品博览会金奖
246	《卡拉》	孙素群	2013 年	2013 中国（开封）清明文化节暨中国（开封）首届工艺美术展金奖
247	《天鹅》	孙素群	2013 年	第三届东方工艺美术之都博览会金奖
248	《考拉》	孙素群	2013 年	中国（开封）清明文化节暨中国（开封）首届工艺美术展金奖
249	《水乡佳实》	陈雪芬	2011 年	中国工艺美术大师作品暨工艺美术精品博览会金奖
250	《婴戏图》	陈雪芬	2011 年	中国工艺美术大师作品暨工艺美术精品博览会金奖
251	《五百罗汉》长卷	陈雪芬	2012 年	中国工艺美术大师作品暨工艺美术精品博览会金奖
252	《清明上河图》长卷	陈雪芬	2012 年	中国工艺美术大师作品暨工艺美术精品博览会金奖
253	《金丝猴》	陈红英	2004 年	2004 杭州西湖博览会第五届中国工艺美术大师作品暨工艺美术精品博览会金奖
254	《清明上河图》	陈红英	2007 年	第四十二届国际旅游品和工艺品交易会暨国际礼品和家庭用品展 2007 年“金凤凰”创新产品设计大奖赛金奖
255	细平绣《锦鲤》	陈红英	2007 年	2007 江苏省“艺博杯”工艺美术精品奖金奖
256	《姑苏繁华图》	陈红英	2009 年	第十一届中国（国家级）工艺美术大师精品博览会中国工艺美术金奖
257	《十骏图系列》	陈红英	2010 年	第十一届中国工艺美术大师作品暨国际艺术精品博览会 2010“天工艺苑·百花杯”中国工艺美术精品奖金奖
258	《波斯猫》	陈红英	2014 年	二十九届中国北京国际礼品工艺品展览会“工艺美术金奖”
259	《春之花束》	郁丽琴	2001 年	第三届中国工艺美术精品博览会金奖
260	《水果花篮》	郁丽琴	2003 年	第五届中国（国家级）工艺美术大师精品博览会暨中国工艺美术优秀作品评选“创新艺术金奖”
261	《繁花似锦》	郁丽琴 吕小怡	2012 年	2012 中国民间工艺品博览会金奖
262	《希望》	郁丽琴 吕小怡	2012 年	2012 中国民间工艺品博览会金奖
263	《基日岛圣母大教堂的晚钟》	郁丽琴 吕小怡	2012 年	第七届中国民间工艺品博览会金奖

续表 6

序号	作品名称	作者	获奖时间	获奖名称
264	《腾飞的中国》	郁丽琴 吕小怡	2012 年	第七届中国民间工艺品博览会金奖
265	《翩翩》	郁丽琴 吕小怡	2013 年	第八届中国（长春）民间艺术博览会民间艺术品金奖
266	《八十七神仙卷》	邹英姿	2002 年	第四届中国（国家级）工艺美术大师精品博览会暨中国工艺美术优秀作品评选“传统艺术金奖”
267	《贵妃醉酒》	邹英姿	2002 年	2002 中国华东工艺美术精品奖金奖
268	《人权之光》	邹英姿	2002 年	2002 中国华东工艺美术精品奖金奖
269	《生命系列》	邹英姿	2003 年	2003 杭州西湖博览会第四届中国工艺美术大师作品暨国际艺术精品博览会金奖
270	《姑苏繁华图·虎丘至山塘》	邹英姿	2004 年	第二届中国无锡·太湖博览会·中国工艺美术精品展金奖
271	《贵妃醉酒》	邹英姿	2004 年	江苏省首届“大阿福奖”（工艺美术）金奖
272	《我的家》	邹英姿	2007 年	2007 江苏省“艺博杯”工艺美术精品奖特等奖
273	《问佛》	邹英姿	2008 年	2008 江苏省“艺博杯”工艺美术精品奖特等奖
274	《更远》	邹英姿	2008 年	2008 江苏省“艺博杯”工艺美术精品奖金奖
275	《我的家》	邹英姿	2008 年	第九届中国工艺美术大师作品暨国际艺术精品博览会 2008“天工艺苑·百花杯”中国工艺美术精品奖金奖
276	《问鼎》	邹英姿	2010 年	2010“艺博杯”江苏省工艺美术精品大奖赛金奖
277	《花旦》	邹英姿	2010 年	第十一届中国工艺美术大师作品暨国际艺术精品博览会 2010“天工艺苑·百花杯”中国工艺美术精品奖金奖
278	《缠绕》	邹英姿	2010 年	第二届东方工艺美术之都博览会“迎春花奖”
279	《麦积山壁画》系列	邹英姿	2011 年	第十二届中国工艺美术大师作品暨国际艺术精品博览会 2011“天工艺苑·百花杯”中国工艺美术精品奖金奖
280	《阿难》	邹英姿	2012 年	（2009-2011）中国工艺美术国家级培训项目“薪火杯”学员优秀作品展评最佳作品奖
281	《思维菩萨》	邹英姿	2013 年	2013“艺博杯”江苏省工艺美术精品博览会金奖
282	《释迦牟尼》	邹英姿	2013 年	2013 年中国（杭州）工艺美术精品博览会金奖
283	《佛像系列》	邹英姿	2014 年	2014“艺博杯”江苏省工艺美术精品大奖赛金奖
284	《思维佛》	邹英姿	2014 年	2014 年中国（杭州）工艺美术精品博览会获金奖
285	《翠·江南》系列作品	邹英姿	2015 年	获首届江苏省艺术品博览会金奖
286	《红岩》	邹英姿	2015 年	第十六届中国工艺美术大师作品暨国际艺术精品博览会 2015“百花杯”中国工艺美术精品奖金奖
287	《美国名模》	濮凤娟	2007 年	第二届江苏省“艺博奖·银针杯”刺绣作品评比金奖
288	《雪消溪影绿》	濮凤娟	2008 年	第三届江苏省“艺博奖·银针杯”刺绣作品评比金奖
289	《颂福》	濮凤娟	2010 年	第四届江苏省“艺博奖·银针杯”刺绣作品评比金奖
290	《荷塘情趣》	濮凤娟	2010 年	第十一届中国工艺美术大师作品暨国际艺术精品博览会“天工艺苑·百花杯”中国工艺美术精品金奖
291	《海伦》	濮凤娟	2011 年	中国（深圳）国际文化产业博览会“中国工艺美术文化创意奖”金奖

续表 6

序号	作品名称	作者	获奖时间	获奖名称
292	《少女》	濮凤娟	2012 年	第七届中国（长春）民间艺术博览会民间艺术品金奖
293	《欢聚一堂》	濮凤娟	2012 年	第七届中国民间工艺品博览会金奖
294	《美丽的梦》	濮凤娟	2013 年	第三届东方工艺美术之都博览会“迎春花奖”
295	《萌》	濮凤娟 濮毅德	2013 年	第八届中国（长春）民间艺术博览会民间艺术品金奖
296	《小马驹》	濮凤娟	2013 年	2013“艺博杯”江苏省工艺美术精品大赛金奖
297	《云岭秋泉》	濮凤娟 濮毅德	2014 年	首届中国（苏州）民间艺术博览会金奖
298	《高逸图》	倪雪娟	2007 年	2007“艺博杯”江苏省工艺美术精品大赛金奖
299	敦煌飞天《天籁之音》	倪雪娟	2008 年	2008“艺博杯”江苏省工艺美术精品大赛金奖
300	《人马图》	倪雪娟	2012 年	中国（苏州）工艺美术·丝绸艺术大展（苏艺杯）金奖
301	《秋色佳》	倪雪娟	2015 年	中国（烟台）民间工艺精品博览会金奖
302	《小虎猫》	梁雪芳	2001 年	第三届中国工艺美术精品博览会金奖
303	《香魂》	梁雪芳	2002 年	第四届中国（国家级）工艺美术大师精品博览会暨中国工艺美术优秀作品评选“中国工艺美术金奖”
304	《富贵平安》	梁雪芳	2003 年	第五届中国（国家级）工艺美术大师精品博览会暨中国工艺美术优秀作品评选“中国工艺美术金奖”
305	《香远溢清》	梁雪芳	2004 年	第六届中国（国家级）工艺美术大师精品博览会暨中国工艺美术优秀作品评选“中国工艺美术金奖”
306	《一团和气》	梁雪芳	2005 年	第七届中国（国家级）工艺美术大师精品博览会暨中国工艺美术优秀作品评选“中国工艺美术金奖”
307	《心语》	梁雪芳	2005 年	第七届中国（国家级）工艺美术大师精品博览会暨中国工艺美术优秀作品评选“传统艺术金奖”
308	《丁香花》	梁雪芳	2005 年	第七届中国（国家级）工艺美术大师精品博览会暨中国工艺美术优秀作品评选“创新艺术金奖”
309	《古韵清风》	梁雪芳	2006 年	第八届中国（国家级）工艺美术大师精品博览会暨中国工艺美术优秀作品评选“中国工艺美术金奖”
310	《神仙卷》	梁雪芳	2006 年	第八届中国（国家级）工艺美术大师精品博览会暨中国工艺美术优秀作品评选“传统艺术金奖”
311	《江南水乡》	梁雪芳	2006 年	第八届中国（国家级）工艺美术大师精品博览会暨中国工艺美术优秀作品评选“中国工艺美术金奖”
312	《迎春花》	梁雪芳	2007 年	中国收藏家喜爱的艺术大师和精英评选获金奖
313	《2010 世博刺绣》	梁雪芳	2010 年	第二届东方工艺美术之都博览会“迎春花奖”及“迎春花奖·最佳人气奖”
314	《尔若盛开二》	梁雪芳	2014 年	“从洛桑到北京”第八届国际纤维艺术双年展金奖
315	《荷韵条屏》	梁雪芳	2015 年	第十六届中国工艺美术大师作品暨国际艺术博览会 2015“百花杯”中国工艺美术精品奖金奖
316	《蒙娜丽莎》	沈德龙	2007 年	2007 中国（深圳）第三届国际文化产业博览交易会“中国工艺美术文化创意奖”金奖
317	《深山里的太阳》	沈德龙	2010 年	第十一届中国工艺美术大师作品暨国际艺术精品博览会 2010“天工艺苑·百花杯”中国工艺美术精品奖金奖

续表 6

序号	作品名称	作者	获奖时间	获奖名称
318	《天女散花》	沈德龙	2010 年	第四届江苏省“艺博奖·银针杯”刺绣作品金奖
319	《约会春天》	沈德龙	2011 年	2011 中国（深圳）国际文化产业博览交易会“中国工艺美术文化创意奖”金奖
320	《母爱之歌》	沈德龙	2011 年	2011 江苏省工艺美术精品博览会金奖
321	《贵夫人》	沈德龙	2012 年	第十三届中国工艺美术大师作品暨国际艺术精品博览会 2012“儒仕儒家·百花杯”中国工艺美术精品奖金奖
322	《回眸》	沈德龙	2014 年	2014 年“艺博杯”江苏省工艺美术精品大奖赛金奖
323	《笙歌》	沈德龙	2014 年	“紫薇花·艺博杯”2014 年江苏省工艺美术精品奖金奖
324	《乾隆大阅图》	沈德龙	2015 年	2015 中国（深圳）国际文化产业博览交易会“中国工艺美术文化创意奖”金奖
325	《博美犬》	朱寿珍	2001 年	第一十六回日本手工艺美术展金奖（平成十三年）
326	《美洲雄师》	朱寿珍	2001 年	第三届中国工艺美术精品博览会金奖
327	《金香炉》	朱寿珍	2002 年	第四届中国（国家级）工艺美术大师精品博览会暨中国工艺品美术优秀作品评选金奖
328	苏绣《鎏金佛祖》	朱寿珍	2003 年	第三届（2003·杭州）国际民间手工艺品展览金奖
329	《蒙娜丽莎》	朱寿珍	2004 年	中国工艺美术学会民间工艺美术委员会、宋城集团主办宋城 2004 中国民间绝艺大赛金奖
330	《海边少女》	朱寿珍	2007 年	中国收藏家喜爱的艺术大师和精英评选为金奖
331	《毛主席》系列	朱寿珍	2009 年	十一届中国工艺美术大师作品暨国际艺术精品博览会 2010“天工艺苑·百花杯”中国工艺美术精品奖金奖
332	《雪豹》	朱寿珍	2010 年	第十一届中国工艺美术大师作品暨国际艺术精品博览会 2010“天工艺苑·百花杯”中国工艺美术精品奖金奖
333	《旋律之心》	朱寿珍	2012 年	第十三届中国工艺美术大师作品暨国际艺术精品博览会 2012“儒仕儒家·百花杯”中国工艺美术精品奖金奖
334	《江南风韵》	朱寿珍	2012 年	“博艺杯”喜迎党的十八大工艺美术精品展金奖
335	《泉》	朱寿珍	2012 年	中国工艺美术精品博览会暨“国艺杯”评选大赛金奖
336	《花语》	朱寿珍	2013 年	第三届东方工艺美术之都博览会金奖
337	《生命系列》	朱寿珍	2014 年	2014 年中国工艺美术精品博览会“国艺杯”金奖
338	《圣母与圣子》	朱寿珍	2015 年	世博会国际刺绣艺术金奖
339	《泼墨仙人》	濮惠菊	1995 年	日本第一回国际美术书道文化大赏展一等奖
340	《一篮大利》	濮惠菊	1997 年	江苏省美术馆中国“神龙杯”书画大赛展出获金奖
341	《月下美人》	濮惠菊	2002 年	中国轻工业联合会举办的上海工艺美术精品展金奖
342	《君士坦丁堡女郎》	濮惠菊	2002 年	中国轻工业联合会举办的上海工艺美术精品展金奖
343	《昙花》	濮惠菊	2002 年	第四届中国（国家级）工艺美术大师精品博览会暨中国工艺美术优秀作品评选金奖
344	《红叶小鸟》	濮惠菊	2005 年	第七届中国工艺美术大师精品博览会金奖
345	《宫娃调狗图》	濮惠菊	2007 年	江苏省 2007“艺博杯”工艺美术精品大赛金奖
346	《希望》	濮惠菊	2010 年	2010 上海世博会苏州馆展览最佳艺术创意奖
347	《独占鳌头》	濮惠菊	2010 年	第五届中国民间工艺品博览会金奖

续表 6

序号	作品名称	作者	获奖时间	获奖名称
348	《云光紫气沐青山》	濮惠菊	2011 年	第九届中国工艺美术暨古典家具、收藏品博览会"中艺杯"优秀工艺美术作品评比金奖
349	《水中影》	濮惠菊	2011 年	第六届中国（北京）国际文化创意产业博览会工艺品及艺术品交易展获工艺美术金奖
350	《佛缘》	濮惠菊	2012 年	二十六届中国北京国际工艺品礼品及家庭用品展览会工艺美术金奖
351	《云岗大佛》	濮惠菊	2012 年	第十三届中国工艺美术大师作品暨国际艺术精品博览会2012"儒仕儒家·百花杯"中鳞工艺美术精品奖金奖
352	《大克鼎》	濮惠菊	2013 年	2013 首届中国红木家具博览会中式家居用品暨江苏（苏州）工艺美术精品展金奖
353	《千手观音》	濮惠菊	2013 年	第十四届中国工艺美术大师作品暨国际艺术精品博览会2013"国信·百花杯"中国工艺美术精品展金奖
354	《戴安娜》	陈彩萍	2000 年	全国刺绣艺术之乡首届银针杯精品展金奖
355	《刺绣·静物》	陈彩萍	2000 年	第二届中国（国家级）工艺美术大师精品展暨第二届中国工艺美术优秀作品评选金奖
356	《翰墨水牛》	陈彩萍	2002 年	第四届中国（国家级）工艺美术大师精品博览会暨中国工艺美术优秀作品评选金奖
357	《东方曙光》	陈彩萍	2003 年	第五届中国（国家级）工艺美术大师精品博览会暨中国工艺美术优秀作品评选金奖
358	《金丝猴》	陈彩萍	2006 年	第八届中国（国家级）工艺美术大师精品博览会暨中国工艺美术优秀作品评选金奖
359	《透明的爱》	陈彩萍	2009 年	第二届中国（南宁）工艺美术精品博览会金奖
360	《百骏图》	陈彩萍	2010 年	第十二届中国（国家级）工艺美术大师精品博览会金奖
361	《花团锦簇、相映和祥》	陈彩萍	2014 年	第十六届中国（国家级）工艺美术大师精品博览会金奖
362	《竹报平安、锦上添花》	陈彩萍	2014 年	第十六届中国（国家级）工艺美术大师精品博览会传统艺术金奖
363	《古山水》	陈彩萍	2014 年	第十六届中国（国家级）工艺美术大师精品博览会创新艺术金奖
364	《花团锦簇，相映和祥》	陈彩萍	2014 年	第十六届中国工艺美术大师精品展金奖
365	《毛泽东在北戴河》	卢招娣	2007 年	第八届中国民间文艺·民间工艺美术作品"山花奖"

说明：表中名单基本据镇湖刺绣协会按报送先后排列，市级获奖从略

绣品入藏 镇湖许多刺绣精品被中外博物馆、美术馆、政府机构及大学珍藏。诸如被博物馆收藏的有英国伦敦大学美术馆《郑板桥兰竹图》、美国波士顿儿童博物馆《青花之韵》、中国国家博物馆《春暖大地》、南京博物院《江山如此多娇》、中国美术馆《满载而归》、中国工艺美术陈列馆《丨鹤图》、上海博物馆《拙政园》、台湾张大千纪念馆《张大千肖像》等；馈赠外国元首收藏的有美国总统《小布什夫妇肖像》、英国女

王《英国女王像》、泰国国王《金丝猴》等；名人收藏的有联合国教科文组织总干事博科娃《六骏图》、美国微软公司创始人比尔·盖茨《水上人家》等。据镇湖刺绣协会初步统计，至2015年年底，先后有25位著名绣娘的近百幅优秀绣品被中外博物馆、元首、名人收藏。

镇湖绣品被中外博物馆、名人等收藏表

表7

序	作品名称	作者	绣制年	收藏单位或个人
1	《张大千肖像》	姚惠芬	1993年	台湾张大千纪念馆
2	《贝聿铭肖像》	姚惠芬	2006年	贝聿铭
3	《美国总统小布什夫妇肖像》	姚惠芬	2007年	美国前总统小布什夫妇
4	《美国总统小布什肖像》	姚惠芬	2008年	美国前总统小布什
5	《葡萄少女肖像》	姚惠芬	2008年	苏州博物馆
6	《郑板桥兰竹图》	姚惠芬	2010年	英国伦敦大学美术馆
7	《虎踞龙盘》	姚惠芬	2011年	中国人民解放军理工大学
8	《里加风景》	姚惠芬	2011年	拉脱维亚里加市政府
9	《四美图》	姚惠芬	2012年	英国大英博物馆
10	《青花之韵》	姚惠芬	2013年	美国波士顿儿童博物馆
11	《六骏图》	姚惠芬	2014年	联合国教科文组织总干事博科娃
12	《写意牡丹》	姚惠芬	2015年	苏州博物馆
13	《水上人家》系列	梁雪芳	2008年	日本东京艺术大学校长宫田亮平
14	《水上人家》系列	梁雪芳	2009年	美国微软公司比尔·盖茨
15	《水上人家》系列	梁雪芳	2011年	美国前国务卿希拉里
16	《春暖大地》	梁雪芳	2011年	国家博物馆
17	《层林尽染》《吉祥如意》	梁雪芳	2012年	公安部
18	《荷韵》	梁雪芳	2013年	英国大英博物馆
19	《水天堂·迎春花》	梁雪芳	2014年	中国妇女儿童博物馆
20	《贵妃醉酒》	邹英姿	2007年	“体操王子”李宁
21	《白蛇传》	邹英姿	2007年	镇江民间文化艺术馆
22	《踏花归去马蹄香》	邹英姿	2007年	香港企业家邱婷
23	《问佛》	邹英姿	2010年	上海秦汉胡同
24	《问鼎》	邹英姿	2010年	上海秦汉胡同
25	《缠绕》	邹英姿	2013年	英国大英博物馆
26	《和谐》	姚建萍	2008年	北京奥林匹克博物馆
27	《江山如此多娇》	姚建萍	2009年	南京博物院
28	《春早江南》	姚建萍	2012年	人民大会堂
29	《英国女王》	姚建萍	2012年	英国白金汉宫
30	《海纳百川》	姚建萍	2013年	中南海
31	《岁月如歌》	姚建萍	2015年	英国白金汉宫

续表 7

序	作品名称	作者	绣制年	收藏单位或个人
32	《满载而归》	姚建萍	2015 年	中国美术馆
33	《培尼亚与里韦拉》	姚建萍	2015 年	墨西哥总统培尼亚
34	《太白醉酒》	陈红英	2007 年	中国文化研究院
35	《金丝猴》	陈红英	2008 年	台湾宝成集团董事长
36	《毛主席肖像》	陈红英	2009 年	毛主席纪念堂
37	《黄河》	陈红英	2011 年	中国邮政集团
38	《赤壁图》	陈红英	2011 年	中国邮政集团
39	《仙萼长春图整套》	陈红英	2011 年	中国邮政集团
40	《十鹤图》	姚梅英	1992 年	中国工艺美术陈列馆
41	《松龄鹤寿》	姚梅英	1996 年	人民大会堂
42	《孙中山和宋庆龄结婚照》	姚梅英	1999 年	上海宋庆龄纪念馆
43	《日本皇太子妃雅子与女儿爱子》	姚梅英	2003 年	日本皇室
44	《台湾星云大师》	姚梅英	2005 年	台湾佛光山寺
45	《瑞雪》	姚梅英	2008 年	全国政协委员穆麒茹
46	《总参谋长陈炳德上将夫妇》	姚梅英	2011 年	陈炳德
47	《祝福奥运成功》	蔡梅英	2007 年	中国非物质文化遗产保护中心
48	《阿诗玛》	蔡梅英	2008 年	中华人民共和国知识产权局
49	《持国天王》	蔡梅英	2008 年	青海省博物馆
50	《布袋和尚》	蔡梅英	2008 年	中华民族艺术珍品博物馆
51	《荷塘月色》	蔡梅英	2011 年	央视网养生频道
52	《踏龙观音》	蔡梅英	2012 年	江苏省文化馆省非遗保护中心
53	《人物——王成喜》	周海云	2006 年	画家王成喜
54	《紫气东来》	周海云	2008 年	美国艺术收藏家王谦
55	《云光紫气沐青山》	周海云	2008 年	澳门收藏家吴志伟
56	《双层绣——见山楼》	周海云	2010 年	上海世博博物馆
57	《拙政园》	周海云	2010 年	上海博物馆
58	《人物：齐心》	周海云	2011 年	齐心
59	《天下第一福》《富贵五百年》	周海云	2013 年	张万年
60	《翠玉花插》	王丽华	2008 年	中国美术馆
61	《秋庭婴戏图》	薛金娣	2008 年	宁静
62	《松鹤长春图》	薛金娣	2001 年	朝鲜劳动党总书记金正日
63	《肖像绣》	薛金娣	2011 年	诺贝尔经济学奖获得者埃德蒙·费尔普斯
64	《孙中山素描像》	薛金娣	2011 年	孙中山孙女孙穗芳
65	《友谊系列》	薛金娣	2011 年	英国国会上议院英国运动委员会
66	《奥运圣火》	郁丽琴	2003 年	成都蜀绣刺绣研究所
67	《毛泽东与战友杨开慧》	郁丽琴	2006 年	毛泽东家人邵华
68	《印尼总统苏哈托“全家福”》	朱寿珍	1995 年	印尼总统府
69	《塔吉克斯坦总统》	朱寿珍	2001 年	塔吉克斯坦总统府

续表 7

序	作品名称	作者	绣制年	收藏单位或个人
70	《毛泽东在庐山》	朱寿珍	2003 年	韶山毛泽东纪念馆
71	《爱尔兰女总统》	朱寿珍	2004 年	爱尔兰总统府
72	《胡锦涛主席与江泽民主席亲切握手》	朱寿珍	2005 年	胡锦涛
73	《母与子》	朱寿珍	2013 年	联合国
74	《江南三月春意浓》	卢福英	2007 年	人民大会堂江苏厅
75	《九龙华盖》	陈英华	2008 年	杭州绸伞博物馆
76	《米珠龙袍》	陈英华	2008 年	内蒙古赤峰市博物馆
77	《光与影》	姚琴华	2004 年	张家港博物馆
78	《杯影酒趣》	姚琴华	2014 年	江苏工艺美术精品馆
79	《虚杯若竹清风若兰》	姚琴华	2015 年	香港东方艺术博物馆
80	《娜》	姚琴华	2015 年	江苏工艺美术精品馆
81	《伏生授经图》	卢梅红	2012 年	上海博物馆
82	《明月当空》	濮伟芳	2015 年	江苏工艺美术精品馆
83	《昆虫记 2》	姚红英	2015 年	江苏工艺美术精品馆
84	《阿拉伯酋长肖像》（2 幅）	姚惠琴	2007 年	阿拉伯联合酋长国王室
85	《翠玉白菜》	钱建琴	2011 年	台湾书画名家黄仁德
86	《吴双战将军》	钱建琴	2013 年	吴双战
87	《巴金像》	王建琴	2010 年	哈尔滨市朝鲜民族艺术馆
88	《江南水乡民居》	王建琴	2013 年	北京古代建筑博物馆
89	《瓦雀栖枝》	张黎星	2014 年	中国丝绸档案馆
90	《静 · 戏》	张黎星	2014 年	江苏工美艺术精品馆
91	《云南情》	陈群英	2015 年	江苏工美艺术精品馆

说明：表中名单基本据镇湖刺绣协会按报送时间先后排列

生态镇湖

2009年，苏州高新区决定建设苏州西部生态城，镇湖三面临太湖，有着山清水秀的自然景色，正是建设“真山真水园中城”的天然环境。镇湖主要产业是别具特色的绿色环保刺绣业，同时又发展旅游度假产业、现代生态农业、文化创意产业，由此构成低碳、环保、绿色，宜居、宜游、生态镇湖。

苏州西部生态城

街区建设

概况　位于苏州主城区西端的苏州西部生态城是苏州市城乡一体化综合改革先导区，总面积 45 平方千米，覆盖了苏州高新区（虎丘区）所辖的镇湖街道，以及东渚镇和通安镇的部分区域，是一座集休闲旅游、文化创意、民间工艺、高品质居住和办公于一体的低碳生态山水新城。其基础建设早在 2000 年就开始了。2010 年，经苏州市政府批准，以总面积 19 平方千米的镇湖街道为主体，组建市级旅游度假区。

2013 年 3 月，苏州西部生态城党工委、管委会作为高新区工委、管委会的派出机构正式组建成立，与镇湖街道全面实施“区镇合一”管理。苏州西部生态城成为苏州市唯一以“生态”命名、全面致力于生态与经济社会融合发展的区域。

2015 年 3 月 25 日，苏州高新区镇湖生态旅游示范区上榜国家旅游局、环境保护部公布的 2014 年国家生态旅游示范区名单，成为苏州市首家获得此国家级称号的景区。

总体结构 依据生态城 45 平方千米山水格局与产业组织架构，镇湖形成了“水绿相系、一心一带多廊，产业驱动，六大组团”的总体生态结构特征。

“一心”：以游湖湿地公园为主体的生态“绿心”。游湖湿地公园属于人工修复型景观湿地，是生态城具有生态价值的核心景观。

“一带”：以沿太湖 1 千米生态区域为主体的湖滨景观游憩带，为环状，是生态城建设与太湖水域之间的生态缓冲区域。

“多廊”：以多条山水廊道为纽带组织游湖与沿太湖生态区域的生态沟通走廊。

“产业驱动，六大组团”：以产业为驱动力形成以活力主核、创意小镇、低碳邻里、太湖广场、雅居小城、健康绿核为主题的 6 个实体功能组团，成为生态城多样性功能的实体构建区域。

基础建设 包括基本建设、道路、生态景观、生态绿地、公共设施等。

基本建设　2002 年，苏州西部生态城提出并实施“太湖岸线 1 千米以内不建工厂、退渔还耕”措施，废旧鱼塘还湖生态整治，所有养殖和奶牛场等均迁出滨湖区域。2004

桥、亭、廊、轩

西京湾

年，苏州高新区投资 10 亿元，实施太湖清淤取土工程，实现太湖湖面重现碧水蓝天。2005 年，苏州西部生态城建设长 25 千米的太湖大堤、100 万平方米的绿化景观“生态长廊”。2009 年，总长 8 千米的太湖大道高架桥工程建成并投入使用，从此苏州市区到太湖的车程仅需 15 分钟。2010 年，苏州太湖国家湿地公园开园。2012 年，苏州西部生态城全面启动农村环境及农业面源污染综合整治工作。2013 年，马山游客中心和太湖大堤文化驿站建成并投入使用。

新农村建设

劳作的喜悦

太湖湿地公园长桥倒影

道路建设 以道路网络化支撑生态城“旅游休闲、商务开发、健康居住、文化创意”四大核心功能。逐条建成的主要次干路有：纵二路、寺桥西街、绣品街、西华路、贡山路、7号路、13号路、龙昌路、龙泰路、龙景路等。支路，以环湖支路服务于慢行休闲、观光需求，支路网长度66.4千米，密度每平方千米3.64千米。长4.3千米的H型道路全线贯通。

生态景观 按不同区域范围建设主题景观。湖滨生态游憩带现已建成沿太湖1千米生态景观区域区作为“太湖大栖地”，面积约为19.57平方千米。同时做好维持农田、湿地、水网交融的原生肌理，保留湿地水乡的风貌特征，为生态廊道提供景观基质，为自给自足的社区型农业和旅游型农业留足农业资源；保留特色，引入旅游休闲内容。水乡湿地已转换功能性质，并已明确保护区保护与管理属于强制性保护内容。

湖滨生态游憩带（马山—米泗山）景观工程完成施工；马舍山裸心泊酒店项目、太湖大道三期和太湖大道南段建设如期建成；新能源汽车充电桩、生态廊道和杵山牛杰公园西侧太湖水域旅游等项目逐步落实。

生态廊道以游湖为中心，建成以生态城内多条河道和山脉为纽带形成的生态城组团之间的生态隔离廊道，这就是“山水文化走廊”。构成以康体、养生休闲功能为主导的

太湖大堤绿化

太湖岸延伸木栈道

环山游憩带，突出生态型、景观化的“软开发”特征。各组团之间现已分别建成多个生态隔离廊道。

游湖湿地是以游湖湿地公园为主体的湿地景观区域，面积约为 2.91 平方千米。已建成“湿地绿心”，是苏州西部生态城内部以“湿地”为特征的绿色景观中心，公园外围连续而有序的滨水公共环廊是生态地各独立组团的连接纽带。

生态绿地 以“连续性、系统性、多样性”为组织原则，构筑多层次、多功能的绿地系统。绿地共计 1814.83 公顷，包括城市公共绿地、专用绿地、风景游赏绿地、郊野绿地、林地、生态绿地五大类，其中城市公共绿地包括公园绿地、街头绿地两类。街旁绿地包括沿路沿河的带状绿地以及结合水系、道路转折处形成的小型街头绿地。

道路绿化。沿 230 省道、太湖大道控制 30 米绿化带，沿其他主干道控制 15 米绿带，沿次干道控制 10 米绿带。在生态景观资源较好区域，由于增加了道路绿化带宽度，形成了较好的林荫景观道路。

滨水绿带。沿规划范围内主次河道两侧控制 10 ~ 25 米滨水绿带，位于生态廊道内的滨河绿化带控制在 30 米以上，作为岸线生态缓冲区和滨水活动空间，营造水绿共融的良好景观。

2000 年，公共绿化面积 37533 平方米，生产绿化地 17259 平方米，专用绿地 5263 平方米，驻镇单位绿化地 131918 平方米。镇区绿化覆盖率 26.48%，人均绿化面积 6.78 平方米；农村绿化覆盖率 25.36%，人均绿化面积 21.2 平方米。

太湖大堤夜景

2001—2015年，新增绿化占地面积605180平方米，新增绿地面积220359平方米，新绿化覆盖率36.41%，新增人均绿化面积9.57平方米。其中市镇区域新增绿化占地面积170430平方米，新增绿化面积58330平方米，新增绿化覆盖率34.22%，新增人均绿化面积17.36平方米。

建成总面积为110万平方米的大堤绿化景观工程，形成水乡湿地田园风貌区、生态景观农业体验区、马山滨湖生态园、乡土织绣艺坊展示区、山体健身游憩区五大景区。公园绿地、街头绿地新增绿化占地面积17万平方米，新增绿化面积5.8万平方米，新增绿化覆盖率34.22%。其他新增绿化占地面积60万平方米，新增绿地面积22万平方米，新绿化覆盖率36.41%。滨河绿化带控制在30米以上，局部地段的滨河绿化带控制在5～10米。

村庄环境整治

公共设施 已将公共设施，如供电、供热、消防、加油加气站、公交场站等相关市政、交通设施集中布局，形成一定规模的基础设施空间，在保证基本功能的基础上，灵活变化。镇湖卫生服务中心全面交付使用，贡山岛电力电缆通道项目顺利完成，镇湖中心小学完成主体施工。

生态环境山清水秀

社区规模

社区建设形成5个居住社区单元，社区规模包括空间规模和人口规模两部分内容。

空间规模　西京社区：位于太湖广场组团，包含1个基层社区，居住用地面积为24.85公顷，均为一类居住用地。镇湖社区：位于创意小镇组团，包含4个基层社区，一类居住用地面积为2.30公顷，二类居住用地面积为113.27公顷（含安置房用地61.65公顷，按照1.5容积率、户均85平方米标准，约安置10800户），幼托用地有两处，面积共为1.80公顷。以上5个社区单元基本是由2500×1000米的长宽构成，人们穿越组团需要15～30分钟，借助公共交通工具，约1～2站的距离，比较适宜人行。已按规划建成西京社区。秀峰公寓和新桥公寓过渡房以及秀岸花园一期安置房已全面交付使用。

梦里江南生态城

人口规模 如西京社区，以旅游度假人群为主，同时受生态环境和景观区位的要求，不宜引入大量居住人口，因此居住用地以少量低密度、低强度居住类型为主。镇湖社区是现在镇湖镇区所在地，是主要的居住区域。

创意小镇

镇区既充分利用传统风貌保留区的特色和功能，同时倡导生态创意的宜居生活、新社区的不断完善提高，刺绣创意传承与时代要求相融同步发展。

传统风貌保留区 以镇湖老镇区绣品街沿线为主体形成的老镇传统风貌保留区，已经由太湖大道延伸至游湖形成相对完整的片区，该片区内的建筑及场地景观以苏式传统风貌与色彩体系为主导。截至 2015 年年底，已先后通过外立面整治手段，按照传统

全国重点文物保护单位万佛塔

郁舍永福石板桥

新盛通天寿安桥

风貌全面进行了整修。对一些传统区乡土建筑尽量采用坡屋顶形式，建筑材料、场地与景观环境设计要素采用地域性自然材料，体现地域景观文脉，与周边自然环境协调。

生态城新建建筑禁止采用以柱式、山花等为装饰主题的欧陆式风格。太湖沿岸1千米范围内金墅、黄区村、后塘头、马山村、米泗村、杵山村、邢舍、马市村、大连村、新胜、三洋、高家村等均呈现依水而居的形态，具有明显的江南地域特色。居民点都存有大量乡土建筑，包括乡土的住宅、寺庙、祠堂、书院、戏台、酒楼、商铺、作坊、牌坊、小桥等。

宜居生活 重要慢行线建有风景慢行路：主要沿纵一路、横四路、绣品街和9号路设置。特色步行道：主要沿环游湖公共空间、大新河江、马河、山新江及部分居住、商业、商务、娱乐用地内部先后设置步行路径。主要区域已实施。另建有水上游览线：沿游河、大新河江、马河、山新江、长三江、大寨河设置。

现已完善传统手工业的集中展示、体验、培训、生产等功能。保留绣娘村“活体”标本，融入生态文化廊道。在老镇西部建立新的生活服务中心，融文教体卫于绿化、广场等景观空间，形成活力社区。已建成以西华社区为中心的创意小镇。如充分利用历届中国刺绣文化艺术节，大力

家庭刺绣图

两人双面绣

2015 年 11 月 28 日，外国友人参加第八届中国刺绣文化艺术节开幕式

营造和宣扬镇湖传统特色刺绣文化，绣娘们手下的针线，正每时每刻创造着精细雅洁的传统与现代相交融的新意新作。

街巷格局 保护镇湖老镇以南北向“一字型”绣品街为主干的街巷肌理空间，尊重现有的空间布局，特别是在规模和地段大小方面，延续原来的老镇肌理，建筑风格均采用江南传统风格，街巷比例仍延续老镇原有尺度。已取去原有电线杆、电视天线等有碍观瞻之物，改设地下。注重老镇滨水空间的建设，整治沿岸用地功能，修整驳岸，清理河道。镇湖更显露出山清水秀的风貌。

中国刺绣艺术馆及其周边地区具有明显的江南传统建筑风格的沿街立面，并且自然地结合镇中地势高差，与周边环境有机融合。继续发展艺术馆及其周边地区，提供更多的展示苏绣技艺、缂丝织艺的物质载体空间。同时做好街巷空间的精品设计，铺地符合

姚惠芬刺绣作品《写意太湖》

绣品街景区

砖雕“绣艳天下”

该地区特色，街道小品（如果皮箱、公厕、标牌、广告、招牌、路灯等）具有地方特色，且尺度适宜。2010 年，镇湖街道已先后投入 4 千万元对绣品街环境进行全面优化和提升，保持街巷空间的布局；2011 年 3 月，镇湖绣品街通过全国特色商业街专家评审，晋升为国家级“全国特色商业街”。

生态建设

苏州西部生态城不断整合资源，做足生态文章，以建设“宜居、宜业、宜游”的生态新城为目标，以休闲、度假、养生为主旋律，在旅游度假、文化创意、现代农业、绿色环保四大产业开发建设方面取得令人瞩目的成绩。苏州高新区为此对生态城不进行 GDP 和财政收入考核，主要考核生态和民生建设等方面。

旅游度假产业　景区建设就是做好休闲度假产业，是保护性利用生态资源，实现富民增收的代表性产业。沿湖：重点针对“内湖”（游湖），建成“湿地交织的都市”，注重形态的构造，以尽端式道路衔接临湖开放式地块，创造出宜人的公共水岸空间。沿山：依托姚江山、庄里山构建成环山游憩带，突出山林景观特征，使山林区域成为独具吸引力的生态景观空间。沿河：构建多条景观廊道，契入多样化社区功能和公共游憩功能，

农家采摘游

新盛茶园

构筑宜游、宜居的滨水空间。临路：注重道路景观的多样性，通过植被林相的变化，结合山水资源，塑造多条景观林荫大道。门户：针对太湖大道各接口及各独立组团的门户空间，进行景观形象的重点建设。

位于高新区太湖沿线“湖滨生态游憩带——马山至米泗山段景观工程”建设完成，并对市民免费开放。工程主体以“水上栈道”为主，大堤上一条约千米的透水材质慢行系统与之相呼应，其主线及支线合计总长约 2 千米，宛如一条“长龙”穿过太湖水面，沿岸线种植了再力花、醉鱼草、荷花等多样性水生植物。还对岸上原有乔灌木进行梳理改造，外围水域布置则进行浮筒浮岛种植绿化等，进一步实现岸线的生态化与植被的多样化，使得整体的绿化环境丰富而有层次。

苏州西部生态城因地制宜打造了一批兼具生态保护、修复功能与特色人文景观于一体的太湖湿地生态旅游产业群落。经过多年的开发建设，已建成的苏州太湖国家湿地公园、新盛茶园、杵山生态公园、太湖房车露营基地，大、小贡山岛、裸心泊等。

上山岛居外景

占地39.6公顷的杵山生态公园原先是一片废旧鱼塘。从2013年开始，建设集生态环保湿地、娱乐休闲旅游、国际专业垂钓等功能于一体的生态型主题公园。位于米泗山的太湖一号房车露营公园，原本是一个废弃的采石宕口。自2002年年底已全面禁止开山采石。借鉴国内宕口修复的成功范例，同步采用了建设生态公园、生态住宅、循环经济等科学复绿宕口资源开发利用模式。通过陡坡喷播，斜坡种植和底部覆土种植等方式实现山体复绿，迅速焕发了新生。得益于面向太湖的优美生态资源、良好的旅游环境、精准的市场定位，该项目已经快速成长为全国规模最大、设施最全、标准最高的房车露营公园。2015年9月30日，第五届中国（苏州）房车露营大会暨2015中国（苏州）房车展在苏州西部生态城太湖一号房车露营公园开幕。同时举行了镇湖生态旅游区——国家生态旅游示范区、汽车（房车）露营地管理培训学院（筹）、江苏省自驾游协会房车露营分会揭牌仪式。

2013年10月，中国刺绣艺术馆景区通过国家AAAA级旅游景区验收；2014年5月，苏州太湖国家湿地公园通过国家AAAA级旅游景区验收，苏州西部生态城成为苏州首家也是唯一一家集两个国家AAAA级旅游景区于一体的省级旅游度假区。2015年，苏州西部生态城获批成为苏州首家“国家生态旅游示范区”，跻身江苏省仅有的4家国家生态旅游示范区行列。2015年5月25日，苏州太湖国家湿地公园、中国刺绣艺术馆两家景区成功获评首批“全国旅游价格信得过景区”。

2015年10月，经世界自然基金会和苏州市农委湿地站介绍，苏州太湖国家湿地公园与台北野鸟学会关渡自然公园结成姐妹公园，在管理、科普宣教和生态保护等领域进

2014—2015年全国垂钓俱乐部挑战赛总决赛比赛现场

太湖房车露营公园

行深度合作。

2015 年，景观建设中的杵山生态公园、翠湖雅居（新盛茶园）和上山岛居相继建成开业，西京湾生态农场、裸心泊度假酒店和大小贡山岛加快建设；成功开通“漫行西部”观光小火车，顺利举办全国垂钓俱乐部挑战赛总决赛、“LOOK-SHIMANO”合利兄弟杯业余公路自行车挑战赛、第五届中国（苏州）房车露营大会等有较大影响力的体育赛事；陆续在苏州电视台《新闻夜班车》《社会传真》《民生在线》等相关频道播出专题宣传片，在苏南硕放国际机场、北京首都国际机场、上海社区和苏州地铁等人流量往来聚集地设置宣传专版，积极做好“苏州西部生态旅游度假区”微信公众号的对外宣传推送工作，“自然、生态、野趣”的生态休闲品牌日益深入人心。

文化创意产业 积极参加全国各地的相关旅游交易会、文化博览会，更好地向社会大众展示镇湖苏绣的精、细、雅、洁、奇、美；与绣品街一起成为镇湖独有的传统文化，出版“传承与发展中的苏绣”系列文化丛书。精品苏绣屡屡被党和国家领导人作为国礼。苏州西部生态城的如画山水，也成了绣娘针尖上得天独厚的创作素材。2015 年春天，研究员级高级工艺美术师卢梅红以生态城的葡萄为题材，绣制了《硕果》。这幅刺绣精品被作为国礼，赠送给智利友人。卢梅红又受邀参加博鳌亚洲论坛，她颇有创意的 20 多幅作品由博鳌亚洲论坛秘书长周文重的夫人谢淑敏赠送给与会各国（地区）领导夫人。近年来，镇湖刺绣的作品屡屡被作为国礼，由国家领导人赠送给外国嘉宾。

苏州西部生态城下辖镇湖，是苏绣发源地，先后被江苏省和文化部命名为“中国民间艺术之乡”“国家文化产业示范基地”。目前，镇湖刺绣的从业人员达 1.2 万人，占镇

中国刺绣艺术馆内景

绣之韵舞蹈

湖全部劳动力的2/3。2015年，镇湖苏绣产业总销售额14.6亿元，再创历史新高，被市政府认定为全市首批、高新区（虎丘区）首个产业集群品牌培育基地。组织创作《绣美天堂》绣娘之歌，获第九届江苏省精神文明建设"五个一"工程奖。积极推动王丽华的《青铜之韵》和姚建萍的《和谐盛世》作为艺术品资产包，于2015年8—9月在位于香港的中国文化艺术品产权交易所相继顺利上市。有效促成镇湖苏绣大师分别与上海文昶文化发展基金、苏高新创投集团成功签约，成立专项刺绣扶持基金。主动对接上海自贸区，于2015年11月实现在自贸区首个从事艺术金融信息化服务的网络专业平台"中国艺术金融网"，进行苏绣精品的在线公开展示、权威评价和高价竞拍活动。

邹英姿工作照

顺利建成江苏省巾帼手工业苏南刺绣展洽中心和苏州刺绣产业创新研究院，启动“巾帼礼”刺绣文化创新设计活动，建成苏绣版权服务云平台、苏绣电商平台。新华社《瞭望东方》杂志刊发《中国第一绣品：针尖上的标志》；“非遗”纪录片《指尖上的传承 —— 苏绣》在中央电视台播出。同时延伸与苏州西部生态城未来发展主题相适应的人文内涵，营造“宜居、谊邻、逸产、易商、怡旅、颐养”的现代人文氛围。

至2015年，镇湖已连续举办8届中国刺绣艺术文化节。镇湖正在着力推动以质量认证中心、价格发布中心、技术创新和研发中心、人才培训中心、对外交流中心构成的“五大中心”建设，镇湖街道与清华大学新经济与新产业研究中心进行产学研合作，成立中国创意产品设计研究院苏州分院，和国内外知名专家、院校和行业精英一道，共同参与行业标准制定，以此提高刺绣产业的层次，以苏绣的传承性发展打造文化创意产业。

现代农业产业　西京湾生态农场是镇湖现代农业产业区，总面积3805亩、总投资10亿元的项目正在按项目分批实施中。该项目分功能建设“一场五区”，有开心农场、花田区、牧场区、桑田区、果蔬区、苗圃草坡区等，将生态农业与休闲旅游相结合，让游客充分体验渔耕文化、森林文化、农事文化的乐趣，建造城市居民休闲放松的新天地。

花田区，总面积150亩，种植紫荆花、水竹、水仙、水生美人蕉。花田区花海占地111亩。牧场区，总面积270亩，其中草坡131亩、马场22亩、牧羊场50亩、奶牛场

花田区

春暖花开

绿色生态

67亩。桑田区，总面积330亩，其中上山村250亩，太湖80亩。农田区，总面积430亩，是西京湾生态农场率先开放的项目。果蔬区，总面积162亩。湿地鱼塘，总面积256亩。百草园，总面积106亩，有一个七子美容园。开心农场，总面积170亩。苗圃草坡区，总面积401亩。果林区，总面积709.5亩。花卉区，总面积540亩，种植紫罗兰、一串红、石竹、四季海棠、草坪等。

以生态之手融合第一、第三产业。“到高新区太湖边看花海”已经成为苏州人最流行的旅游项目，甚至有旅游大巴载着外地游客参观。作为西京湾生态农场率先开放的项目，花田区花海被盈盈太湖水环抱，遍植紫色马鞭草、黄金菊、粉黛乱籽草、茶梅等花卉，被誉为“苏州北海道”。

2015年，累计投资500万元，基本完成占地200亩的石帆生态农场的主体建设，围绕“生态农业，观光休闲”的主题，积极建造各具特色的绿色蔬菜生产区、特色蔬菜生产区、观光果园、水产养殖区、水生植物种植区、休闲木屋区6个功能区。分别投资110万和330万元，加快推进占地14.6公顷和84.39公顷的西村村、马山村高标准农田建设；成立镇湖渔民专业合作社，完成上山村的上山岛居、新盛茶室等“一村两楼宇”项目。

绿色环保产业 以生态环保节能为理念，综合使用绿色建筑、绿色交通、绿色能源。总投资达200亿元，占地5.7平方千米的低碳小镇已实现，并建成110亩绿色居住示范区。

位于太湖大堤旁的马山游客中心，建筑面积9500平方米，建筑外观设计与湖滨环境和谐相融。建筑屋顶采用世界先进的双层铝镁板，其 ETFE 膜配合太阳能光伏发电系统与北京水立方相同，全年发电量近 20 万千瓦时，能满足服务中心自身耗电量的 36%。服务中心配套的雨水综合收集系统可用于绿化浇灌用水、道路冲洗，非传统水利用率达到 42.2%。该建筑曾以其节能、绿色、环保的特色，获评国家住房和城乡建设部节能环保建筑最高标准——三星级绿色建筑设计标准，成为高新区第一个获此殊荣的公共建筑。

在镇湖这座生态之城，低碳、环保、绿色正在变成现实：住宅与公共景观用地达到 1∶1、碳排放低于 150 吨碳 / 百万美元、绿色建筑比例达到 80%、垃圾回收利用率超过 80%。苏州西部生态城挂牌成立至今，累计投入 60 亿元用于加强生态环境的修复与保护，绿化覆盖率超过 70%，污水处理率达 100%，PM2.5 浓度全年低于 50 微克 / 立方米（空气质量指数为一级），太湖及区域河道水质达到Ⅲ类水要求。

苏州西部生态城本着尊重自然、保护生态、和谐发展的理念，在产业定位之初就确立了“不发展工业企业”这一基本思路。在开发建设中，苏州西部生态城大力推广应用绿色建筑及慢行系统，并运用现代环保技术解决城市污染，让这座生态之城成为环保科普基地。2014 年年底，中国绿色碳汇基金会碳汇研究院江苏分院为其授牌。这里与芬兰合作成立生态技术开发中心，辖区内的 104 条河道和 5 条通往太湖的河流，全部实现防洪、抗涝、水体污染控制与治理。

镇湖拥有得天独厚的生态优势，“生态”已成为高新区“真山真水”的“魂”，与繁华都市相互映衬，使现代城市与田园乡村水乳交融。“旅游新去处，生态高新区”已成

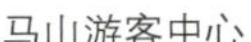

马山游客中心

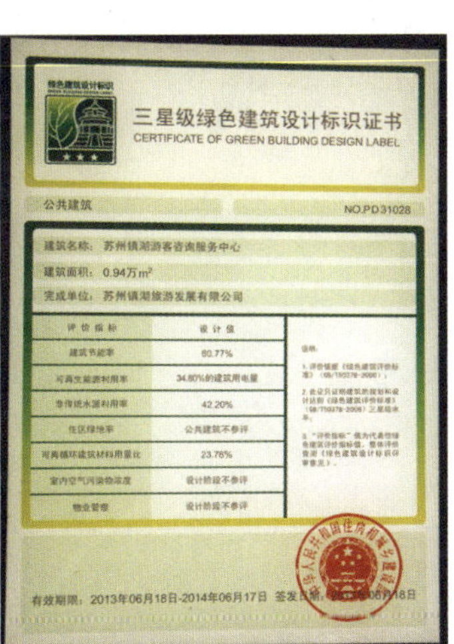

三星级绿色建筑设计标识证书
CERTIFICATE OF GREEN BUILDING DESIGN LABEL

公共建筑 NO.PD31028

建筑名称：苏州镇湖游客咨询服务中心
建筑面积：0.94万m^2
完成单位：苏州镇湖旅游发展有限公司

评价指标	设计值
建筑节能率	60.77%
可再生能源利用率	34.80%的建筑用电量
非传统水源利用率	42.20%
住区绿地率	公共建筑不参评
可再循环建筑材料用量比	23.76%
室内空气污染物浓度	设计阶段不参评
物业管理	设计阶段不参评

有效期限：2013年06月18日-2014年06月17日

苏州镇湖旅客咨询服务中心被授予三星级绿色建筑设计标识证书

出行新选择

游客组团而行

为“天堂苏州”旅游版图上的闪亮品牌。

以湿地公园为“绿心”，以沿太湖 1 千米生态区域为湖滨景观休憩带，以活力主核、创意小镇、低碳邻里、太湖广场、雅居小城、健康绿核为组团，“水绿相系、一心一带多廊，产业驱动、六大组团”的经济社会发展结构，成为苏州西部生态城开发建设的进行时纲领。划定生态保护红线，确保生态建设，镇湖生态文明建设的重要成果，为苏州西部生态城总面积 45 平方千米的生态建设开创了良好局面。城如其名，坐拥 25 千米太湖岸线、10 多座大小山脉，一派山清水秀的江南风光。

冬季风光

特色旅游

镇湖利用太湖自然景色建设苏州太湖国家湿地公园，并环绕湿地公园建设一系列颇有特色的生态旅游景区及生动活泼的旅游项目。特色绣品街、中国刺绣艺术馆、中国刺绣文化艺术节等，是相得益彰的文化刺绣旅游项目。生态旅游与文化刺绣的有机结合，成为镇湖别有特色的旅游。

镇湖区域内旅游资源丰富，不仅拥有太湖自然岛屿大、小贡山，4.6 平方千米的苏州太湖国家湿地公园，太湖原始村落三洋村，还有千年古寺万佛寺等众多旅游景区、自然生态资源。太湖大道生态城段 2.5 千米景观提升工程、近 10 万平方米太湖大堤景观提升工程已全面完成。苏州西部生态城还具有深厚的历史人文资源，除苏绣基地，另有多种民间传统工艺。

2014 年，苏州西部生态城围绕“旅游新去处，生态高新区”主题，举办了万张笑脸看西部、第四届中国（苏州）房车露营大会、中国刺绣文化艺术节 3 个大型旅游节庆活动，并贯穿开展“亲情桃树”爱心认领、露营游记、摄影大赛和旅游度假区宣传口号有奖征集活动，全年累计接待境内外游客 250 余万人次。中国汽车露营四星级营地、国家标准试点验证基地等也相继落户苏州西部生态城。2015 年 1 月，苏州西部生态城被国家旅游局、环保部批准，成为苏州市首家国家级生态旅游示范区。

太湖风光游

镇湖三面环水，最令人赏心悦目的是太湖水。特色旅游是太湖大堤，大、小贡山，苏州太湖国家湿地公园。

太湖大堤 太湖系中国东部近海区域最大湖泊，也是著名国家级风景名胜区。位于太湖西部的镇湖，南、西、北三面伸入水中，为太湖所围，太湖是镇湖的母亲湖。陆龟蒙说：“太湖上禀咸池五车之气，故一水五名。”顾夷《吴地记》云：“五湖者，菱湖、莫湖、胥湖、游湖、贡湖。”镇湖则与游湖、贡湖为邻。

镇湖环湖大堤全长 18.26 千米，2000 年年底完成太湖复堤工程，2010 年完成太湖大堤景观提升工程。太湖大堤基按三级公路等级设计，设计时速 40 ~ 50 千米，大堤路基所需近 300 万立方米土源全部来自太湖清淤取土工程，筑成一级圩堤全线贯通，不再受太湖洪水的侵害。大堤路基顶宽 17 米，其中沥青路面宽 12.6 米，为四车道，已成为观

太湖堤大道

光游览太湖的胜地。

根据生态建设规划，分别对大堤迎水面地块、景点、路肩、护坡实施绿化，建设总面积为 110 万平方米的大堤绿化景观工程，形成水乡湿地田园风貌区、生态景观农业体验区、马山滨湖生态园、乡土织绣艺坊展示区、山体健身游憩区等五大景区。设有枫林唱晚、碧水长天、金柳芳堤、镇湖春秀、晚香船影、芦荡雪飘、暗香残雪等 10 余处观赏景点。在捕鱼季节，太湖中渔舟或穿梭游弋，或撒网捕捞；沿湖渔舟唱晚，声飘西华之地。湖欧翔集，笛隐芦苇丛中，一派“平湖千顷浪花飞，春后银鱼霜更肥，菱叶饭，芦花衣，酒酣载月忙呼归”的生动景象。

大堤上一条千余米的透水材质慢行系统与之相呼应，其主线及支线合计总长约 2 千米，水上栈道宛如一条“长龙”穿过太湖水面，见首不见尾，隐现在多样性水生植物之中。环堤游览，抬眼远眺近视，可见光福、洞庭诸景如在水中沉浮；左顾右盼，正是镇湖半岛伸入太湖的“美靴”背部，逶迤秀丽，时有湖石，湖岸凹凸有致，可获移步换景之美，观不尽的太湖水，赏不完的太湖美。

沿太湖大堤从南向北，沿线途经苏州太湖国家湿地公园、西京湾山林公园、西京湾生态农场、杵山垂钓中心、苏州市太湖一号房车露营公园、泰迪农场等景致。

太湖景观

太湖堤大道

太湖大堤美景如画

大、小贡山 大、小贡山因贡湖而得名。清乾隆十五年（1750）金友理撰《太湖备考》，其卷一载："贡湖。《吴地记》：'东南长山，长山之南即山阳村。西北连无锡老岸，周回一百九十里，西口阔四五里。'……湖中以大、小二贡山为界。岸有一折，而湖面则广阔无涯，无仅阔四五里之处，不知何处是湖口。意者大贡、小贡二山中间相距处，即其口耶？"《洞庭实录》载："禹治水尝驻于此，故名。"贡湖之名，来自大禹治水驻扎于此地，土著向他献贡品的典故。

大贡山，为镇湖北部太湖中的一个岛屿，海拔高68.8米，为镇湖最高山丘，面积0.66平方千米，与陆地相距2.5千米，东西偏长，中峰最高称"大抛头顶"，东湾嘴称"黄狗头"，西湾嘴称"西吊嘴"，东北隅一嘴称"金湖嘴"，金湖嘴南一嘴称"石铁猫"，北部一湾称"大腰湾"，与小贡山之间的湖面称"金湖门"。贡山岛皆由石英石砂岩组成。岛上盛产贡山茶叶、果树和毛竹、松林、杉木等，林木馥郁繁荣。贡山东西两湾有二白莲寺遗址，相传皆为原西华十八景之一。

小贡山，在大贡山东偏北，较大贡山小，故称小贡山岛，与大贡山岛相隔水面0.5千米。小贡山岛由4座山峰组成：东南主峰称"枇杷山"，海拔高27米；北部山峰称"猫捕山"，海拔高10米；西部山峰称"鱼场山"，海拔高11.08米；南部山峰称"箬帽山"，海拔高12.03米。岛内东南内陆有80亩水面河泊，用于水产养殖。岛上自然林木茂盛。

大、小贡山上普栽松树、果树、茶树，松林茂盛，连贯成片，杉木遍坡，茶果飘

大、小贡山以桥相连

虹桥

香。这里没有喧闹，更无污染，有的是浸透氤氲水汽的幽静，一片郁郁葱葱，是最为幽静的优质生态环境。且生长着灵芝、茯苓、党参、桔梗、沙参、天冬、麦冬、金银花等多种草药。站在湖岸极目西眺，太湖犹如水晶盘，大、小贡山就像浮于白玉盘中的两颗青螺，大、小贡山之间现有虹桥相连，马山有游艇可前往。

金柳芳堤

苏州太湖国家湿地公园

苏州太湖国家湿地公园坐落在镇湖街道境内，西枕太湖，东接东渚，南连光福，面积 4.6 平方千米。原为太湖的一处秀丽湖湾，水壤交错，有茭芦莲菱、鱼虾蚬蛤之利，更有白鹭飞天、蛙鸣鸟啾之境。人文荟萃，物产丰富，因春秋吴王夫差常携西施到此游太湖，故得名“游湖”。金友理《太湖备考》载游湖引：“《吴地记》云：‘在长山之东，周回五十余里，西口阔二里。东南岸树里，西北岸长山。’《洞庭实录》：‘吴王曾于此游玩，故名。’……湖口在琔嘴、西迹之间，阔四五里，不止二里。相传昔年琔嘴之外尚有一洲，亦名三洋，又名东昴，上有禹王庙，明季沦于湖。意者有洲之时，湖口尚狭耶？”佚名古诗《游湖》写道：“水嬉张处六龙翔，想见西施舞袖扬。香艳消磨朝市改，乐游一曲不沧桑。”

这是一个自然与文化相融的个性独具的原始时尚休闲景区，典型的中国江南平原水网湿地，被誉为“城市绿肺”。有各类主题馆及多彩四季活动。苏州太湖国家湿地公园先后获得国家湿地公园、国家 AAAA 级旅游景区的称号。

水域景点　公园内水域面积达 161 万平方米，占全园的 71%，设各种材质、各种造型的桥 52 座，连接起一个个“岛屿”，游客浏览其间可移步换景。景区内的道路沿水而筑，四通八达，既是游客赏景通道，也是休闲健身的步道，浓缩着最醇厚的江南湿地自然风光。据岛而筑有桃源人家、桑梓人家、渔矶台、槿篱茅舍、半岛茗茶、客至画舫、烟波致爽等景点。

花鸟荟萃　景区内一年四季到处都是各种各样的花，有的集中成公园中的花园，有

太湖湿地风貌

苏州太湖湿地公园

渔矶台

的散布各处，百花齐放时，处处可见五色斑斓。每年都会有大批候鸟来到这里，江南当地鸟儿也大量到此繁衍；许多水鸟更是在太湖水面上忽上忽下掠过，每年 3—10 月、12 月至次年 2 月，约有 30 余万只鸟儿在公园栖息、繁衍。珍禽部落岛，共有珍稀濒危植物 24 种，国家二级保护鸟类 16 种，苏州地区重点保护野生动物 63 种，真正成为人与自然和谐相处之地。

绿化景观　公园绿化景观 15 万平方米，种植芦苇等水生植物逾万株、树木 2.4 万棵。设计景观小品，修复名胜古迹，建成大型景观标志水风车和 5 千米人行木栈道，形成风车堞影、栈桥探幽等生态景观，成为都市人走进太湖山水、亲近自然生态的绿色长廊。热带沙生植物科普馆坐落于公园内靠北的岛屿上，临水而建，宛若明珠。热带沙生植物科普馆景区总占地面积为 1.8 万平方米，拥有庞大的沙生植物系列，是目前华东地区最大的热带沙生植物科普馆景区。

湿地公园餐厅

半岛茗茶小岛

放飞白鸽

飞鸟涉水

白鹭

大熊猫

桥亭廊轩

湿地迎春花开

多彩四季 春季稻草人节，春暖花开，徜徉在樱花、海棠、桃花盛开的海洋，与造型奇异的稻草人，一起探秘春天。夏季沙滩节，苏州第一代天然亲水沙滩浴场，生态美食节、沙滩寻宝水上运动会，七八月专属凉爽一夏。金秋家庭节，金秋湖鲜美食节，太湖开捕，新推 20 道必点太湖菜。冬季赏鸟节，万千候鸟迁徙南飞，成群鸟儿掠过湖面，芦苇丛中互逐嬉戏，自然生态，候鸟的天堂，自在壮观，美不胜收。

各类活动 水上活动中心是新开辟的大型水上互动游乐区。冲锋舟、水上自行车、碰碰船等游乐项目，在碧波里荡漾，为太湖湿地一景。建有游船码头 2 座、景观桥 5 座，充分利用大水面与太湖湿地公园进行互动，满足游客观光游览、商务、茗茶、婚庆等多功能要求，形成旅游新亮点。主题场馆有渔矶台、七桅古船、天鹅湖、占地近万平方米的沙滩浴场，占地近 3000 平方米的熊猫主题广场、熊猫馆、上海世博会苏州新馆等都是融知识性、趣味性、科技性、互动性于一体的游览娱乐景点。

文化艺术游

镇湖有千年万佛寺万佛石塔及古香樟树、中国刺绣艺术馆、全国特色商业街绣品街等，游客可欣赏风景，购买刺绣艺术品，领略文化刺绣之美。

万佛石塔 在万佛寺内，万佛寺历史上曾称“澄觉精舍”，位于濒临太湖的西京村，在寺桥街西南侧。始建于南宋绍兴年间（1131—1162），元大德十年（1306）高僧昕日重建。民国《吴县志》校补（三）载：“澄觉精舍在吾家山秀峰寺西南三里许。竖万佛石塔，赵文敏书额，中峰国师为赞，勒于大德十年，已坠湖涘。崇祯末，岫云禅师洗刷构置。见《采风类记》。”万佛石塔自建成后经历数次大修，1956 年被列为江苏省文物保护单位。2008 年后经数年修建，万佛寺初具规模，新建山门（弥勒殿）、大殿（普天行化）、万佛殿、法堂、藏经楼、观音殿、澄觉轩、寮房 10 余间等。大殿保留宋代建筑风格，与佛塔风格一致。2013 年被列为全国重点文物保护单位。保护范围以万佛寺围墙为界，建设控制地带范围为北至万佛寺围墙 45 米，南至万佛寺围墙，西至万佛寺围墙 18 米，东至万佛寺围墙。

万佛寺因万佛石塔得名，又经赵孟頫书额，中峰国师为赞而著称于世。万佛宝塔碑，赵孟頫题，时在元大德十年（1306）清明之日。万佛石塔简称万佛塔，全塔以纯青石块垒砌而成，塔基平面长方形，南北为 8.6 米，东西为 5.2 米。南面为石阶，塔身置于台基北部。石塔总高 11.4 米。塔身平面外方内圆，下宽 3.3 米，上宽 2.8 米，塔身高 6.5 米，平面呈长方梯形。塔刹由石刻宝瓶、覆钵、相轮组成；略施翘角的四方形顶层塔檐下，衬有长方形石座，四周壶门内刻浮雕的坐相如来，以下叠涩 8 层宽窄不一的青石，拱门横额上刻有“古塔重新”4 个大字，东西两面各刻“阿弥陀佛”字样。南面塔门为拱券式，顶似火焰状，门高 2.10 米，两侧刻有“发菩提心同成佛道，造塔功德普愿众生”字样。

万佛石塔

塔内壁石雕万佛

最大佛像

塔内为直径1.98米的筒状石窟，高4.1米，下有1.7米高的须弥座，正中束腰部嵌有《重修万佛宝塔记》碑，旁侧有“吴门石匠吴德谦昆仲造”等石刻题记。上枭部饰有惹草如意头花纹。须弥座上环筑10层武康石块，上面布满一排排浮雕小佛像。除北壁一尊高0.3米、宽0.2米的佛像较大外，其余皆为高0.05米、宽0.03米的小佛像。共60排，每排刻小佛像180尊，总计有佛像10800尊，故名万佛石塔。现经当地再三清点，确切数字为10022尊，仍与“万佛石塔”称呼相当。所有佛像均雕刻精细，衣冠清晰，五官可辨，结跏趺坐在覆莲座上。旧时乡人以万佛神灵，传言取小像面首石粉煮汤代药能治头痛、疟疾等病，致使塔内下层许多小佛像现在有身无首，遭到严重破坏。1998年维修时，镇湖文化站长张善德还请来南京大学高新技术开发研究所化学系专家到万佛塔清洗佛像被烟熏的黑色，但对佛像的恢复，专家们也毫无办法。

塔前原有寺屋，内壁上嵌有元代大书法家赵孟頫题写的“万佛宝塔”石刻题记一方，上首为“集忠臣晗学士朝列大夫行江浙等处儒学提举赵孟頫书”，下首是“时岁次大德丁未仲春清明之日募资建塔，释党应代”。原碑早佚，现依据拓文在石塔东侧另竖“万佛宝塔”碑，落款简为“赵孟頫题，时在大德丁未清明之日”。塔西南有一棵树龄达1200年的银杏，华盖亭亭，像用枝叶庇护着石塔，为一级名木。最近一次重修时，万佛寺特邀明学法师书写吴荫培题秀峰寺的“照世真灯”一匾挂于澄觉轩以为留念，全国佛教协会原会长传印法师题写对联“湖映秀峰山自观自在，云飞万佛塔如见如来”，描绘了万佛寺和秀峰寺的前世今生。

《郎世宁花鸟》绣品

店内绣女认真刺绣

刺绣艺术 《左传》曰:“中国有礼仪之大，故称‘夏’；有服章之美，谓之‘华’。”而服章，则是凭刺绣来实现美丽的一项特色工艺。集中展示这项特色工艺的绣品街，就是展示华夏礼仪文明和服章之美的地方。镇湖刺绣是一张苏州市文化旅游名片，绣品街、中国刺绣艺术馆、刺绣艺术中心是苏绣集中展示区，也是全世界唯一的刺绣大市场。绣品街全为仿古建筑，风格古朴，已成为集旅游、展览、购物于一体的综合性工艺美术旅游景区。所有的店铺都是大门敞开，一家家绣庄里，处处可见绣娘们在棚架上以针作画，把五彩的丝线化为目不暇接的艺术瑰宝。对游客的到来仿佛视若无睹，安静到了淡定的程度。

绣品街是一条游廊，也是一面橱窗，两旁各式各样的绣品店铺令人目不暇接，汇集着 300 余家从事刺绣制作、研发、展览、经销的刺绣店家，陈列着苏绣代表作《小猫》《金鱼》等作品，有花卉绣、山水绣、人物绣。有以传统古画为底样的小幅绣件及大幅

布满各类绣品的绣庄

苏绣日用小件

刺绣《爱之恋》

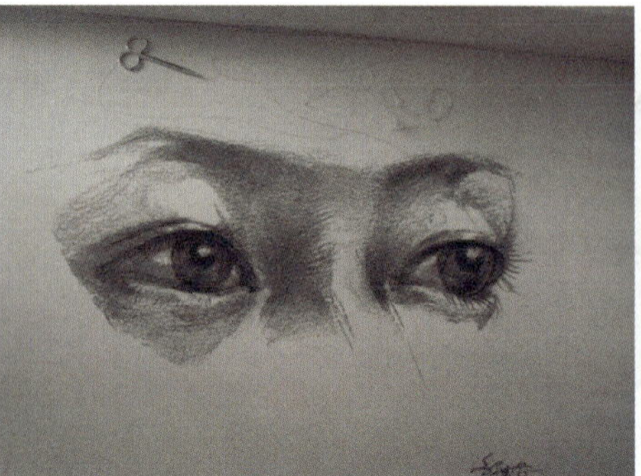
《眼神》刺绣过程中

《红色之光》绣品

绣屏，有以世界名人画为底样的绣品，也有不断创新的名绣件。绣品街上，有不同或相同的绣品，人们可以多番比较后选购，也可以订购后速递到家。绣品街每年接待国内外游客 50 余万人次。

从太湖大道向南左拐，远远便见标志性的四柱三门石牌楼耸立绣品街路口，石牌楼镌刻的楹联："鸾舞凤飞，凭天女神工，巧手拈来千载福；云蒸霞蔚，看西华胜境，名街绣出五洲情。""银针传韵，福地扬名，满目风华满目景；古镇流霞，名湖溢翠，一街锦绣一街春。"表达了镇湖绣娘雅绣人间天堂美景的心愿。

中国刺绣艺术馆，采用江南民俗和苏州园林的建筑特色与造园风格，建筑外观粉墙黛瓦，古色古香。内部装修设计独具匠心，别具一格，馆内建有飞檐重楼，亭台廊榭，池鱼岸柳，绿荫摇曳，百花齐放，与各展厅中的刺绣画面相辉映。中国刺绣艺术馆主要功能为：刺绣艺术品展示、展览、销售及国际交流合作，技术研发。汇集全国刺绣名师绣庄于一处，集展示、销售、旅游观光于一身，是全国最大的刺绣工艺品市场之一。中国刺绣艺术馆是全国特色文化产业基地，通过国家 AAAA 级旅游景区验收，是普及、保

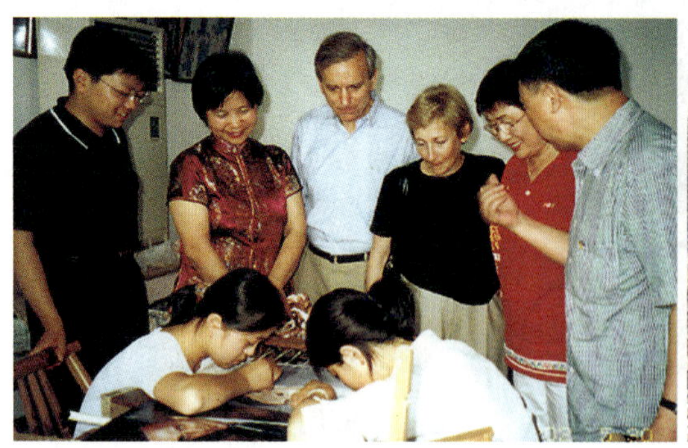
美国哈佛大学和清华大学教授观赏刺绣

法国绣娘与镇湖绣娘合影

中国刺绣艺术馆门厅

第一进楼上养蚕、缫丝、丝识、刺绣模型

大厅内绣女飞针走线刺绣忙

馆内刺绣展示

护和发展传统刺绣业的科普基地。

2010 年上海世博会苏州新馆 2010 年上海世界博览会（简称“上海世博会”）苏州新馆在苏州太湖湿地公园内依水而建，分成上、下两层，总建筑面积约 2000 平方米，相当于上海世博园苏州馆面积的 3 倍，在入口处有 1500 平方米的景观广场。游客可以从正门乘坐游船沿途领略太湖美景至码头，亦可信步游览 10 多分钟便可达苏州新馆，十分便利。入口是一座桥的形式，即著名的“万年桥”。新馆正面墙上《水墨苏州》画的是苏州民居和太湖石，展现了原汁原味的苏州水乡。

新馆运用声、光、电等高科技手段尽力把展示内容做到全而精、新而奇，融知识

上海世博会苏州新馆

馆内园林式布展

性、趣味性、科技性，互动性于一体。新馆上层入口处“世博印象墙”上，“苏州馆记忆”“大事记”等内容留下了苏州参与世博盛会的历史印迹。下层是72个液晶显示屏组成的浓缩世博会精华的“世博之窗”，一扇扇“窗户”动态展示着上海世博会的精彩瞬间。

馆内的沉浸式影院中，动感的《姑苏繁华图》在一个长约18米的电子屏幕上连续全景式展示，气势宏大，景色如真，令人若置身于图中。千年水城千年积淀的历史人文借助高科技手段展示出来，变幻出神奇的景象。内二楼还有电影厅，把墙幕和地幕连接起来，拓展了整个影院的观赏空间，使游客在观看宁浩导演的短片《时间的重量》时有更强的视觉冲击力和沉浸感。

时尚休闲游

时尚休闲是对人类健康的一种调养，也是新兴的旅游品类。镇湖根据当地环境，建设太湖房车露营公园、杵山垂钓中心、西京湾农场等时尚休闲旅游活动。

房车露营 太湖房车露营公园占地170余亩，严格按照国际四星级房车营地标准规划建设。充分体现“生态、绿色、休闲”特色，倡导时尚的户外露营生活。分设营地服务区、房车品牌展示区、房车露营区、自驾车露营区、草坪露营区、观光码头、汽车影院等。公园内现有房车酒店40辆、木屋酒店7栋、吊脚楼2套、房车露营营位90个，还为房车游客提供网络接口、

公园步道

房车露营

无线网络覆盖、对讲功能等配套服务设施。

太湖房车露营公园自 2013 年 10 开营以来，先后接待了辽宁、山东、浙江、四川、湖南、云南等 46 家各地政府旅游局参观考察、160 余家营地企业单位参观考察，荣获"江苏省自驾游基地""国家标准试点验证基地（005）""国家五星级房车露营地""江苏省自驾游协会副会长单位""长三角房车旅游标准化示范营地"等荣誉称号。

公园内景

房车停泊

休闲小饮

夜景图

杵山生态公园

杵山垂钓 杵山国际垂钓中心位于太湖大堤西，前身是镇湖街道杵山村的一片废旧鱼塘。占地 39.6 公顷，总投资 1.2 亿元。至 2013 年开始，建造成集生态环保湿地、娱乐休闲旅游、国际专业垂钓等功能于一体的生态型主题公园，成为长三角地区极具特色的生态休闲垂钓公园。内设专业垂钓区、会员垂钓区、公众垂钓区、湿地观光区、大堤景观带等。专业垂钓区：根据国际竞赛标准建造，观众区建有 400 个座位，并有多功能集散广场、停车场、服务中心等。会员垂钓区：由会员停车场、待建宾馆、会员垂钓池三部分组成。公众垂钓区：设置儿童垂钓池与游乐区、为垂钓爱好者提供大棚、台钓等垂钓形式，满足大众多元化的垂钓需求。湿地观光区：由生态浮岛、空中栈道、水生植物等组成，其中全长 614 米的空中栈道，灵感来源于镇湖刺绣，并设计 3 个旋转塔楼与地面木栈道相连，形成多层次的交通体系。大堤景观带：全长 1.3 千米，东部为板桩驳岸、南北为生态护坡驳岸，人性化的休闲平台可用于停留与观景。

2015 年 4 月 11 日，拥有全国一流垂钓设施的杵山生态公园正式开园，全国各地 192 位钓鱼高手聚集苏州西部生态城，进行了为期 3 天的国家一类赛事：2014—2015 年全国垂钓俱乐部挑战赛总决赛。12 月 6 日，杵山生态公园举行省级垂钓比赛，来自北京、四川、山东、山西、河北、浙江等 13 个省市的 256 位选手参加比赛。

西京湾农场游 西京湾农场位于太湖和上山村的生态农业区域，规划面积 3805 亩。整个农场围绕绿色、生态、健康理念，重点体现农业生态功能，突出农业休闲旅游主线，建设“林—草—牧—湿地”为主基调的复合型农业生态产业模型。

西京湾农场主入口位于太湖实验小学（绿野村），进入主入口后沿太湖大堤到花卉区有一个高端接待中心，有多个区域供选择游览。花田区，被太湖水环抱，遍植紫色

垂钓之间

景无尽头

马鞭草、黄金菊、粉黛乱籽草、茶梅等各种花卉。牧场区，有动物认养、手工冰激凌制作、动物喂养等活动。桑园区，可体验采桑叶，现场摘桑葚可食。农田区，有油菜花

花田区（一）

观赏、玉米迷宫等活动。果蔬区，有刻南瓜、蔬菜种植、蔬菜科普教育、蔬菜烹饪等活动。湿地鱼塘，有垂钓、采菱角、采摘鸡头米、水上娱乐等活动。百草园，有中草药教育、美容现场讲座、中草药美容体验等活动。开心农场，有农场DIY种植、儿童乐园、有机蔬菜烹饪等活动。苗圃草坡区，有广玉兰、雪松、红枫、樱花、海棠、含笑花可观

花田区（二）

赏。果林区，可进行野餐、骑马、赏花等活动。花卉区，有花卉制作、插花艺术、繁花摄影大赛、婚庆等活动。

花田再往南，是新盛茶园和翠湖雅居酒店，最南端是上山岛居酒店。

节庆旅游

生态旅游范围已扩大到苏州西部生态城全区，镇湖根据不同时令举办不同的节庆活动，月月有新，四季常新，且各有特色。

踏青节 每年清明节前后，开辟踏青六大最美线路：乡野风情线路，树山村加采摘园；亲子趣味线路，大阳山植物园加苏州乐园森林水世界、泰迪农场、苏州乐园；生态休闲线路，太湖国家湿地公园加贡山岛、西京湾生态农场、太湖房车露营公园、杵山垂钓中心；温泉养生线路，白马涧龙池景区加温泉酒店；静心之旅线路，大阳山文殊寺、树山村、苏州太湖国家湿地公园；文化之旅线路，东吴博物馆加大阳山国家森林公园和温泉、中国刺绣艺术馆、西京湾。

稻草人节 苏州太湖国家湿地公

新稻草人

沙滩浴场

园在每年 5—6 月，都会举办一年一度的稻草人艺术节，到 2015 年是第五届稻草人艺术节。站在苏州太湖国家湿地公园的稻草人与太湖相守，看稻花一片，听虫鸣鸟叫，既作为一种装饰品，又增添一种浓郁的农庄气息，成为一种文化传承。稻草人披着童话色彩空降，以卡通人物、历史文化、流行影视人物等形象呈现，近百个造型各异的稻草人出现在广场上、草坪上，充满童趣。

太湖风情湖滨沙滩节　每年 7—8 月暑期，太湖风情湖滨沙滩浴场对外开放，位于高新区镇湖的太湖国家湿地公园西部，沙滩浴场紧邻游湖码头，占地近万平方米，四周翠树环保、芳草茵茵，是天然的游泳、沙疗、日光浴的好场地。平均水温在 25℃，具有滩平、沙软、水净的特点，可同时容纳 1000 余人游玩。浴场更衣室、淋浴间等设施齐全，采用浮球连接绳索将水域围出一个安全游泳区，配备 12 名救生员及安保人员外围巡逻。

每年 7—8 月，举办太湖风情湖滨沙滩节活动。沙滩北边有沙滩排球、沙滩拔河等游乐项目；还可以乘船前往水上活动中心，可以体验冲锋舟、碰碰船、水上自行车、摇橹船等水上运动。东面设有 200 米的木连廊和 9 个凉亭，专供游客休憩，周边分布着躺椅和吊床，满足那些爱好日光浴游客的需求。

中国刺绣文化艺术节　从 2006 年 10 月 5 日举办首届中国刺绣文化艺术节，到 2015 年 11 月 28 日中国刺绣文化艺术节，前后共举办 8 届，之前是每两年举办一次，自 2010 年开始每年举办一次。一般在国庆节前后举办，开幕式上会集中颁布一些苏绣成果，同时开展各类活动。

随着中国刺绣文化艺术节的影响日益广泛，镇湖绣品街、太湖大堤、太湖湿地公园等旅游景点吸引了越来越多的游客，尤其中国刺绣艺术馆开放后，这是一座苏州园林和

刺绣艺术节“千女绣金秋”刺绣表演

绣女刺绣

中国少数民族观赏苏绣

外宾学刺绣

刺绣艺术同时呈现的游览展馆。艺术节期间，馆前设“千女绣金秋”刺绣表演，阵容气势引人围观，成为刺绣艺术节必游之地。艺术节把刺绣与山水、生态旅游有机组合，大大丰富了节日的活动内容。游客可在节庆国庆假日参加镇湖一日游生态旅游活动，到镇湖观看刺绣服饰表演，观赏多姿多彩的民间文艺展演，购买刺绣精品，领略太湖风光，品尝西部美食，采购黄桃、葡萄、雪菜、太湖水产品等生态特产绿色食品。

太湖湿地生态大闸蟹节 俗话说：“西风起，蟹脚痒。”稻谷发黄时，是食蟹的最佳时令。每年农历九月、十月便是“九雌十雄”蟹熟时期。此时到镇湖，各饭店、酒楼均有大闸蟹供应。苏州的吃法是吃清水大闸蟹，开水烧开在蒸架上放入扎紧的蟹，20 分钟蒸熟取出，各人一碟加姜末糖醋，将蟹掰开蘸醋吃，原汁原味，鲜美无比。临走还可在店里或集市小摊上买一批回去与家人分享。

体育娱乐

国际马会 苏州西部生态城与日发牧马堂马术有限公司联合共建的苏州西京国际马

会位于苏州西部生态城的西京湾农场内，占地面积约280亩。其中建设用地9960平方米。苏州西京国际马会作为苏州首家拥有专业水准的马会，为广大马术爱好者提供了交流平台。观众可休闲骑乘，观赏马文化展示与表演、现代马术竞技等，这是太湖沿线特色靓丽新娱乐。

自行车挑战赛 国内高级别（国际）“LOOK—SHIMANO”合利兄弟杯业余公路自行车俱乐部赛事，常在秋季举办。通常由苏州市自行车运动协会、苏州西部生态城主办。2015年5月9日，2015年苏州西部生态城 、LOOK—SHIMANO合利兄弟杯业余公路自行车公开挑战赛，在苏州西部生态城25千米太湖沿线举行，来自10多个国家30多支俱乐部的自行车手参加了比赛。

比赛路线：北太湖大道马山游客中心发车，从北太湖大道19千米处折返，至北太湖大道1千米处折返跑圈，到终点马山游客中心冲刺线。比赛为公路绕圈赛，凡被领先选手追上一圈的，即被淘汰。但只剩20名运动员或最后1圈时不再淘汰。

环太湖马拉松长跑 2015年12月27日，举行苏州太湖国际马拉松长跑。马拉松起、终点均为苏州高新区科普路展示馆；半程马拉松，起点为苏州高新区科普路展示馆，终点为杵山生态园；迷你马拉松，起点为苏州高新区科普路展示馆，终点为光启路。

全程跑：从苏州高新区科普路规划展示馆（起点）—科普路—锦峰路—阳宝山路—青城山路—通墅路—X210县道—北太湖大道—环太湖大道—万佛寺路—香铜路—苏州太湖国家湿地公园—前景北路—龙景路—福东路—科灵路—龙山路—青山路—龙山路—科创路—以升路—科普路—稼先路—科创路—景润路—科普路（终点）。半程马拉松：

2015年12月27日，2015苏州太湖国际马拉松

苏州高新区科普路规划展示馆（起点）—科普路—锦峰路—阳宝山路—青城山路—通墅路—X210 县道—北太湖大道—贡山路（折返）—北太湖大道—杵山生态园（终点）。迷你马拉松：苏州高新区科普路规划展示馆（起点）—科秀路—锦峰路—玉屏路—光启路（终点）。这次比赛规模为 15000 人：马拉松 3000 人、半程马拉松 6000 人、迷你马拉松 6000 人。

配套服务

太湖文化驿站 太湖各个闸站是休闲驿站，闸站一头通着太湖水的出入，是进入太湖的一个通道，也建设得别具文化。休闲处有树叶雕刻艺术、桃花坞木刻年画、太湖奇石、大写意花鸟工作室等。有画幅、装饰、图书、报刊、影像，还有太湖地方特产。作为旅游文化的一种展示，诸如核雕、刺绣，以及姑苏十二娘、文化十二匠，徜徉其间，本身就是一次当地民俗文化的赏鉴。

游客服务中心 苏州西部生态城马山游客服务中心坐落于苏州高新区镇湖太湖大堤，马山宕石北，紧临镇湖绣品街、湿地公园。服务中心占地 15 亩，建筑面积 9500 平方米，最高建筑高度为 23.6 米。游客中心共设地下一层、地上四层、南一楼多功能厅。背靠马山，面朝太湖，空气清新，环境优美，为高新区太湖沿岸景观第一站。一到四层分别设置游客问询处、规划展示馆、休闲区，为到苏州西部生态城休闲旅游的游客提供高标准的优质服

游客服务中心

务。这座"蜻蜓拂水"造型的别致建筑，是苏州西部生态城建造的国家节能环保建筑最高标准：绿色三星级建筑设计标准。

餐饮服务 除了旅游中心餐厅及一些著名酒店外，还有沿太湖岸线的众多农家乐餐饮饭店，有镇湖特色农家拿手菜和家常美肴。

湿地公园内有太湖春天湖景餐厅，临水而建。其拥有多功能会议厅，为商务会议、企业活动提供了便利。湿地雅居度假酒店，是苏州十佳精品民宿。距离太湖仅150米的世外桃源"净园雅居"，周围有浓郁的太湖风情，清静而优雅。湿地公园内还有游湖农庄、半岛茗茶提供餐饮。

此外马山村北有贡山岛酒店、秀峰山168号秀峰山庄酒店、西华路镇湖豪门酒楼、太湖明星酒店、东城路镇湖郁香饭店、马舍山裸心泊酒店、太湖大道1201号杵山生态公园餐厅，以及面对贡山太湖边的多处农家乐餐厅。

旅游交通

通过旅游观光专线、景区短驳车、观光小火车和公共自行车等多种形式，着力解决有轨电车到景区的最后一千米问题。

公交线路 快线3号、43（南环桥）、441（广济桥西）、352（新区三中西）、330（东菱科技西）、320（太湖湿地公园）、351（龙惠花苑）路均通达镇湖中国刺绣艺术馆（镇湖街道办事处、苏州西部生态城管委会）、苏州太湖国家湿地公园。

快线3号，将苏州太湖国家湿地公园、科技城、大阳山公园、虎丘风景区、火车站一线"串"起。跑完全程30.2千米路线约需60分钟左右，比同一线路转乘公交节约一半时间。

43路，经由木渎古镇、灵岩山、穹窿山景区、光福转盘、绣品街、绣品街西、西华路、中国刺绣艺术馆、苏州太湖湿地公园等站。

441路，绣品街、中国刺绣艺术馆、西华路绣品街西、苏州太湖湿地公园等站。

352路，经由东渚宾馆、小茅山道院、绣品街、中国刺绣艺术馆、西华路绣品街西、太湖湿地公园等站。

330路，经由绣品街、东城路绣品街西、中国刺绣艺术馆、苏州太湖湿地公园等站。

320路，经由万佛寺、杵山公园、中国刺绣艺术馆、苏州太湖国家湿地公园等站。

351路公交的运营分为2个阶段，目前是第一阶段，运营区间是苏州太湖国家湿地公园站至位于太湖大堤的马山游客中心站，沿途经过绣品街、太湖房车露营公园，太湖垂钓中心、中国刺绣艺术馆，方便游客和杵山、石帆等村民的出行。

有轨电车

有轨电车 乘坐高新区有轨电车 1 号线，可直达镇湖太湖边。延伸线全长 10.301 千米，初期设站6座，站名依次是：秀岸站、绣品街北站、石帆站、西洋山站、游城山站、湿地公园西站。可游赏大、小贡山景区、环太湖大堤、苏州太湖国家湿地公园、上海世博会苏州新馆、熊猫馆、杵山垂钓中心等。

此外，还有多条公交线路与有轨电车 1 号线接驳，互输客流，便于各方游客出行需要。如 353 路、37 路等 26 条公交的新线路已经途经有轨电车 1 号线的始发站“苏州乐园站”，322 路、310 路等 12 条公交线路也合理调整与有轨电车 1 号线沿线的纵向交叉。

特色观光车 2015 年 9 月 30 日，高新区“漫行西部”休闲旅游观光小火车、观光巴士开始运行。首批投入使用 8 辆 16 座的小观光巴士、4 辆无轨小火车。每辆小火车可承载 40 位游客，平均时速 20 千米。

2 条观光巴士线路分别为：马山线，在太湖大道的最西端经贡山路发往马山游客中心，线路全长 8.5 千米；苏绣线，在太湖大道的最西端经绣品街发往太湖湿地公园首末站，线路全长 8 千米。观光小火车则途经绣品街、绣馆街、东城路、绣湖路、太湖大堤，串联起苏州太湖国家湿地公园至马山游客中心，全长 7.5 千米，沿途停靠太湖房车露营公园、杵山垂钓中心、净园雅居、中国刺绣博物馆、绣品街等站点。

观光小火车

风土风情

镇湖千百年来属苏州吴县西部乡镇，三面临太湖，有其特有的风俗物产。诸如当地节令集会的生活风俗，蚕俗刺绣、渔俗造船的生产习俗，地方特产，方言中的谚语、俗语、歇后语等，构成镇湖人民生产生活的基础。一方山水养育一方百姓，一方百姓也由此形成清嘉朴实的民俗风情。

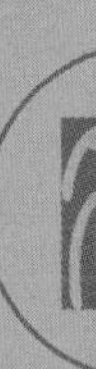

节令集会

北宋时期西华（今镇湖）已形成集市。在漫长岁月中，逐渐形成许多淳朴奇特的习俗，相沿已久。岁时节令、婚丧喜庆、闲时谚语、山歌等，都寄托着美好愿望。随着社会的不断变革和经济发展，人们生活习惯也发生了较大变化，许多传统习俗逐渐革除，旧习俗有的保留，有的在渐变之中。

岁时习俗

过年，时间从年夜饭的除夕夜开始，接着过春节、唱春、接路头、祭猛将、过元宵节。一般过了元宵节，才算过了年，然后上班，店铺开门，各干各的营生，逐渐恢复正常生活。

除夕夜 农历十二月三十日是除夕，又称大年夜。从这一天傍晚起，叫“过年”。为了阖家能团聚在一起，许多在外谋生的子女，都会事先采购好年货或礼物，千里迢迢在除夕夜之前赶回家团聚。家家举行家宴，叫作“吃年夜饭”，并且在本族或近邻中互相邀请吃年夜饭，话说“年十八”，意思是说要吃十八餐，以庆祝即将过去的一年，迎来新的更美好的一年。年夜饭的菜中必定要有鱼，并且不能全吃掉，民间称为“年年有（鱼）余”，张贴的桃花坞木刻年画中也有《连年有鱼》，以示丰年不断。年夜饭一般吃到很晚，大家还会聚在一起聊天守岁，等候新年的到来。0点前后，都在门外燃礼花、鞭炮，表达欢庆迎新之热情。家长还会在孩子的枕头下安放压岁钱，让孩子来年幸福成长。

春节 农历正月初一是春节的第一天，俗称年初一，家家晨起后要点放爆竹，意在送旧迎新，开门大喜。这天男女老少穿戴一新，结队逛街（旧时去赶庙会、烧头香），邻里熟人相见互道“恭喜发财”“新春快乐”等贺词。早上吃圆子、年糕，象征团圆和高升。这一天，不贸易，不借贷，不讨账，不扫地，不动刀、针，不杀生，不说不吉利的话。年初一不吃淘汤饭，怕以后出门常遇雨。年初二开始走访亲朋吃年酒。

唱春　正月里，旧时有唱春人（多为外地人，也有当地的渔民）来往，手拿敲板和乐器，唱的是民间小调，内容大多是祝贺新春或民间故事。逐门上户唱，还会给户主符印门神之类的贴纸，户主也会回送年糕团子等物品。20 世纪 60 年代后绝迹。

接路头　农历正月初五，乡人视路神为财神。路头菩萨也就是财神菩萨。清晨，各家各户都要敞开大门，放鞭炮接财神菩萨，盼望新的一年能发财致富。此俗至今仍流行。农家要给作物施肥，俗称“浇路头粪”，寓意能使作物获得大丰收。

祭猛将　俗称“抬猛将”。相传，猛将姓刘，作战勇猛，故有“猛将”之美称。据《太湖备考》按：而神名互异，迄今未考定。每年正月里，农民为盼望来年风调雨顺，除灭虫害，祈求丰收好年景，有抬猛将习俗，若年景不好，庄稼田里害虫多，也要祭猛将。

抬猛将一般以图（元初改宋乡、里为都、图，以都、图征收赋税）为区域，猛将老爷一年住一户，每年每户轮流住。轮到抬猛将的叫“当头”，这一年猛将老爷就供放在当头的家堂里，凑钱办酒席、请堂名、抬（待）猛将老爷等事务皆由当头操办，并要把到各户凑到的钱数和姓名刻在石板上，由当头轮流保存。猛将老爷神像由香樟木制作刻成，约 60 厘米高，笑眯眯和蔼可亲的样子，头扎布巾，身着蟒袍，赤脚（因为他也是要下田的）。猛将从上一家抬来后，坐在专备的轿子里，因为神像轻，故座下要放稻谷，一以压重，二示丰收。4 人抬轿，当头在前引导，二人跟随神像左右，行进路线由村庄西边出，东边进。一路上，一边有堂名（专门从事应酬唱曲之艺人组织的班子）吹打乐器，一边放着鞭炮，浩浩荡荡地行走，先到田头，后到村头巡视，最后进入新家。猛将老爷进入新家后，就开出“乱头斋”（人人都可以去吃斋饭），菜食很丰富。到七月初一，要把猛将老爷从神龛上请下来，给他烧香一个月，并在每块田里插上一面小的红或黄的三角旗，以示猛将老爷驱治蝗虫。

元宵节　又称上元节，到处张灯结彩，常以正月十三日试灯，正月十八日落灯，正月十五夜为正日。民间有“上灯圆子落灯糕”的习俗。圆子系用糯米粉搓制成丸子，加桂花、白糖煮吃，香甜而不腻。

窜龙灯　民国时期，邢旺村窜龙灯名震西华，那时每年都要赶庙会和正月十五闹元宵，有窜龙灯活动的习俗。以求来年风调雨顺，以保村民平安、生活美满的年景，是民间自发组织的一个重要传统活动，一直延续至 20 世纪 50 年代而停止。

撑腰糕　二月初二称“龙抬头日”，甘霖将临，即将开始春耕备种。农家以隔年所制糕油煎而食，称此为“撑腰糕”，说是吃了撑腰糕，“支持柴米凭身健，莫愁终年筋骨劳”。小孩也常在这一天争着去剃头，寓“龙抬头”意。

端午节 农历五月初五日是端午节，苏州过端午节，是为纪念伍子胥。伍子胥为吴地建造阖闾大城，即今苏州城，后来因吴王夫差听信谗言而被迫自刎。夫差又以马革将子胥尸体裹起，浮到江中，吴地人都对此悯怜之，为伍子胥建立祠庙，因此该处被后人称为胥山。吴地百姓为纪念伍子胥，每年端午节都要举行龙舟赛，家家都要包粽子，《清嘉录》在划龙船条写宗懔引邯郸淳《曹娥碑》说：“五月五日迎伍君，逆涛而上……”说这是东吴之俗。这是在纪念伍子胥，与屈原不相关。后来楚国统一吴越，此风俗因屈原名声大于伍子胥，因而传说是纪念屈原。民谚“立夏吃个粽，一夏健松松”，“端午吃个粽，老来有人送”。而今仍有些居民自家包粽子，农村尤为普遍。

冬至夜 俗话说“冬至大如年”，镇湖居民把过冬至看得比过年节还重要，有“肥冬瘦年”之说，相沿至今不衰。每年冬至夜，苏州有全家团聚吃冬至夜饭、喝冬酿酒的习俗，冬酿酒也只苏州一地有。冬至夜要祭祀祖先，家人外出者，也要给他放一副碗筷，以示团圆。民谚有“有铜钿（吴方言，铜钿：钱）吃一夜，呒铜钿冻一夜”之说。

集市

农村赶集上市场进行销售和购物，都有一定的集市。镇湖有传统的“赶陆上”（赶集）。1964 年，寺桥街成立贸易市场，“文化大革命”时期一度被限制。1979 年起，集市贸易重新得到和发展，设有集市贸易市场、小商品市场、工艺绣品市场。而具有传统风俗的是“赶陆上”。

“赶陆上” 即赶集，其实就是赶集上的俗称，这是传承至今的传统集市。最早是从禹王庙二月初四的庙会演变而来，称赶四“上”，初四一早，邻近乡村数千人都去参加庙会，顺便把家中多余的农副产品卖掉，再买些自己需要的油、盐、酱、醋和日用品回家。因为人多，单纯的庙会附带成了赶集。以后每月按农历逢一、二、三、四……九的日子，各镇自择一天，作为集市日，四乡百姓都来赶集。每 10 天一轮，就叫赶“上”。镇湖赶集的日子逢三，即每月农历的初三、十三、廿三为赶集日期。邻近商贩、商店均至集市设摊赶集售货，物资丰富，并有专门的猪（吴方言，猪称作“猪陆”）、羊交易场所，所以亦称“猪陆”。是日，农民将自家生产的蔬菜、瓜果、禽蛋用担或篮挑带入镇，走街串巷或在饭店酒馆门口临时歇脚设摊出售，无固定场所，价格随行就市。另有渔民和外地商贩摇船叫卖，方便群众购买。

集市在镇湖的老街西华街寺桥头，多年来商肆林立，商贸繁荣。有老同昌、潘永和、王永泰、稻香村、方同心、王宏泰等南北杂货、百货、山地货的店铺，兼营大米，中和堂、安德堂药店和同心店兼刺绣发放，布匹店、药店、席行、渔行、苗猪行、猪肉铺、铁匠店、饭店、馄饨店、大饼店、银匠店、铜锡器、水果行、棺材行、油漆店、茶馆店、旅馆、豆腐店、竹行、理发店等50多家。路面用石板、石片或砖铺砌，路宽1.50米不等，“晴天人碰人，雨天伞让人”，俗称“一步街”，赶集时更是人挤人。1958年，填塞东西向100多米长的镇中河道，并用石片铺砌，拓展到6米宽，街道两侧改建门面房，成为集居住、行政、商业、服务于一体的市镇主要街道。随着市镇的逐步建设发展，集市贸易场所几经搬迁。

庙会

传统庙会有相关禹王（大禹）的三大进香祭祀活动，祖师庙会，而东和禅院“轧仙人”庙会最盛。

祭禹 每年有正月“上昂”、清明“祭禹”及冬季“献鱼头”三期大进香，都源于治水的大禹,《禹贡》云：彭蠡既潴，阳鸟攸居；三江既入，震泽底定。正是大禹当年将太湖洪水循着三江等自然水道东流入海，才使太湖水不再淹浸周边民众的。故太湖边建有多处禹王庙，祭祀活动繁盛，其中尤以清明祭禹最为隆盛。正月“上昂”，是纪念禹王圣诞和祭鳌求福的祭祀活动。俗传正月初八是禹王生日，吴地有神诞庙会，在庆贺禹王诞辰同时，祈求鳌鱼不要兴风作浪，同时也祭祀庙内诸神，保佑渔民平安。活动从正月初八始，持续约半月。清明“祭禹”，是全湖渔民的公祭，由各香社统一安排实施。香期为7天，前3天祭祀，后4天娱神。冬季“献鱼头”，此时幼鱼已经长大，正是捕捞季节，渔民要将捕到的第一条大鱼献给禹王，表示捕鱼不忘本，祈求禹王保佑鱼汛丰收。

祖师报 新盛村有座祖师庙，坐落在新盛山东南山坡，坐北朝南。庙宇有前后各5间房屋，前后两殿中间为大天井，天井的东西两侧有双开间厢房。后殿东一间和东厢房为和尚寮房和斋堂。庙宇内前殿塑有王灵官，后面大殿正中塑有祖师爷神像，祖师爷是指道教真武帝（亦称玄武大帝，司水之神）。东塑十八罗汉，西塑“公子先生”，传说公子先生是医生，因为当地百姓治病救人有名声而塑像纪念他。天井中间安大香炉，天井两侧厢房为观音堂，塑有千手观音菩萨。20世纪60年代后期，拆庙宇建造村办小学校，所剩庙宇后建成生产队仓库。20世纪80年代后期，逐渐恢复过三月初三活动，新盛村百姓自发筹集资金，在原庙基地上搭建两间5架头房为庙宇，内塑祖师爷、观世音、王灵官等像。20

世纪 90 年代以来，沿袭旧时三月初三抬祖师爷的习俗，并请堂名奏乐唱戏。

每年农历三月初三要抬（待）祖师爷，请一、二班堂名唱戏。三月初三日早饭后，先由 4 人请祖师爷从神位上下来，安坐入轿中，抬着神像由东向西，在新盛村范围的田间巡视一周，堂名一路吹打乐器，有人一路燃放鞭炮，以示镇邪除灾，来年太平之意。返回后，请祖师神像归坐神位，堂名开始奏乐唱戏。镇湖地区的人，凡是新盛有亲眷的，都会到新盛赶庙会，山坡上、街巷里都挤满人群，小商小贩摆着摊位，有各种小吃、水果、捏糖人、玩具、香烛等叫卖，场面相当热闹，新盛村的人像过新年一样地接待亲眷朋友喝酒吃饭至深夜。

这一天，常常是刮风下雨天气，百姓中有谚语："三月初三（太阳）晒得沟底白（麦田间排水沟底的泥土被太阳晒得干白），田里麻秆籽草要变麦。"

轧仙人 相传苏州一府台家女染病，请医久治不愈，后经乡医李怀春用针灸治愈，府台欢悦，欲以厚报，经查知李怀春已故。为了纪念他，在大新桥东堍造"东和禅院"，塑有"李仙人"神像，民间亦称李仙祠、李仙人庙。始建于清乾隆五十三年（1788），1916 年重建（庙院两侧围墙上嵌有两块石碑上刻有建造、重建年代和筹款等事项）。20 世纪 60 年代，庙宇被改建成粮食加工厂，20 世纪 80 年代后期，加工厂关闭后，由百姓自发组织筹集资金，基本恢复旧时结构和习俗。庙前东有一棵银杏树，经苏州市、高新区科研工作人员裁定，树龄 1400 余年，为国家一级保护古树；庙前西侧建有花架棚（近年重建），是供香客休息喝茶的场所。

传统吉庆风俗

每年农历七月廿四日是李仙人生日，在大新桥东和禅院（俗称“仙人庙”）举行“轧仙人”活动，盛况为最，成为一年一度的庙会。镇湖一带和邻近乡镇的百姓都去烧香，人山人海，香火兴旺，人挤人，人轧人，买卖各种商品和食品小吃、玩具，从早晨至深夜。从农历七月廿三午后至廿四日正日，持续两天。

由于轧仙人的习俗影响很大，周边许多自然村村民都不过七月半（传统上七月十五日过鬼节），涉及的村有大新桥、小新桥、孙舍、外浜、里浜、湾斗里、前庄、中庄、后庄、望湖桥、东浜上、木桥头、吴家山、东城、沙文桥、南庄上、同沙渠；东渚镇的中村、新苏、小市上等社区和几十个自然村庄。为迎接农历七月廿四日轧仙人节日的到来，村民从农历七月二十日开始就筹备丰盛菜肴，李仙人庙的新桥村更是家家户户像过年一样丰盛，设宴招待亲眷，热闹非凡。“文化大革命”期间停止庙会活动。20 世纪 70 年代后期，庙会逐渐恢复，近几年更为热闹，尤胜旧时习俗。

生产生活习俗

蚕俗

《太湖备考》卷六“风俗”载：太湖流域“以蚕桑为务，地多植桑。凡女未及笄，即习育蚕。三四月谓之蚕月，家家闭户，不相往来”。有敬蚕神、赞蚕花、扎蚕花、接蚕花、撒蚕花、蚕生日、蚕花榜等。有《炙箔竹枝词》：“蚕性从来最怕寒，筐筐煨靠火盆边。一心只要蚕和暖，囊里何曾惜炭钱。”《窖茧竹枝词》：“茧子今年收得多，阿婆见了笑呵呵。入来瓮里泥封好，只怕风吹便出蛾。”《缫丝竹枝词》：“煮茧缫丝手弗停，要分粗细用心情。上路细丝增价买，粗丝卖得价钱轻。”比较重要的仪式体现在养蚕的一头一尾。

洒布种 开始是洒布种。以前，蚕卵都是产在布片上的，到十二月十二日这天，先泡浓茶喷洒在这些布片，或在布片上撒上盐粒，然后将蚕种收藏好。到农历二月二十四，再将蚕种取出，掸掉盐屑，将布在河里漂洗一下，晾干后再次收藏起来，到谷雨时，就可以在这些布上收蚁蚕了。据说经过这一仪式后，蚕病就少，蚕花可望获得丰收。每年农历十二月十二日，养蚕人都要准备酒菜鲜果祭祀灶神，祈祷蚕桑丰收。

催青 旧时春分时节，蚕农将蚕种放在柴灶烟道上烘暖，或贴身焐热，使之孵化。蚕事分春、秋两季，春蚕为重，故有“春蚕半年粮”之谚。春季催青一般在农历三月十八日开始，蚕家要敬蚕神，贴蚕猫图。蚕猫图有买桃花坞木刻年画的，也有自家用红纸剪成猫形窗花的，作用是吓唬老鼠。贴身焐化蚕种的蚕娘，身穿棉袄，昼夜不脱，将蚕焐在胸口。蚕娘须清除杂念，已婚妇女要单独睡眠。此时开始，蚕户闭门谢客，蚕门上方贴套红纸印“蚕花榜”，告诫旁人不得入内。

眠起 蚕休眠醒来食桑叶，称为“起”。从蚁蚕孵化起，约三昼夜为头眠，农谚曰“三日三夜拔头眠”。二眠为蚕醒来吃桑叶又一个三昼夜，再次进入休眠状态。二眠起之后，再过三四天，蚕进入三眠。此时蚕体渐大，气温渐暖，一般都撤去炭盆，所以俗称三眠为“出火”。三眠过后，再喂养四五天，蚕进入第四次休眠，也就是“大眠”。大眠起后，是蚕食桑叶最盛阶段，连喂七八天，蚕体渐趋成熟，通体晶莹透明，开始不食不眠，就要上簇了。

上簇 俗称上“山”。“山”用稻草扎成簇，供四眠后的蚕在上面吐丝结茧。上蔟后蚕农家恢复串门，互相祝贺，称“望山头”。采茧后蚕农家打开门窗，称“蚕开门”“开门见山”。从催青到上簇这一个多月时间，蚕农家，尤其是蚕娘对蚕呵护之小心，侍蚕之辛劳，民国《吴县志·风俗》有全过程阐述：

蚕在初期，要用以衣衾覆盖蚕种，昼夜按照其寒暖的不同，不能使冷热过头，过则有伤，这是“护种”。到蚕初生出来，则火炙桃叶散布在上面，候其蠕蠕而动，濈濈而食，然后以鹅羽拂之，这是“拂乌蚝”。蚕开始能食了，就积炭安置在筐下，并

蜕皮之蚕

过了“大眠”期的蚕

在其四围剉桑叶如一缕缕的，提供给蚕食；又需上下抽番昼夜巡视，火不可烈，叶不可缺，火烈而叶缺，则蚕饥而伤火，这是使蚕病之源，然而又不可太缓，缓则有漫漶不齐之患。编经称“蚕荐”，用来围火，恐火气散失。束秸称“叶墩”，用来作墩板以承受刀切桑叶，是防止切桑叶声音太响。看火候而提供食桑，三四日而蚕眠，蚕眠则适宜。眠一二日而起，起则提供桑叶给蚕食，这是“初眠”，自初眠而至二眠，自二眠而至三眠，这个方法都一样。三眠后天气渐暖和，可以将炭盆撤去，这是“出火”，自此蚕离于火，而桑叶不再用刀切了。又四五日称为“大起”，大起则开始将蚕分箔，早了则足伤而丝不光亮荣生，迟则气蒸而蚕多湿疾。又六七日称为“熟”，要巧为蚕登蔟，巧为蚕用叶盖，称之为“贴”，巧验蚕是否还在吃桑叶。束稻秆做成蚕蔟盖着，称“冒山”，济助蚕还能不能上山结茧。风雨而寒则贮火其下，称“炙山”，晴暖则不用火，三日后可把门窗打开，称“亮山”，五日后可去掉垫席，称“除托”，七日而采茧，称为“落山”。落山之后，或盈筐满箧，持往市场销售，或自己炙抽丝，藏诸箱盒竹器中等待使用的时候。

养蚕禁忌 养蚕有不少禁忌，如不能在蚕室周围锄草，因为草代表蚕花、蚕运；蚕入眠时，不能在地里浇粪，因为“粪”“分”同音，怕蚕分心，眠不安稳；炒菜时不能起油锅，不能食蒜韭；忌说“死”（死蚕要悄悄带出，不可言说）、“姜”（避僵蚕之讳）、“油”（避油蚕之嫌）、“葱”（以免犯冲）；酱油、豆腐，改称“黑塌塌”“白肉”，这是讳蚕生酱油病、烂蚕（“腐”与“烂”同义）；用吉利寓意替代某些言语，如用“长头”或“头高”代“笋”（谐音“损”），吃笋叫作“吃长头”；蚕室内倘发现蛇，要说“青龙来了”，因为蛇是传说中的神蚕（龙蚕），龙蚕显身，主蚕茧丰收；倘闭门谢客期间有外人闯入，外人一走，主人要取一束稻草扔到门外，以示晦气给丢了出去。

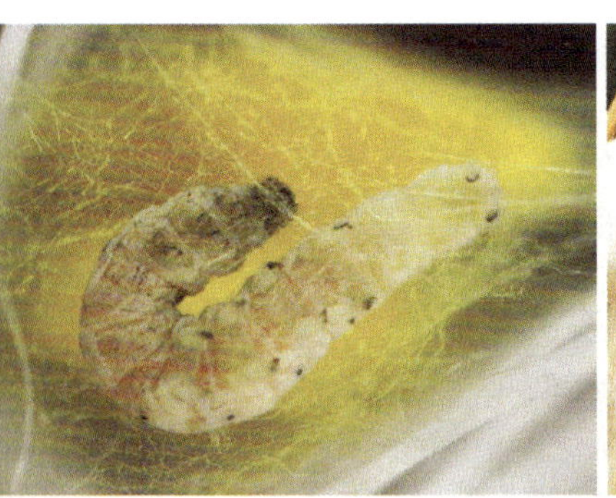

蚕“上山”吐丝

蚕吐丝结茧

蚕蛾产籽

据说经过以上一些仪式后，蚕病就少，蚕花可望获得丰收。蚕上山结茧时是“望山头”。各家的至亲好友都来“望山头”，相互探望，互送礼品，预祝蚕花收成好。

刺绣拜师 旧时学徒拜师，须备“红毡毯、蜡烛灯、敬师酒”，程序为：首先由师徒向祖师及其保护神行叩拜礼，然后由徒弟叩拜师傅、师娘，并向师姐妹行礼。3 年期满，徒弟要办谢师酒，由师傅介绍“第一个门槛”，否则，任何绣庄都不能收。绣业祖师为“露香园顾绣”的创始人顾名世，绣娘逢年过节都会向他敬香上供。过去镇湖刺绣业中的拜师主要是人物开相，而且是男工。市桥村 10 组村民丁纪元，其父丁志荫（又名“水生”）13 岁去苏州城内养育巷拜王福泉（镇湖西洋村人）为师，学人物开相。出师后收府康福、卢水士、姚凤年 3 人为徒，长期从事绣品《百子图》的生产和销售。同村濮才元，也到城内王福泉处拜师，艺成后回家成婚，第二年传艺给妻子陆荣林、弟媳赵尤珍，从事绣《百子图》《观世音》等。儿子濮春海成婚后，儿媳姚凤珍也得到公婆传授开相技艺。过去开相技术在家庭中一般只传子不传女，防止外传。自从濮家开始传女，这个旧习俗就不再沿袭。现代一些绣女要进一步提升自己的技艺水平，必须拜师学艺，于是纷纷单独找城里刺绣大师拜为师，学艺深造，其中也有举行正式拜师仪式，叩拜敬茶，举办酒宴的。

渔俗

由鱼而衍生的渔俗，包括渔谚、渔歌、传说、渔民服饰、禁忌、信仰、婚丧礼仪、生活习惯、娱乐，等等。

造船 上山村是镇最西部的行政村，东与大连村接壤，南、西、北紧靠太湖，地处镇湖半岛顶端。面向三万六千顷太湖，是观夕阳西下太湖瑰丽奇景好去处，俗称“峧嘴”。自古以来，上山村船匠较多，在浙江湖州、江苏无锡、宜兴等地太湖渔民中，统称其为“峧嘴匠人”。1953 年 3 月，三洋敞滩私人合股兴办造船厂，工匠 40 多人，由姚才岳、姚凤伯、姚桂林等牵头，打造的船只有小划船、舢板、三桅（风帆柱）船、五桅船、七桅船。七桅船造价为米 90 担。因峧嘴船匠打造的船只行驶速度快、质量好，常有苏州车坊、郭巷、浒关、葑门及浙江长兴等地来人请去指导。1955 年春实行合作化，被并入光福造船厂。20 世纪 80 年代后，船只折价给个人，并在太湖浅水滩围网养殖，三洋的丁家、敞滩办 2 家小型船厂，自产自销。2015 年年末，全村有捕鱼船 115 艘，捕养总产量 94.5 吨。

新船下水 太湖渔民习俗给人以非常深刻的印象。如“扎喜”，凡新船下水，当天

太湖捕鱼

清晨，船主要在船头举行隆重的祭祀湖神仪式，所祀之神有龙王、天妃娘娘、伏羲、大禹王等，其中大禹王最受太湖渔民崇敬。然后，由工匠高诵吉利的话，在船头正中钉四枚挂着红绿绸条的八角形“扎喜钉”，又叫“利市钉”，以“驱邪求吉”。其时，船主要向工匠们发喜钱。钉扎喜钉的同时，船梳、船舵、船舱内外都要贴上大红对联，内容都是吉庆的。装饰一新的舱内要放各种食品，其中一盘“红饭”（糯米赤豆饭）必不可少，寓意红红火火。鞭炮声中，工匠再次高诵口采，船主再次发放喜钱，众人合力将新船推拉入水，亲友从船尾向船头泼水，高喊“顺风顺水”，最后是船主请宾客吃“顺水酒”，向众人赠送“兴隆馒头”“定胜糕”。

渔民禁忌 太湖渔民禁忌在太湖渔俗中占着很大成分，太湖渔民忌讳说“翻”，忌做与翻身有关的动作。打翻东西，只能说“泼落”；在船上揭锅盖、起舱板、晒鱼筐鱼篮，都不可将其翻转；吃鱼吃完上半片（吴方言：上半部分）须将鱼骨去掉，再吃下半片，绝不能将鱼翻过身来吃，因为这暗示翻船；夹鱼时，不能将筷子伸到鱼身下，否则触犯“船底戳洞”的忌讳；吃好饭，不能将筷搁在碗上，否则意味船要搁浅、触礁；第

渔家春风里

渔帆倒影中

一网捕到鲤鱼，是大吉大利，黑鱼寓“黑心”，为特大吉兆，当天将有大捕获，白鳃鱼则被认为触霉头，一天将白辛苦，要立即一刀剁掉鱼头，破此恶兆。家有丧事不能用鲢鱼，以避“连”字（连着死人），婚宴不用鲤鱼，避“离”字（离婚），而用鲢鱼（喜事连连），等等。明陆容《菽园杂记》就有这方面的记载：“民间俗讳，各处有之，而吴中为甚。如舟行讳‘住’，讳‘翻’。以‘箸’为‘快儿’，‘幡布’为‘抹布’。讳‘离散’，以‘梨’为‘圆果’，‘伞’为‘竖笠’。讳‘狼藉’。以‘榔槌’为‘兴哥’。讳‘恼躁’。以‘谢灶’为‘谢欢喜’。”

渔民服饰 太湖渔民服饰的地方色彩相当浓郁。男性渔民普遍穿“包裤”（又称“灯笼裤”），蓝土布缝制，厚实耐穿；裆深腰大裤管肥，方便蹲、起。包裤可正、反穿，裤腰下有深插袋，宜于严冬手插入保暖。夏季穿褐色拷布短裤，拷布质轻，耐穿，凉快，洗后易干。上身穿背心，或赤膊。一年四季戴帽子，夏天戴草帽，其余三季戴羊毛毡帽。冬天作业，穿厚土布袜、全木制成的“木靴”。女性渔民常年穿毛蓝土布“作裙”，上衣一般为大襟短衫，斜襟至腋下。太湖渔家女偏爱色彩鲜艳的大花朵衣服。包头巾一般用青土布制成，考究的是色彩鲜艳的“拼角包头”，用深浅不同的花布镶拼而成。渔家儿童戴虎头捂兜帽，“虎头”有两个大耳朵，帽后延长成琵琶状，直拖到背后，防风保暖性极佳。

渔民娱乐 太湖渔民常年生活在湖上，在难得的空闲时间利用舟船、渔具进行娱乐活动，带有突出的水上特色。抱挠杆：挠杆是顶端装有铁弯钩的长竹竿，在捕捞时起钩、扎作用。比赛时两人各执一挠钩，两个铁钩扣住，如拔河，比谁的臂力大。牵绳：两人间隔二三米站船头甲板上，各攥绳索一端，将绳索绕各自腰部一圈，用拉、牵、扭、放等方式，迫使对方双脚移动，移动者输。爬桅：太湖大船主桅高达15米，几条大船上，几人同时徒手攀爬主桅，先到桅顶为胜。拔撬头：撬头板是安装于太湖大船船头的长方形活络板，可拔上拔下，此项比赛看谁拔得快、装得准，是一项竞技竞力兼顾的娱乐活动。摇舢板：除了力气，主要看摇橹的技巧，若干小舢板齐头出发，最先到达终点者胜。

摇舢板娱乐的扩大版是太湖竞渡，梁任昉《述异记》记载：吴王夫差作天池，造龙舟，日与西施为水嬉。太湖有龙舟，始于夫差。农历五月初五端午节，各地都有划龙舟、赛龙舟活动，太湖谓之“龙舟竞渡”。吴曾《太湖竞渡》对太湖龙舟竞渡作这样的描写：“人汹汹，鼓逢逢，风生水面云行空，湖中夭矫来群龙。黄头绝叫龙争怒，撇浪翻波爪牙舞。初时散若鹅鹳翔，忽张两翼环如堵。银涛堆里一声钲，掉尾归来荡桨轻。一龙前导后鱼贯，红黄碧绿旗分明，奇哉！疾徐进退仿佛如军行。”

船上渔家乐

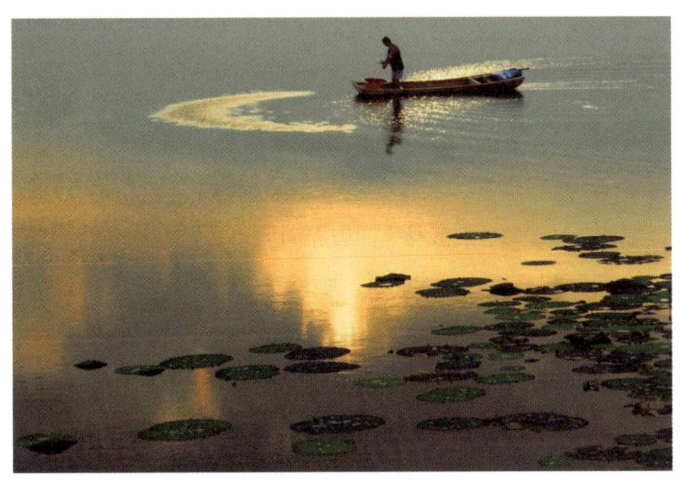

晚霞中收获

捕鱼 镇湖半岛伸入太湖中，人们居住太湖边，水产便是天赐特产。素有“太湖八百里，鱼虾捉勿尽”之说。除了著名的“太湖三白”和太湖蟹，还有鲤鱼、鲫鱼、青鱼等106种鱼类。鲤鱼，《吴邑志》称“诸鱼中第一”，《姑苏志》赞其“味佳”，出水田者最肥，冬日味尤美。苏州人有“寒鲫夏鳗”之说。鲢鱼，有花鲢、黄链、白鲢、血鲢数种，花鲢味在头；白鲢味在腹；青鱼尾最美。民国《吴县志》对其评价是：“今荡鱼以此为最美，腹中脏亦美。”另有一种不起眼的太湖小鱼鳑鲏鱼，体长仅6～7厘米，味道十分鲜美，油炸、烧咸菜，都是绝佳下酒菜。捉鳑鲏鱼很方便，渔民利用它吃的习性，在撑网（用两根细竹竿将一米见方的细网四角撑平）中放上碎蚌肉，沉入湖里，鳑鲏鱼就会争先恐后涌入网中。马山村历来有捕鱼的传统习惯，使用钩、扎浮虾笼、罾、鱼枪、撞笼、船只等捕鱼工具，亦农亦渔，以农为主，以渔为辅。根据太湖开捕节后即入湖捕鱼。20世纪90年代后，马山村村民以捕捞和沿太湖围网养殖相结合。据不完全统计，2000年年末，马山村村民拥有捕鱼船只112艘，沿太湖围网养殖（蟹）面积2100亩，全村个体捕鱼和养殖总量131.5吨。

造房

苏州处于水网地区，城内街道常与河道并行，农村也多伴河而居，旧时农村建房造屋有一套仪式，以及相应的风俗习惯。

太平向 旧时建房之前，一般要请看风水，根据房主人一家和左邻右舍的生辰八字来推算，选择宅基地方向（定向）和确定建屋日期（择日）。方向要坐北朝南，略偏西2～10度，谓之“太平向”。定向时放鞭炮驱邪，然后画线，并在地中央挖一小洞，洞内埋一块石头或银钱作为镇宅。

上梁 山墙砌好后，将正梁搁在山墙尖顶上，称上梁。这是建房中最重要的环节，要举行隆重的上梁仪式。把红绿布条挂上梁，或用铜钱和红绿彩带编成的饰物如“招财进宝”“刘海撒金钱”等图案，或“福”“吉星高照”“福禄寿”等字样，安放在明间的脊檩中间，谓之“布彩”。布彩时又要唱喜歌：“红绿生来千根纱，亲朋买来送主家，左边飘来灵芝草，右边赛过牡丹花。灵芝草，牡丹花，江南号称第一家。”

安梁 上梁后把桁条用叉提升上去，称为“叉梁”。一根根桁条安装到梁架上去，名为“安梁”。叉梁时唱的喜歌是：“手拿千里叉，叉上万年梁，一叉叉到半虚空，摇摇摆摆像金花。”在上桁条之前木匠随带一壶酒，待最后一根正梁上好后，即用酒浇梁，唱道：“手擎银壶亮堂堂，请来师傅到府上，瓦木师傅带喜来，正遇吉辰双浇梁。”浇梁也是重要的仪式，工匠唱喜歌，称为“大浇梁喜话”。浇梁完毕，木匠在中天柱（脊柱）上靠一张梯，然后头顶一只盘子，盘子里放铜钿、糕团馒头，一步步爬上去，边爬边唱：“手扶金梯步步高，一步高，二步高，芝麻开花节节高，祝贺主家千年富，儿孙满堂红光照。”木匠登高后，用一根红线扎好包袱，从上面放下来，向主人献宝。包袱或红纸包内放一支压发（如意簪）、一块米糕、一个馒头。房主夫妇手捏红毡毯或红被面“接宝”，房主人一定要抓牢，不可脱手，方为大吉大利。余下的兴隆馒头、定胜糕、鸡鸭血染的铜钿，在爆竹声中抛下来，供人争抢，此所谓“抛梁”。抛梁预兆主家日日兴旺，捡到抛下的物品亦交好运。抛梁将上梁仪式推到高潮，匠人口中唱道：“抛梁抛到东，主家洪福乐无穷。抛梁抛到南，养个官官中状元……”抛梁完毕，主人发喜钱，请吃上梁酒，也有在当日晚上，房主宴请全体水木作工匠和前来帮忙建房的亲戚、邻里。亲友邻居送贺礼的件数、样数要成双。

南方人讲究厨房要亮些，晨起烧饭方便。卧房须幽暗，富不外露，贮藏钱物心里踏实，便于安睡。有“亮灶发禄，暗房聚财”之说，此特点称为“明灶暗室”。

祭祖 新屋建成，旧俗进屋之前，先要在灶上烧“发禄火”。连续烧水直到把灶烘干，也有的第一次点火要炒蚕豆，称“头头利市”（豆谐头）。进宅要祭祖宗，即家神，家神是一家的守护之神。祭后把祖宗灵牌搬到家堂，即放祖宗牌位的木龛，挂在明间后间顶上。祖宗牌位安置后再祭宅神，宅神是保护家宅安泰之神，祭毕，方可搬家具进宅。

地方特产

镇湖地处太湖半岛，受太湖小气候调节，湿润温暖，水源充足，有山，有水，有平原，为动植物的生存、繁殖提供了优越的条件，因此境内动植物种类较多。湿地复杂多样的植物群落，为野生动物尤其是一些珍稀或濒危野生动物提供了良好的栖息地，是鸟类、两栖类动物、鱼类的繁殖、栖息之所。

镇湖物产中，还有一些是地方特产。游湖在镇湖之滨，也有湖鲜出产，即“太湖三白”和“水八仙”。“太湖三白”是指银鱼、白鱼、白虾，“水八仙”是指茭白、莼菜、菱角、塘藕、芡实、荸荠、慈姑、水芹。2015 年年末，镇湖水产养殖和捕捞的总产量为 1780 吨。

镇湖太湖银鱼

太湖鳗

太湖银鱼 银鱼形如玉簪，细嫩透明，柔弱无骨，色似银白，因与白鱼、白虾并称“太湖三白”而名闻天下。春秋时期已盛产银鱼。宋人有“春后银鱼霜下鲈”的名句，将银鱼与鲈鱼并列为鱼中珍品。清代康熙年间（1662—1722）列为贡品。品种有大银鱼、雷氏银、太湖短吻银鱼和寡齿短吻银鱼 4 种。前两种长约 15 ~ 20 厘米，后两种长 8 厘米左右，肉质以后者为上品。太湖银鱼肥嫩鲜美，含有丰富的蛋白质、多种维生素和其他营养成分，且脂肪含量低，被日本人誉为“鱼参”。每年 5 月上市，“洞庭枇杷黄，太湖银鱼肥”。习惯吃法有银鱼炒鸡蛋、银鱼炒韭菜、银鱼烧豆腐、银鱼包饺子和氽汤等。镇湖是太湖银鱼的主要产地之一，年捕捞量 10 吨左右。是中国重要的出口水产品之一，“太湖牌”冰鲜银鱼在日本享有名牌声誉，银鱼干远销亚洲与欧美诸国（《吴县志》，上海古籍出版社，1994 年）。

太湖白鱼 学名翘嘴红鲌，又称翘白、白条等。分类上隶属鲤科、鲌亚科、红鲌属，为中上层大型广温性淡水经济鱼类。《太湖备考》卷六物产载：“叶氏《避暑录》云：‘太湖白鱼，实冠天下。’吴人以芒种日谓之入霉，后十五日谓之入时，白鱼至是盛出，名‘时里白’。”太湖白鱼，口正上位，口裂垂直，下颌肥厚有力，急剧上翘而得名翘嘴；鱼体细长，鳞片小而白，腹部银白，背部青灰，燕尾又得名白条、翘丝等，都与其白身特点紧密相关而得名。体狭长侧扁，细骨细鳞，银光闪烁，是食肉性经济鱼类之一。目前尚未养殖，主要依靠天然捕捞。白鱼酷似鲥鱼，是太湖名贵鱼类。其肉质洁白细嫩，味道鲜美，鲜食或腌制均可，为大众所喜爱。近年来，也是池塘养殖和垂钓新的优良品种之一。2015 年捕捞 1 吨。

镇湖太湖白鱼

清蒸食用原料：太湖白鱼、姜、盐、酒、生抽、糖。制作方法：将鱼剖肚洗净，在鱼身上斜切口，用少许姜、盐、酒腌 10 分钟；蒸锅烧水，水开将鱼放入锅中。大火蒸 8 分钟；鱼蒸好，倒掉蒸鱼多出的水分；用生抽、糖、凉白开水兑 1 碗汁，加热 30 秒，浇入鱼盘中；撒葱花于盘中，烧热油淋在葱花上即可。

太湖梅鲚鱼 明沈德符《万历野获编》中记载，从明朝洪武元年（1368）起，“太祖命每年岁贡梅鲚万斤”。故梅鲚鱼又称“贡鱼”，也被誉为“太湖三宝”之一。它体侧扁，尾尖，形似竹刀，银白色，因其尾部分叉，短，呈红色，尖细窄长，犹如凤尾，故又称“凤尾鱼”，是太湖名贵的鱼类品种，产量占到太湖鱼产量的 40%，也是食肉性鱼类的天然饵料。鱼头大，骨嫩鳞细，银光闪闪，肉质肥嫩，一般长 6 ~ 12 厘米，隔年的刀鲚可长达 30 厘米左右。梅鲚鱼肉质细嫩鲜美，营养丰富，其嫩骨与卵含有大量的钙质，是人脑和骨髓的滋补佳品，被视为席上珍品。鲜食能清炖、红烧、糖醋等。太湖生产的梅鲚鱼，小部分供应市场，大部分晒干后远销，还加工成烤梅鲚、鱼糜和罐头制品等。梅鲚鱼旺汛为每年 8—10 月。1996—1998 年的 3 年间，镇湖镇上山村晒梅鲚鱼干、鲜梅鲚鱼量达 55 吨。现年产量在 15 ~ 20 吨。

太湖白虾 据清乾隆十五年（1750）《太湖备考》卷六物产记载："白虾，色白而壳软薄，梅雨后有子有盲更美。"白虾没有专门汛期，每年5—7月中下旬，是白虾产卵旺季，也是捕捞旺季。此时的虾腹中虾籽饱满，渔民称"蚕子虾"，百姓称"带子虾"。

煮熟之后，即变为淡红色。太湖白虾主要生长在太湖开阔的水域里，尤其以水草众多，风平浪静的浅滩为最多。白虾以植物细片、有机质残渣和弱小无脊椎浮游生物为主食，生命娇弱，离水即死。太湖白虾的捕捞季节与梅鲚、银鱼相差不远，通常农历六七月间是吃虾的时令。这时上市的白虾，苏州人称为"三虾"：虾籽饱满、虾脑充实、虾肉鲜美。太湖白虾的捕捞作业，主要与梅鲚、银鱼同时捕获。春季早批产卵孵化出的幼虾，经过两三个月，六七次蜕皮后，至农历六月中下旬长成大虾，农历八月底即可成熟产卵。

白虾俗称"水晶虾"，其虾壳极薄，通体透明，晶莹如玉、肉嫩味鲜、营养丰富，可烹制百十道菜肴。著名的"醉虾"，上桌后还在蹦跳，吃在嘴里，细嫩异常，鲜美无比。太湖白虾营养丰富，每100克虾含蛋白质20.6克，脂肪0.7克，还含有钙、磷、铁和维生素A等多种营养成分。镇湖在二十世纪七八十年代年产白虾1吨左右，2000年1.35吨，2015年0.35吨。

太湖大闸蟹 太湖蟹历史悠久，元代高德基《平江纪事》载："吴中蟹味甚佳，而太湖之种差大，壳亦脆软，世称湖蟹第一。正月上元，渔人所藏看灯蟹，三四只重一斤，风味殊胜。故陆龟蒙有《蟹志》，傅子翊作《蟹谱》，高似孙撰《蟹略》，皆发挥蟹族之风致也。"当时所产湖蟹很有名，每年秋后，湖蟹上市。卫顾德《恕庵石湖棹歌》描述："湖光荡漾水波清，中有鱼虾两并生。稻蟹上时夸特产，著名金爪别阳澄。"诗后原注："湖蟹以金爪著名，与阳澄有别。"这就使人们认识两处蟹有所区别了。太湖湿地生态大闸蟹节，与阳澄湖蟹节平分秋色。近几年来，内塘、太湖周围网养蟹面积渐增，至2000年，镇湖内塘养蟹500亩，产蟹1.75吨，太湖周围养蟹8400亩，产蟹33.643吨，年产共35.393吨。由于太湖水源波清，水产丰盛，污水少，为螃蟹的生长发育提供了良好的环境和条件，出产的太湖蟹十分鲜美，市场上逐渐打出了"太湖蟹"的牌子，精明的食客也选中了货真价

太湖蟹

贡山茶场

贡山茶

实的太湖蟹。2015 年年产 53 吨，出口 83 吨。

贡山茶 是镇湖特产，茶叶产于贡山岛，故名。贡山岛四面环水，气候温和湿润，土壤深厚、肥沃、疏松，林木茂盛，空气清新，且太湖空气湿度高，无污染，极利茶树栽培生长。1958 年，建立镇湖贡山林场，进行护林和种植茶树，1980 年获江苏省茶叶评比第三名。种植有“人白茶”“鸡坑”“槠叶种”等优良品种，茶叶质汁清香、甘醇。

雨前青茶制作精细，外形似毛峰，秀丽带曲，茸毫明显泛白，汤色清澈透明，清香纯正，甘醇鲜爽。3 月 20 日开采的明前茶，一个熟练的采茶工一天仅能采摘 0.5 千克，制作 1 千克上好雨前茶叶约需 5 万～6 万个叶芽，价格最高 1000 元左右。由于镇湖贡山茶知名度的提高，使镇湖茶树种植和茶叶生产迅速发展，上山、马市、杵山、市岸等村均投资种植茶树。贡山茶叶嫩肥厚、经久耐泡、味醇甘美、香气浓郁、汤色金黄透亮，是茶中珍品；贡山茶拥有优越的生长环境，无污染源，更是绿色食品中的一乘佳品。2015 年年末，贡山茶种植面积 319.5 亩，年采茶叶总量 20 吨。

镇湖黄桃 是镇湖的特产水果。据权威部门检测，镇湖黄桃的糖度最高可达 18 度，

镇湖黄桃

镇湖黄桃林

平均值在 14 ~ 16 度，非常甜美。大多数人对黄桃的印象或许还停留在黄桃罐头上，是因为黄桃果肉非常结实，适合加工，所以大多拿去做罐头。而新鲜的黄桃不但个大味甜，更是营养丰富。贡山地理环境优越，气候温暖湿润，四季分明，雨水丰沛，土壤以黄泥土为主，适合桃树的生长，为培育优质镇湖黄桃奠定了基础。2015 年年末，镇湖黄桃种植已具规模，总面积 975.5 亩，据不完全统计，年产量 1463.5 吨。

金丝雪菜 雪里蕻鲜菜经过腌制和加工而成为金丝雪菜。镇湖有 400 亩优质雪里蕻鲜菜无公害种植基地。

金丝雪菜主要原料为传统的雪里蕻鲜菜，产品的主要特点是：鲜嫩爽脆、咸酸适中、口味独特、使用方便、保质期长。金丝雪菜主要销往苏州、无锡、常州、上海等地。2015 年年末，年产量 500 吨。

缂丝 缂丝始于宋代。明代，缂丝除南京、北京有生产之外，苏州已是主要产地，最负盛名的是齐门外陆墓镇，盛产各种精美的缂丝产品。名匠朱良栋、吴圻缂丝的优秀作品现藏北京故宫博物院。缂丝为中国特有的丝织手工艺。民国年间，全国缂丝只有苏州陆墓、蠡口、光福（含镇湖）一带保持少量生产，传承至今。2006 年 5 月，苏州缂丝织造技艺入选第一批国家级非物质文化遗产名录。2009 年 9 月，缂丝又作为中国蚕桑丝织技艺入选世界非物质文化遗产名录。代表性传承人有王金山、王嘉良、王建江、吴文康。

苏州缂丝以制作精良、浑朴高雅、艳中具秀而著称。缂者，缂织也。缂丝技艺，是“通经断纬”的织造操作，织法奇特，被称为“织中之圣”。苏州缂丝织造时，以细蚕丝为经，先架好经线，按照底稿在上面描出图画或文字的轮廓，然后对照底稿的色彩，不

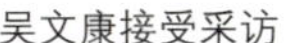

吴文康接受采访

吴文康缂丝《牡丹》地屏

停地变换各种颜色的纬线梭子，用小梭子引着各种颜色的纬线，一色一梭地在图案花纹需要处与经线交织，进行断纬织造，故纬丝不贯穿全幅。织成后，当空照视，其花纹图案，有如刻镂而成。因而又称为“刻丝”。苏州缂丝成品正反如一，与双面绣有异曲同工之妙。绣品街343号有文康缂丝苑艺术馆，馆主吴文康所设苏州西部缂丝厂，被江苏省民间文艺家协会授予“江苏省缂丝传承基地”称号。30多年来，他已经复制开发出百余种缂丝名画和织物。

美食小吃

水鲜蔬菜 镇湖美食在于水鲜特产，靠水吃水，这里一年四季都有不同时令的水鲜，而且还有水生蔬菜“水八仙”，两者搭配，营养丰富，口味更美。

这里有“太湖三宝”、肥甲鲜蟹、船菜水席、金桂稠酿、莼羹糯糕，有腌笃鲜、八宝鸭、松鼠鱼、香油鳝、酱汁方，这里有外婆酒酿饼、撑腰糕、青团子、荷叶饭等。镇湖饮食讲究时令，不时，不“食”；讲究地产，取当地食材，做最佳菜肴。

清代诗人赵筠《吴门竹枝词》中曾写道：“山中鲜果海中鳞，落索瓜茄次第陈，佳品尽为吴地有，一年四季卖时新。”在镇湖的春宴上，香干马兰头是必吃的，各种河鲜更是主角。第一道必是虾仁无疑，讲究的吃法是碧螺虾仁，又称作碧螺大玉。用新采摘的碧螺春茶芽在湿油中过一下洒在虾仁上，不但青翠欲滴，吃起来，虾仁中也带有碧螺春的清香。接下来是菜花甲鱼和菜花塘鳢鱼。塘鳢鱼还可以做成糟溜鱼片，一条鱼只能用它身上的两片肉，满满一盘子塘鳢鱼片，可想而知价格不菲。如果只取塘鳢鱼脸上的两块腮帮肉做豆瓣汤，就更加珍贵了。还有酱汁肉和腌笃鲜是不能少的。色泽通红的一块块酱汁肉，在翠绿的金花菜衬托下，更显得“秀色可餐”。汤则是腌笃鲜，年前腌制的咸肉配新鲜猪肉，加上春笋、莴苣，用小火焖熟，色香味俱全。还有很多时令菜，如酱爆螺蛳、荠菜冬笋鳜鱼片、香椿头炒蛋等。现代人偏爱蔬菜，如马兰头、枸杞头、香椿头、纹纹头（荠菜）、金花菜这“五个头”。镇湖特产莼菜、茭白、莲藕、菱角、芡实、水芹、荸荠和慈姑这8种水生蔬菜，俗称“水八仙”，制作出来的菜品酥糯甜美。

镇湖地方菜肴中，有红烧猪脚、红烧甲鱼、一品缘等评获特等金奖、招牌菜奖牌。

红烧猪脚 系郁香酒店传承三代的佳肴。其食料为猪脚，配料有姜、桂皮、茴香等中药做成配料袋，加料酒、老抽、冰糖等调味品。其特色是猪脚完整、呈枣红色，表面光亮，肉软烂、味香、鲜美。2009年9月参加江苏省、苏州市、高新区三级烹饪协会和市旅游局举办的第四届美食节“苏州味道特色美食展”比赛中，郁香酒店的“红烧猪脚”获特等金奖奖牌。

一品缘 食料咸猪肉、咸鸡块、猪肉丸、香肠、小蛋饺、老母鸡汤、鸡油、白菜、粉丝、料酒等。用砂锅炖30分钟。特色是口味纯香、汤汁鲜美、营养丰富。2009年9月，由江苏省、苏州市、高新区三级烹饪协会和市旅游局举办的第四届美食节“苏州味道特色美食展”比赛中，太湖明星酒店的一品缘、太湖银鱼馄饨获特等金奖。

红烧甲鱼、一品蹄 红烧甲鱼用文火炖煮50分钟后收汁，色质金黄，色香味俱全，鲜美可口。一品蹄在锅内汁水渐少时，用勺把汤汁浇在猪蹄上，呈酱红色，光亮夺目，味香鲜美。肉质软烂，提骨旋转，肉脱骨离，肥而不腻。2009年在江苏省烹饪协会主办的“江苏优质诚信店特色美食制作比赛”中，豪门酒楼被评为江苏餐饮名菜店。2010年，由中国烹饪协会、江苏烹饪协会和市旅游局举办的“苏州美食节烹饪大奖赛”中，豪门酒楼的红烧甲鱼获金奖，一品蹄获招牌菜奖牌。

太湖银鱼馄饨 食料：太湖银鱼、肉酱、蛋清、姜末、葱、料酒、馄饨皮。特色：馄饨完整、雪白透亮、入口顺滑、味道鲜美。

四季糕点 一年四季，各个时令，镇湖都有各种名堂的糕团，直到今天依然如故。一月元宵，二月二撑腰糕，三月青团子，四月十四神仙糕，五月炒肉馅团子，六月二十四谢灶团，七月豇豆糕，八月糍团，九月初九重阳糕，十月萝卜团，十一月冬至团，十二月桂花猪油糖年糕。春饼有酒酿饼（农历正月初五至三月底），端午有肉素各式粽子，夏季有绿豆糕（农历四月初十至七月二十日）、薄荷糕（农历五月初一至六月底），八月半（中秋节）有各式酥皮饼（苏式月饼），年夜则家家户户蒸年糕，隐含高高兴兴过年之意。

谚语

农谚

秧好，稻好，
娘好，囡好。

双春莫种田，
无春莫养蚕。

节气不等人，
时间像黄金。

只有懒人，
呒不（没有）懒地。

做了秧田闯了祸，
莳秧轧勒（挤在）忙档里。

土地耕地深，
黄土变成金。

人靠饭饱，
田靠肥料。

冬垩金，
春垩银。

冬浇一条线，
春浇一大片。

种田种到老，
勿要忘记粪浇稻。

朝看稻吃肉，
昼看稻吃粥。

九尽扬花开，
农活一齐来。

清明断雪，
谷雨断霜。

一夜黄秧十夜根，
黄秧落水呒（没有）更改。

头莳勿要抢，
二莳勿要让。

小暑（里）莳秧大暑（里）耥，
三担黄米稳当当。

人在屋里热得跳，
稻在田里哈哈笑。

秋后拔稗，
赛过卖柴。

知了哇哇叫，
长工呒人要。

六月初三打个阵，
上昼耥稻下昼困。

黄梅天，
十八变。

小暑一声雷，
四十五日倒黄梅。

六月不热，
五谷不结。

秋后勿搁田，
收阿呒不米（收也没有米）。

处暑当头雷，
秕谷二三担。

霜降呒（没有）青稻，
立冬一齐倒。

蚕老麦黄，
一刻辰光（片刻之间）。

日枷风，
夜枷雨。

白露里格（的）雨，
到一荡坏一荡。

稻养老，
麦老抢。

十成熟，八成收，
八成熟，十成收。（油菜）

夏雨北风生。

夏雨隔爿田。

重阳无雨一冬晴。
夏至西南没小桥。

霜下南风一日晴。

三朝迷露发西风。

春寒冻煞老黄牛。

干断麦根，
牵断磨芯。

上（半月天气）看初二三，
下（半月天气）看十六七。

干净冬至邋遢年，
邋遢冬至干净年。

春打六九头，
种田勿用愁。
七九六十三，
鞋袜两边挥。

三亩黄豆三亩稻，
晴阿（也）好来落阿（也）好。

春迷雨，夏迷热，
秋迷雾，冬迷雪。

冷在三九，
热在中伏。

俗语

春二三月乱穿衣，
出门常带三九衣。

宁睡汗水里，
不睡露水里。

金窝，银窝，
勿及屋里格（的）狗窝。

金乡邻，银亲眷。
乡邻好，赛金宝。

村上来了格（位）好嫂嫂，
全村姑娘全学好。

轧好道，
学好样。

见人挑担勿吃力。

勿怕勿识货，
就怕货比货。

一只碗勿响，
两只碗叮当。

千做万做，
蚀本生意勿做。

吃力勿赚钱，

赚钱勿吃力。

荒年饿勿死手艺人。

铜钱眼里千（翻）跟斗。

行子（行了）春风有夏雨。

刀小只要快，
人小只要乖。

越吃越馋，
越缩越懒。

一夜勿困，
十日勿醒。

有了七钱三，
不怕天来塌。

吃食看来方，
着衣看门面。

爷有娘有，
勿及自有。

猫多勿捉虫（鼠）。
好猫管三村。

困仔（睡了）想想千条路，
日里走走呒不（没有）路。

有钿勿消昼时办，
呒钿（没有钱）只好日日馋。

借债还债，
落得宽泰。

老大多，打翻船。

芥菜籽抛勒引线针尖头上。

臭戏锣鼓多，
臭人闲话多。

捏牢子大头，
勿放心小头。

船老出钉，
人老出筋。

棋高一着，
扎手缚脚。

大勿算，
小牵转。

满饭好吃，

满话难讲。

牛吃稻柴鸭吃谷，
各人头上各个福。

门前结起高头马，
勿是亲来阿（亦）是亲。

信仔赌，
一世苦。

到啥山，砍啥柴。
吃啥饭，当啥心。

栲栳大个水花（指动静很大）。
扳起来一只糠虾（指效果很差）。

磨刀勿搭工，
落得手里松。

额骨头上七个字，
只吃别人不吃自。

内行勿要掉，
外行勿要敖。

头鲜鲜，尾巴蔫。

救仔田鸡饿杀蛇。

盐船上吃得咸，
老卜船上拔淡。

若要好，
大做小。

参庙勿见大王。

过桥拔樯子。

一钿（钱）逼死英雄汉。

得着风就扯篷。

眼泪簌落落，
两头掉勿落（两头都放不下）。

眼睛一只，
望到平望八尺（平望是吴江镇名，借此指眼力好）。

十句九笃落（没着落），
一句勿着落（即十句都是落空）。

冬瓜缠勒（绞在）茄门（茄子）里。

日日勿烧香，
急来抱佛脚。

老鬼（老练）勿脱手，
脱手勿老鬼。

六十勿借债，
七十勿过夜。

花花轿子人抬人。

答应得噢噢应（答应得很爽快），
忘记得干干净（忘记得很彻底）。

少年苦勿算苦，
中年苦只要做，
老年苦真正苦。

千年勿断娘家路。

歇后语

唐伯虎叫船——到哪里是哪里
张公养鸟——越养越小
床底下放鹞子——大高而不妙
顶石臼做戏——吃力勿讨好
三婶婶嫁人——心勿定
养媳妇做媒人——自身难保
烧香望和尚——一事二便当
白墙头上刷白水——白刷（说）
瘌痢头撑伞——无发（法）无天
娘舅当家——托俚（吴方言，俚：他）完
砻糠搓绳——起头难
江西人钉碗——自顾自（指钉碗的声音）
戴箬帽亲嘴——差得远
麻子擦粉——蚀杀老本
驼子跌跟斗——两头勿着实
七总管死爷——六神无主
打碎眼镜玻璃——看穿
吊杀鬼擦粉——死要面子
六月里做亲　不要棉被（面皮）
关老爷磨刀——快来

肉骨头敲鼓——昏（荤）咚咚

鼻头浪蚉鱼——休想（嗅蚉）

壁虎子格尾巴——节节活

弄堂里拔木头——直来直去

乌龟爬门槛——待看此一番

揽个虱勒（在）头浪（上）搔搔——自寻麻烦

木匠吊线——眼开眼闭

歪嘴吹喇叭——一团邪气

阎王贴告示——鬼话连篇

三骨（个）钿（钱）白糖——一蘸（赞）就光

十二月里茶壶——独出张嘴（茶壶就凭一张嘴）

名人与名镇

镇湖虽然本地籍名人不多，但历史上在此留下的名人痕迹却不少。近期许多著名苏绣大师精心在镇湖培育绣女，名师出高徒，使众多镇湖绣女迅速成长为当代刺绣明星，绣品在国内外连连夺冠获奖，其中也包含着大师们传承的全部技艺和工匠精神。

人物传略

府晋蕃 生卒年不详，清同治光绪年间人，字襄定，西华人。读书能一目数行。曾经与友人徐庆治赌，在旁边观看一天，过后能背诵其主要情节。人们都惊异他为奇才。太平军兵燹后入泮宫，冯景亭太史招他进入正谊书院任教，又到修志局，所作辞赋接近六朝风格。赵钧、陆润庠、叶昌炽等都很推崇佩服他。可惜寿不到 29 岁就亡故，遗文散佚仅有《丙戌类稿》待刊。曾做过同里濮廷苞（字子初）、甲子举人苏金钊（字凤楼）的授业老师。

尢松泉（1847—1911） 名廷英，以字行。世居吴县光福西华乡（今镇湖）寺桥头尢家墙门。他的父亲务农，兼做木匠以补家用。尢松泉外祖父许竹峰以针灸术在乡里行医。尢松泉 13 岁时即随外祖父用心勤学针灸。后来被青浦举人张家镇所赏识，邀他去青浦设诊，并教他钻研学问之道。

清光绪六年（1880），尢松泉回到苏州城定居，筑医庐于胥门外小日晖桥 26 号，张家镇为其新居砖雕门楼题额“竹苞松茂”。当时，尢松泉针灸已名噪江左。曾任总督的岑春煊曾派专使延请其为己诊治，一治就好，于是岑春煊手书“神针济世”四字，并撰文述治愈其病经过，制银杏木独幅大匾相赠。江苏巡抚程德全、臬台朱子榛等不时也请他疗疾，并为他传扬名声。许多疑难杂症在尢松泉针刺之后即病除，故苏州城乡赞誉他为“针仙”，竖大拇指说“小日晖桥一支针”。

尢松泉为人仁厚和蔼，常想到自己出身清寒，所以广施济众，凡贫病者送诊治药，且另外给予资助。

因尢松泉心善术精，各地来求“针仙”诊治的人自晨至暮应接不暇。小日晖桥弄原来冷落，由于尢氏一支针盛名，成为人、车、舟、轿频繁出入之处。当时有一些医家亦来小日晖桥弄设诊所，还有挂名“尢针科”的，尢松泉对此非但不问，反而乐其为己分劳。

宣统三年（1911）夏，胥门外巴里村一老妇患急症，请尢松泉往诊，到达后发现有女巫正在作法，且阻止病人受针，劝之不听，未能施诊而返。归后数小时，尢松泉感觉不适，症状与该老妇相同，知受感染。一昼夜后病逝，终年六十四。筑墓光福官山岭。

尢松泉遗物中有精雕细刻钟鼎文竹质贮针之管及治愈者所赠象牙柄绢扇各一，现由上海中医学院医史博物馆珍藏。

尢氏诊所有个不成文的规矩：诊前不言钱。不问病家钱多钱少，望闻问切，中医就诊必过的几道环节，一道也不会少。他相信佛学中“前世结缘，后世有报”的因果关系，一生都想着做个行医的好人。

尢松泉有四子，少泉、筱泉、绶泉、圭泉先后继承父业，名扬姑苏。尢少泉、尢筱泉英年早逝，尢绶泉出来支撑门庭，他一边传艺给弟弟圭泉及大哥少泉遗下的孩子皞民，一边担起了传承“尢氏针灸”的重任。

尢皞民（1897—1959）字祥麟，吴县镇湖东马村人，尢松泉之孙。尢皞民不辱祖训，16 岁有“小先生”美名，又博览群书，兼收诸家之长。对“尢氏针灸”的钻研甚于父辈，讲究“子午流注针术”，选穴严谨；注重针灸开穴法，必先取主穴，然后取其他穴。先解决主要矛盾，然后逐一解决次要矛盾，再用药物辅之。进针手法以左手中指重压穴位，右手指持针，以极小幅度捻转进针，指力柔中有刚，手法因人而异。对体弱病者，取“少、慢、轻、浅”四字；对体强病者，手法随之而变；对癫狂、经带等病，尤有独到之处，成为吴门针灸流派又一特色。既注重治疗效果，也减少病人痛苦。1936 年，尢家针灸由他一身承担，盛名更逾于前。江南城乡求治者络绎于途，名重一时。

1949 年，他关怀贫病，主动将自己的诊所申请为苏州市卫生局第二十五特约免费门诊所，居民凭居委会证明可免费治疗。并与苏州名医曹鹤高、陈明善、黄一峰、奚凤霖、马友常等筹组苏州市中医协会。1950 年，抗美援朝战争爆发，他积极投入捐献飞机大炮和反对细菌战的运动。对街道居民工作亦在物资上、费用上大力支持。他爱憎分明，热心公益，深得群众赞誉。苏州市人民政府特颁奖状，并聘为市政协委员。1952 年，他与陈明善响应华东军政委员会号召，联合宋祥孚、谢家玉、诸满生等同道，组建泰让桥联合诊所；毅然放弃 100 多年的金字招牌和优厚的个人收入，全家参加联合诊所。

随着新中国保健事业的发展，“小日晖桥一支针”又名播四方，求治者纷至沓来，他全家子、女、媳共 6 人参加针灸，仍不能满足需要。尢皞民决心打破“传子不传婿”的传统观念，并提出只要有人肯学都愿传授，陆续带了十多名徒弟，传授尢家针灸。1956

年尢皞民积劳成疾，罹中风之症。稍待好转，坚持半天上班，亲自应诊，并对子女、徒弟作指导。1959 年 2 月，终因旧病复发，抢救无效去世，享年 62 岁。

尢皞民行医 40 多年，以“医德高尚，医术精湛”为人称道。他有警句曰：“无医德有医术是市侩，有医德无医术是庸医。二者俱备方为良医，二者俱无实乃小人。”尢皞民的针术，在积累了丰富的临床经验后，形成自己的临床特点。

尢氏针灸世家第四代传人怀珍、怀玉、怀琛、怀冰、怀琦以及大多数媳、婿继承世业，孜孜以求，是迄今最兴旺的一代，其中以长子怀玉、次子怀琛称著。尢怀玉 14 岁随父习针灸，20 岁起在家应诊。1956 年由泰让桥联合诊所调入新创建的苏州市中医院，挑起了市中医院创建初期针灸专科的大梁。后又师承苏州老中医殷铁珊进修针灸。1964 年受国家委派赴蒙古国任针灸专家在首都部长医院讲学，回国后调入苏州地区人民医院，1976 年，又担任南京中医学院国际针灸班讲师。尢怀琛 16 岁随父习针灸，21 岁起与父、兄一起应诊，后任沧浪区人民医院副院长、针灸科主任，直至退休。2008 年因病医治无效逝世，享年 84 岁。

尢氏针灸这棵根深蒂固的杏林老树在镇湖西华街发轫，至今已是枝繁叶茂。尢家第五代有小姝、小鹤、小龙等姐弟传承祖业，执针疗病。

周志敏（1921—1948） 原名许培贵，吴县光福窑上村人。抗日战争爆发时，在苏州纯一中学读书，后受兄许培荣影响，回家乡投身抗日。1940 年加入中国共产党，和其兄开展抗日活动，同西华镇王银元、俞德先、黄德英、许如玉等曾以放刺绣的身份，组织“兄弟会”“姐妹会”等抗日团体，在西华、东渚、光福等地开展活动，建立起中共西华第一个党小组，周志敏任党小组长。1943 年起，历任阳山区办事处副主任、主任，区委书记等职。抗日战争胜利后，留守太湖县，任苏西留守分处主任、党支部书记。他廉洁奉公，任苏西留守分处负责人期间，经手很多粮税物资，一尘不染。1948 年 3 月 9 日，与西华的苏水兴、孙水土被国民党青年军 202 师围困于镇湖中庄村，壮烈牺牲。

名人与镇湖

王祖识带徒最多 王祖识，苏州木渎人，12 岁从姐学绣，1954 年 7 月进苏州市文联刺绣小组刺绣。1956 年因其领衔首创双面绣《五彩牡丹屏》艺术品，被评为江苏省先进工作者，曾任刺绣工艺美术生产合作社副主任（现苏州刺绣研究所），70 多年从事刺绣工作至今不辍。长期担任刺绣技艺指导，擅长花鸟、小猫、人物绣，细平绣、乱针绣兼能，在双面绣、针法汇编等方面做出过重要贡献，为唯一一位获得顾氏和平奖的中国刺绣艺术大师。退休后曾被任嘒閒刺绣艺术有限公司聘为技艺指导、艺术总监 18 年，先后指导 50 多位绣女，指导绣制百余幅刺绣精品。应顾文霞之邀，为中国苏绣艺术博物馆绣制过多幅名绣，并艺传杭州、广州、开封汴绣，德艺双馨，事迹被列入《中国工匠大典》。

因其刺绣技艺精湛，为人热心真诚，镇湖绣娘们纷纷拜她为师，前后有姚梅英、钱建琴、卢福萍、卢福英、王建琴、蔡梅英、倪雪娟、卢菊英、卢梅红、邹英姿、姚红英、陈红英、郁玲芳、严美华等十多位镇湖绣娘成为她的学生。王祖识对学绣的绣娘不分彼此，都毫无保留悉心传授技艺，尤其在关键刺绣部位认真指导，深受镇湖绣娘的尊重。在王祖识的指导下，学生中有 9 位已成为研究员级高级工艺美术师，并有 2 位国家级大师、7 位省

王祖识与部分弟子合影

王祖识获顾氏和平奖

级大师和省工艺美术名人，许多获奖作品都是在她指导下完成的。王祖识对镇湖刺绣人才的培养、镇湖刺绣技艺的提高做出了重要贡献。

牵志红传仿真绣 牵志红1961年进入苏州刺绣研究所拜金静芬为师学艺，是开创仿真绣的刺绣艺术家沈寿得意学生金静芬的关门徒弟，仿真绣第三代传人。当年金静芬绣《红楼梦》十二金钗时，牵志红随师绣过几幅。十二幅一样精细仿真，毫无区别。1965年在苏州刺绣研究所实验工场学习双面绣，1972—1976年跟徐志慧学习做技术指导工作，1977年进入细绣针法研究室开始带徒弟。1984年复制太老师沈寿仿真绣作品《济公》，此复制品收藏于苏州博物馆。1988年复制太老师沈寿仿真绣作品《耶稣像》，后收藏于中国苏绣艺术博物馆。1990—1997年为苏州刺绣研究所实验工场技术指导员。1998年绣制双面三异绣《吹箫仕女》，现收藏于南京博物院。牵志红最早收的镇湖徒弟便是姚惠芬、姚惠琴姐妹两人。改革开放后，牵志红到镇湖又传授了濮惠菊、姚林芬。1998年退休后受聘于琴芬绣庄至今作技术指导。还定期到通安学生姚美珍工作室指导绣艺。2013年3月被苏州刺绣研究所返聘至今，负责带徒弟兼刺绣工场技术指导和质量总检。凭着牵志红当年认真细致地传授仿真绣艺，现在其学生也都取得卓越成绩。镇湖姚惠芬现已成为中国刺绣艺术大师、江苏省工艺美术大师，并与姚惠琴、濮惠菊都获评研究员级高级工艺美术师，姚林芬也成为高级工艺美术师。

任嘒閒与乱针绣 任嘒閒（1916年1月25

沈寿仿真绣《意大利皇后爱丽娜像》

牵志红（左二）及徒弟们与沈寿像合影

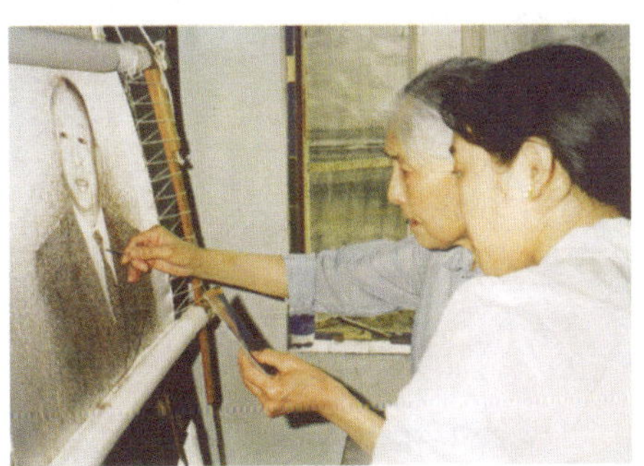

任嘒閒悉心指导姚惠芬

日—2003年1月15日），丹阳人，15岁进丹阳正则女子职业学校绣科随杨守玉学习刺绣。杨守玉能画善绣，在传统苏绣技法上研究西洋画的技法和色彩，以超人之想，创出了纵横自如的乱针绣，被人们誉为“才女”。名师出高徒，任嘒閒毕业后即被校方先后邀为绣科教员、补习学校绣工科主任。1951年随杨守玉到苏州市，与同学朱凤、周巽先合作绣出国礼品领袖像，后又一起办刺绣学校，任刺绣老师兼乙班班主任。从此就一直在苏州成了乱针绣继往开来的传主。在苏州刺绣研究所一直担任刺绣艺术指导员。后任针法研究室主任、艺术总监，并被评为中国工艺美术大师。

任嘒閒致力于发展乱针绣技法，每多创新和建树。1954年所绣《斯大林像》发表于《新华日报》。1955年所绣《列宁在拉兹里夫》被周瘦鹃誉为“现代针神”。该幅绣品后被毛泽东带赴苏联作为国礼馈赠苏联政府。1958年她首创了“虚实乱针绣”，对苏绣技艺的提高和发展有一定贡献。1962年创绣淡彩虚实乱针绣《列宁》，为江苏省美术馆收藏。其乱针绣在镇湖绣娘中得到广泛运用，有效提升了镇湖绣品的技艺水平。在镇湖的学生姚惠芬、姚惠琴姐妹深得任嘒閒刺绣要领，创作出许多淡彩虚实乱针绣精品，并有多幅获金奖。

创意创新顾文霞 1954年，顾文霞进苏州市文联刺绣小组刺绣，先后师从金静芬、曹克家等老师。1955年上级安排她撰写《苏绣针法的种类及绣制方法》由中央手工业管理局译成俄文，转给苏联乌克兰集体农庄，是第一个将苏绣技艺以文字形式传到海外的人。1956年赴英国伦敦进行刺绣表演两个月，为苏绣赢得“东方的明珠”称号，是中国出国表演刺绣第一人。 1957年、1959年在北京开会，受到毛泽东、刘少奇接见。1978年任苏绣总工艺师、苏州刺绣研究所所长，从创意到创新到创业，是顾文霞自创的三步走。当年中国迎来了“科学的春天”，她就萌生了歌颂祖国以传后世的苏绣作品创意，

1956年顾文霞在英国展示苏绣技艺

顾文霞讲解苏绣

便遍邀全国书画名家合作了《春回大地》，并组织了十多位苏绣高手绣成作品。成为传世之作，常年订货不断。当评选首届中国工艺美术家的时候，顾文霞写血书表示不要入选，而是推荐李娥瑛、徐绍青入选。退休后顾文霞又创办中国苏绣艺术博物馆，建立苏州市第一家大师工作室。其首徒是余福臻（现为中国工艺美术大师），其他徒弟有张平（儿媳）、范月花、高美玲、顾家翘（绣郎），镇湖徒弟有卢菊英、卢福英、尤小英、梁雪芳等。因为梁雪芳起点较高，悟性也较好，所以把创新特色的任务交给她。尤小英是承制顾文霞工作室精品的高手，是经顾文霞多年培养的佼佼者。2009 年，一幅由顾文霞为祖国 60 华诞组稿创新的《春暖大地》（120×240 厘米），是顾文霞与弟子梁雪芳带领工作室 18 位工艺师历时 10 个月创制完成的，在第四届中国刺绣文化艺术节上正式由国家博物馆永久收藏。

顾金珍特色人物绣 1938 年 6 月出生于通安彭山村，1954 年到苏州，在因果巷 34 号朱凤家学习。当时，朱凤讲理论知识，傅元忠教针法。1956 年进入吴县刺绣总厂工作，成为厂技术骨干后，经常到下面去指导、传授苏绣技艺。曾跑遍整个吴县地区，风雨无阻。

2001 年顾金珍绣《唐纳德·特朗普》时工作照

1971 年，当时一位日本客商找到她，要求能通过刺绣做出漆器的质感，顾金珍为了解决这一问题，创出了“免光 T 形针法”（2012 年年底“免光 T 形针法”国家专利申请成功）。2001 年，有人希望能帮他创作一幅特朗普的半身像苏绣作品，顾金珍为了创作这幅作品，整整花了一年多时间完成。从特朗普半身像资料，对照绣品可以看出，当时的特朗普神采奕奕，人物神态栩栩如生，最大的亮点就在特朗普的眼睛上。特朗普本人的眼睛色彩和层次非常丰富，顾金珍凭借自己多年来的创作经验和自创“免光 T 形针法”，将特朗普的面部表情、神态甚至是服饰的布料质地完美地展现了出来。随着唐纳德·特朗普当选美国总统，人们开始爆料，说 15 年前顾金珍就绣过《特朗普像》。

顾金珍在镇湖的学生是王丽华、薛金娣。就是王丽华将 12 件刺绣《青铜之韵》打包成资产包后在中国文交所挂牌上市，拓展了新型的苏绣销售渠道，为传统艺术打开了一扇新窗口。

绣猫王余福臻 1942 年 3 月，余福臻出生于苏州，1958 年 2 月进苏州工艺美术研

“猫王”余福臻

余福臻刺绣作品《双猫》

究室（现苏州刺绣研究所）首届刺绣专修班，1962 年毕业。擅长细绣小猫，主要绣品有双面《花篮双猫》《油画猫头》《三猫》《双猫》《白猫戏螳螂》，双面三异绣《松鼠葡萄》（合作），《彩蝶与狗》《友谊双猫》，其《白猫戏螳螂》1982 年获第二届全国工艺美术百花奖（最高奖）“金杯奖”。1981 年 4 月 14 日，赴日本参加中国工艺品展览会刺绣操作表演，人称“猫王”。2007 年 1 月 12 日，被国务院授予“中国工艺美术大师”称号。镇湖王丽华是其学生。

张玉英与云帆刺绣　张玉英，1935 年生，苏州市人。自幼热爱刺绣。1955 年参加苏州工艺美术生产合作社，师从著名苏绣艺术家朱凤学习刺绣。1959 年后，先后跟中国工艺美术大师李娥瑛、任嘒閒学习苏州传统技艺和乱针绣技法。其博采众长，技艺精湛，尤擅长人物肖像刺绣，多年来，先后绣制了《周恩来》、《82+1》（邓小平与孙子）、《萨马兰奇》、《摩洛哥国王》、《阿联酋酋长》、《池田夫妇》及双面三异绣《查尔斯与黛安娜》等中外名人肖像。其中，多幅作品被作为国礼送给外国领导人。1996 年 1 月，被江苏省人民政府授予江苏省工艺美术大师称号。同年，受江苏省人民政府委托，领衔绣制了赠送给香港特别行政区的礼品大型风景绣《归程》。近年来又先后绣制了《蒙娜丽莎》《圣母与圣饼》《母子情深》等世界名画。2007 年 1 月 12 日，被国务院授予中国工艺美术大师称号。同月，受聘担任苏州市海云刺绣研究所艺术顾问，为镇湖周海云老师，周海云现为江苏省工艺美术名人。

徐志慧四年育才　徐志慧，1920 年 9 月生，苏州市人。1954 年进苏州市文联刺绣小组至后来的苏州刺绣研究所工作。1963 年担任第一工场技术指导工作，1982 年任第二工场技术指导工作。擅长细绣小猫、花鸟。主要作品有《拉毛猫》、《白孔雀》(合作)、《彩孔雀》，单面绣《大白猫》、《松鼠葡萄》、《蔡文姬》、《瑞典国王》、《海棠冠眉》(合作)、《湘君》、《群鹅》、《博古》、《秋风纨扇图》、《牡丹鸽子》等。1990年年初，镇湖姚建萍遇到了恩师徐志慧，从此在徐志慧家里每天练习技艺超过12小时，白天学难度高的人物肖像，晚上还要反复回忆演练。徐志慧将自己在苏州刺绣研究所指导艺人的所有方式方法都用在姚建萍身上，认真细致、循序渐进，一步步把姚建萍培养出来。这样的生活过了整整4年，待学生扎实掌握了刺绣的各种基本技巧，已经学成，才于1994年将姚建萍放学归家。姚建萍开始绣第一幅人物肖像作品《沉思——周恩来肖像》。1998年参加首届中国(国际)民间艺术博览会，一举夺得金奖。随后不负师望，佳作连篇。

徐志慧在表演刺绣现场

国家重点文物保护单位——万佛石塔

艺文杂记

镇湖两千多年来，亦有一定艺文流传至今，乡邦艺文，弥足珍贵。古诗、楹联等均彰显了镇湖的文化底蕴。

诗联

古诗

渡太湖

〔宋〕范成大

囊风阁雨半晴阴，惨淡谁知造化心。
委命浮沉唯一叶，计身轻重亦千金。
红尘犹道不胜险，白浪莫嗔如许深。
晚得芗山堪寄缆，卧听鼍吼与龙吟。

——《石湖诗集》卷二十

再渡胥口

〔宋〕范成大

古来此地快蓬心，天绕明湖日照临。
一雁云平时隐见，两山波动对浮沉。
衰髯都共荻花老，醉面不如枫叶深。
罾户钓徒来问讯，去年盟在肯重寻。

——《石湖诗集》卷二十

望大、小贡二山

〔元〕王逢

大贡如大人，小贡如小臣。
大人方正笏，小臣亦垂绅。

太湖七十山，而此我所珍。
清淑萃间气，端厚凝风神。
岳路莲一朵，海偃月半轮。
远分马迹秀，近夺蛾眉真。
岫幌敞素夕，云盖拥高晨。
深容虎豹隐，幽绝狐兔邻。
将军虽相望，邈若越与秦。
我行柯村外，紫翠忽鲜新。
不无灵异栖，飞度招隐沦。
汹汹白水波，杳杳清路尘。
芳荨被中沚，采之泪盈巾。
父老昧知识，谓我诸侯宾。
我岂诸侯宾，均是天王民。

——明王鏊《姑苏志》卷九山下

望太湖（山断东西列画屏）

〔明〕杨基

天帝何时遣六丁，凿开混沌见双青。
湖通南北澄冰鉴，山断东西列画屏。
挟雨龙归霄汉暝，网鱼船过水云腥。
乘风欲往终吾老，甪里先生古洞庭。

——明成化刻本《眉庵集》卷八

登光福凤岗

〔明〕吴宽

昔年曾学登山法，纵步不忧山石滑。
舍舆径上凤冈头，趁此凉风当晚发。
远山朝士抱牙笏，近山美人盘鬟发。
我身如在巨海中，青浪低昂山复没。
山下人家成市廛，家家炊烟起曲突。

梅林屋宇遥复见，一似野鸟巢木末。
山僧见山如等闲，翻怪群山竞排闼。
偶凭高阁发长笑，笑我胡为蹑石钵。
夕阳满目波洋洋，西望平湖更空阔。
山灵为我报水仙，豫设清冷供酒渴。
吴人非不好登山，一宿山中便愁绝。
扁舟连夜泊湖口，舟子长篙未须刺。
懒游已笑斯人呆，狂游不学前辈达。
若耶云门在于越，何必青鞋共布袜。

——民国《吴县志》卷十九舆地考山

楹联

绣品街牌坊

入口处（北向）
鸾舞凤飞，凭天女神工，巧手拈来千载福；
云蒸霞蔚，看西华胜境，名街绣出五洲情。
出口处（南向）
银针传韵，福地扬名，满目风华满目景；
古镇流霞，名湖溢翠，一街锦绣一街春。

中国刺绣艺术馆

大门口：纤手绣宏图，绚丽江南千里锦；
　　　　巧心描胜景，缤纷眼底一湖春。
二进门厅：著锦绣文章，无边春色千重绿；
　　　　　干经纶事业，不尽晓风万朵红。
三进门厅：书凤描龙，秀丽湖山春万里；
　　　　　飞针走线，神奇艺术灿千秋。
表演厅：精在有无处；
　　　　妙于方寸间。

贵宾厅：欲腾龙谁借经纶手；
若聚凤天开锦绣心。
院子：四百绣坊人文风采；
八千巧手造化天工。
水榭：江南水乡扬特色；
人间仙境绘喜章。

题姚惠芬刺绣艺术中心

门厅：乱针几度演虚实；
沈寿三传出琴芬。
细绣抒情，尽得仿真妙诀；
乱针写意，追求构虚奇功。

万佛寺

澄觉轩：湖映秀峰山自观自在；
云飞万佛塔如见如来。

《绣娘》（MTV《绣美天堂》）歌词[①]

作词：江源　作曲：程城　演唱：王亦竹

一针一线　在手上
一奇一巧　在心房
一朝一暮　在窗前
一景一物　在梦乡
哦哦　在梦乡
绣出了青山绿水

① 歌曲《绣娘》获2014年第九届江苏省精神文明建设“五个一工程”优秀作品奖。根据歌曲拍摄的MTV《绣美天堂》，更是融合了苏州高新区丰富的历史人文和优美的自然生态，艺术地反映了苏州高新区居民安居乐业的生活状态。

绣出了鸟语花香
绣出了古风新韵
绣出了秋色风光
十指哦灵动　双面相望
美的艺术源自美的遐想
千年哦女红　七彩绽放
美的爱恋来自哦美的绣娘
哦　美的美的绣娘

一针一线是艰辛
一帧一幅是欢畅
一穿一刺是传承
一生一世是独创
哦哦　是独创
绣出了风土人情
绣出了经典时尚
绣出了东方西洋
绣出了旷世绝唱
百般哦意蕴万种境象
美的世界珍藏美的力量
四海哦惊叹五洲神往
美的天地拥抱哦美的绣娘
百般哦意蕴万种境象
美的世界珍藏美的力量
四海哦惊叹五洲神往
美的天地拥抱哦美的绣娘
哦　美的美的绣娘
哦　美的绣娘

著述

镇湖相关著述一览表

表 8

作者	著述书目	出版机构、时间
主编：姚海泉 副主编：张善德	镇湖镇志	上海辞书出版社 2007 年 8 月
叶继红	苏南历史与社会丛书之一· 传统技艺与文化再生 对苏州镇湖绣女及刺绣活动的社会学考察	群言出版社 2005 年 4 月
叶继红	苏州镇湖刺绣产业集群研究	古吴轩出版社 2007 年 11 月
撰稿：卢群 摄影：徐卓人	苏绣之乡	海潮出版社 2006 年 8 月
卢群	镇湖绣娘	时代文艺出版社 2008 年 12 月
主编：虞美华 撰稿：卢群	·中国商业街系列丛书之一· 苏州镇湖绣品街	人民出版社 2011 年 10 月
宋长宝、徐建龙、张伟、陈清华	传承与发展中的苏绣：以“苏绣之乡”镇湖为例	江苏人民出版社 2015 年 11 月

大事纪略

镇湖地处江苏省苏州市西部太湖之滨，形似半岛，伸入碧波万顷的太湖中，拥有令人向往的生态环境。江南水乡的刺绣，誉传四海，绣品入藏中国美术馆殿堂。

2013 年苏州西部生态城与镇湖街道合一

2002 年 9 月 6 日，镇湖镇划归苏州高新区（虎丘区），10 月 16 日，撤销镇湖镇建制，改设“镇湖街道办事处”（正科级），沿用至今。并明确不考核镇湖 GDP 和财政指标、招商引资的决定，在新农村建设方面主要以完善基础设施和环境整治为主，不搞大拆大建和发展工业。

2009 年 9 月 30 日，苏州市成立西部生态城领导协调小组。在高新区 230 省道以西的 45 平方千米区域内设立苏州西部生态城，涵盖镇湖街道全辖区及东渚部分区域。2011 年 11 月，经苏州市政府批准，以总面积 19 平方千米的镇湖街道为主体，组建市级旅游度假区，为苏州市首批市级旅游度假区。

2013 年 6 月，高新区管委会明确苏州西部生态城与镇湖街道实行“区镇合一”管理，重点发展刺绣产业、生态农业、生态旅游，开发建设苏州太湖国家湿地公园。镇湖街道作为苏州西部生态城规划的重要组成部分，紧紧围绕“真山真水生态城，乐居乐业活力区”的建设目标，最终发展成为集旅游休闲、刺绣文化、生态农业、绿色环保于一体的低碳生态山水城镇。

2014 年 5 月，镇湖生态旅游示范区获批高新区首个省级旅游度假区。2015 年 1 月，镇湖生态旅游示范区通过国家旅游局公示，成为苏州市首个国家级生态旅游示范区。

镇湖成为刺绣产业基地

镇湖刺绣业发达，并长期作为镇湖农民家庭经济收入的重要来源。1956 年苏州刺绣研究所和苏州刺绣厂成立后，镇湖更成为苏绣的传统加工基地，成为苏绣十万大军中的一支主力军。在双面绣畅销时期，得到苏州专业刺绣大师的指点和培训，迅速成为双面绣普及刺绣的生产销售后方，许多客户获悉此情后甚至直奔镇湖订购双面绣，镇湖老街一时人满为患。1998 年 9 月，镇政府及时在西华街东侧开辟一条南北向全长 1700 米的绣品街，520 多间门面店房，开办 320 余家商店，集生产、展示、销售、观光等功能于一体。西侧建有中国刺绣艺术馆。2000 年 5 月 4 日，镇湖被评为中国民间艺术之乡，2006 年被评为国家文化产业示范基地，2014 年苏州镇湖刺绣艺术馆有限公司被评为国家级非物质文化遗产生产性保护示范基地。

镇湖刺绣艺术精品在国内外获奖无数，品牌效应逐步增强，被作为馈赠外国元首的礼品，被国内外博物馆先后作为艺术珍品收藏。镇湖刺绣成为“苏州名片”“中国名片”。镇湖街道发展刺绣产业的创新实践之一是努力加强刺绣人才培养，现有绣娘八千，其中研究员级高级工艺美术师 24 名，高级工艺美术师 32 名，中初级职称 200 名；获中国刺绣艺术大师称号的有 3 名，获江苏省工艺美术大师称号的有 8 名，获江苏省工艺美术名人称号的有 11 名；国家级非物质文化遗产（苏绣项目）代表性传承人 2 名，省级非物质文化遗产传承人 1 名，区级非物质文化遗产传承人 23 名。刺绣业及其配套产业从业人员合计万余人，2015 年销售额达 14.6 亿元。镇湖刺绣成为苏州刺绣的代表之一，获“镇湖刺绣”地理标志产品保护，为国内外刺绣最为集中、最为优秀的刺绣产业基地之一。

2015 年苏绣《丝绸之路——满载而归》被中国美术馆收藏

《丝绸之路——满载而归》是姚建萍《丝绸之路》系列作品中的一幅，该系列作品的主题为展现丝绸之路两千余年的传承和延伸，同时蕴含对新丝绸之路的憧憬和期待。如此大型刺绣艺术品是当代中国刺绣界的第一次，也是中国工艺美术界的第一次。

马是丝绸之路上的重要使者。《丝绸之路——满载而归》作品以大唐盛世为基准点，体现丝绸之路贸易的繁荣场景，因此刺绣作品中央是一匹英俊的大黑马。

2014 年 8 月 16 日，国家主席习近平夫人彭丽媛女士和出席青奥会开幕式的各国贵宾夫人来到南京博物院，她们共同参观并亲手体验刺绣艺术。彭丽媛在姚建萍的协助下，绣制了《丝绸之路——满载而归》中心大黑马的流苏飘带。

2015 年 12 月 7 日，姚建萍的作品《丝绸之路——满载而归》被全国顶级艺术展馆——中国美术馆正式收藏。

2015 年中国美术馆馆长吴为山祝贺姚建萍绣品入藏

枇杷熟了

附录

本类目收录前面虽作详细记载，仍需完善补充之内容，如批准对镇湖刺绣实施地理标志产品保护的公告、核准使用地理标志保护产品专用标志公告，中国刺绣艺术馆景区申报国家 AAAA 级旅游景区的历程，为前文无法收录而附此存史，以备后人查考，因设附录。

关于地理标志产品保护公告

关于批准对大泉源酒、镇湖刺绣、五城茶干、樟树吴茱萸、罗定皱纱鱼腐实施地理标志产品保护的公告（节选）

2010年第15号

根据《地理标志产品保护规定》，国家质检总局组织了对大泉源酒、镇湖刺绣、五城茶干、樟树吴茱萸、罗定皱纱鱼腐地理标志产品保护申请的审查。经审查合格，现批准自即日起对大泉源酒、五城茶干、镇湖刺绣、樟树吴茱萸、罗定皱纱鱼腐实施地理标志产品保护。

二、镇湖刺绣

（一）保护范围。

镇湖刺绣地理标志产品保护范围为江苏省苏州高新区镇湖街道现辖行政区域。

（二）专用标志使用。

镇湖刺绣地理标志产品保护范围内的生产者，可向苏州出入境检验检疫局提出使用“地理标志产品专用标志”的申请，经江苏出入境检验检疫局审核，由国家质检总局公告批准。镇湖刺绣的法定检测机构由江苏出入境检验检疫局负责指定。

（三）质量技术要求（见附件2）。

特此公告。

国家质量监督检验检疫总局

二〇一〇年二月二十四日

附件 2：

镇湖刺绣质量技术要求

（一）丝线和底料质量要求。

镇湖刺绣丝线必须为：产自苏浙沿太湖地区的蚕丝花线、符合国家质量技术要求、根据图案的不同需要把一根丝线分成 1/2、1/4、1/8、1/16 乃至更细，一根线劈丝份数不少于 16 丝，128 毛的蚕丝线。

底料为江苏产的蚕丝。底料真丝质量要符合国家质量技术要求，其精密度≥ 75 码。

（二）绣面要求。

1. 刺绣图案必须为：不得侵犯他人知识产权的合法图案。

2. 刺绣图案内容为美术类、摄影类、书法类作品。

（三）针法要求。

针法分为平针和乱针。平针讲究密接其针，排比其线。乱针讲究纵横交叉，分层加色。整个绣面要平整，针法要顺纹有序，不露底，绣面底料不得有针眼缝、色彩搭配自然，无线头。

（四）装裱要求。

装裱分为硬裱和软裱：

1. 软裱：要将剪下的绣片用真丝锦绫装裱，图案清晰、质感好、无气泡，不脱壳，不断裂，角度准确，丝缕直，纹样正，通幅整齐。

2. 硬裱：要将剪下的绣片用胶水贴在三隔板或纤维板上，绣片四周用卡纸装裱。装裱时要去污、清晰，绣面绷平、整洁、无浆迹、无脏斑。镜框、镜架规格正确，油漆光亮、本质表层无伤痕、斑节。画面刺绣部分与装裱幅面之比不得少于 70%。

（五）质量特色。

1. 产品所用丝线光泽丰富细腻，颜色饱满持久，具有韧性。所用绣底真丝轻薄而不易变形，不易崩坏。绣品图案典雅、细致、有丝线的柔和光泽，所绣作品平齐、细密、匀、顺、和、光、有灵气、不呆板，区别于机绣。作品具有不腐，不蛀，不褪色的特点。

2. 安全要求：产品安全指标必须达到国家对同类产品的相关规定。

国家质量监督检验检疫总局《质检总局关于核准天津蓟州绿色食品集团有限公司等企业使用地理标志保护产品专用标志的公告》（节选）

2013年第165号

根据《地理标志产品保护规定》，天津蓟州绿色食品集团有限公司（名单见附件）分别就盘山磨盘柿、黄骅冬枣、白洋淀咸鸭蛋（安新产区）、白洋淀皮蛋（安新产区）、京东板栗、山西老陈醋、沁州黄小米、北票金丝王大枣、吉林长白山中国林蛙油、吉林梅花鹿鹿茸、鹿尾、鹿胎膏、鹿鞭、鹿血、鹿筋、鹿脱盘、吉林长白山人参、红石砬小米、黄松甸黑木耳、吉林长白山天然矿泉水、公主岭大米、吉林高粱酒、镇湖刺绣、龙井茶、温郁金、松阳茶、怀山药、金乡大蒜、来凤藤茶、舒安藠头、法泗大米、赤壁竹笋、阳江豆豉、阳江姜豉、虎噉金针菜、琼中绿橙、西山茶、八渡笋、福洪杏、剑门关豆腐、广元橄榄油、中国白酒金三角（川酒）、苴却砚、盐边油底肉、朵贝茶、威宁党参、定边荞麦共41个地理标志保护产品提出的专用标志使用的申请，由当地的省级质检机构初审，经质检总局审查合格，现予以注册登记并发布公告，自即日起核准上述企业使用其申请的地理标志保护产品的专用标志，并由当地质检机构按规定对专用标志使用实施监管。

特此公告。

国家质量监督检验检疫总局

2013年12月9日

附件：核准使用地理标志产品专用标志企业名单（节选）

序号	产品名称	企业名称	地址	法人代表	商标	批次
3	镇湖刺绣	苏州高新区镇湖刺绣协会	江苏省苏州市高新区镇湖街道西华路1号	姚建萍	镇湖苏绣	第一批

中国刺绣艺术馆景区申报国家 AAAA 级旅游景区

2008 年，中国刺绣艺术馆成功创建国家 AAA 级旅游景区，开创了苏州艺术馆、博物馆获评 A 级景区的先河。为进一步整合镇湖的文化旅游资源，提升景区的运营能力、管理水平和品牌形象，镇湖街道在 AAA 级景区的基础上，整合绣品街和创意绣坊，组成中国刺绣艺术馆景区，并在 2011 年正式启动国家 AAAA 级景区的创建工作。2013 年 10 月，中国刺绣艺术馆景区获国家 AAAA 级旅游景区验收通过。

此次创建的 AAAA 级景区，通过整合“一街、一馆、一园”的各种资源打造中国刺绣艺术馆景区，范围包括绣品街、刺绣艺术馆一纵一横区域，占地面积约 0.64 平方公里；景点包括绣品街、艺术馆、创意绣坊、苏绣长廊、苏绣公园（规划中）等 10 余项。

回顾这十多年的发展，以镇湖为核心的高新区刺绣产业规模不断壮大，人才梯队逐步形成，创新能力不断增强，对外影响逐步扩大，构建了积极健康的文化产业发展格局。在目前文化产业大发展、镇湖打造文化生态旅游的度假胜地等大背景下，刺绣产业如何再次提升？如何最大限度挖掘旅游潜力，全方位立体发展镇湖经济？整合资源，扩大发展，创建国家 4A 级景区正是镇湖现阶段转型升级的突破口。

15 年奠定产业格局 高新区刺绣产业的崛起，并非一朝一夕，该产业经历了三次发展和变革，第一次是 1998 年，绣品街的建成是镇湖刺绣发展的重要转折点，政府通过搭建销售平台，将分散于各村的经营户集中起来，改变了原先镇湖人会绣而不会销的局面，使绣娘有了固定的经营场所。

第二次是 2007 年建成了“中国刺绣艺术馆”和“镇湖刺绣艺术展示中心”两大项目，形成了刺绣集群。“中国刺绣艺术馆”以展示全国各地传统刺绣工艺，彰显地方特色刺绣文化为主旨，集刺绣展示评比、刺绣技艺研发、刺绣学术交流等多项功能于一体的目前国内规模最大的专业刺绣馆。十年间，镇湖刺绣产值快速增长，2012 年整个镇湖刺绣销售产值达 12 亿元。产业集群的形成和发展为镇湖刺绣产业、文化产业、旅游产业的发展提供了强劲的动力，促使镇湖刺绣产业从个体经济转变成了产业集群经济，同时这种传统工艺深刻地影响着镇湖的城镇建设，形成了“一街一馆一中心”的产业发展格局。

第三次是建造锦绣坊，打造刺绣文化艺术长廊，挖掘镇湖文化，让游客在闲暇漫步之余能了解镇湖，感受文化气息。项目吸引了知名刺绣大师和高工入驻，进一步增强了刺绣文化创意的氛围，形成了更加完善的产业配套服务，并与“一街一馆一中心”形成了“苏绣文化创意产业园”的大格局。2005 年，镇湖被国家旅游局评为“中国民间（刺绣）艺术之乡”、“全国农业旅游示范点”。2008 年 12 月 9 日，艺术馆通过国家 AAA 级景区的评审，开创了苏州各类艺术馆、博物馆获评国家级景区的先河。

而正是这十多年来打造的“一街一馆一中心”，为如今打造中国刺绣艺术馆景区奠定了基础。借此创建契机，镇湖将通过整合、优化各类资源，提升景区软硬件实力，从而实现刺绣产业再次腾飞。

年销售额达 12 亿元 作为全国农业旅游示范点，十多年来，中国刺绣艺术馆景区内的刺绣产业规模不断壮大，人才梯队逐步形成，创新能力持续增强，对外影响不断扩大。

如今，景区逐步发展成为苏绣最主要的生产、销售和研发基地。8000 名绣娘、12000 名刺绣从业人员成为刺绣产业一道靓丽风景线；景区获得“中国民间艺术之乡”“国家文化产业示范基地”“全国农业旅游示范点”“苏州城市名片”“全国特色商业街”“中国最佳创意园区奖”“重点文化产业园区”“‘非遗’示范性保护基地”等一系列荣誉。

十多年来，景区还大力实施苏绣人才培养战略。目前景区内有高级工艺美术师 38 名，研究员级高级工艺美术师 13 名，卢福英等 7 人获江苏省工艺美术大师称号，梁雪芳等 11 人获江苏省工艺美术名人称号，姚建萍、姚惠芬被文化部确定为国家级非物质文化遗产（苏绣）代表性传承人，卢福英被江苏省文化厅确定为省非物质文化遗产（苏绣）代表性传承人。王丽华、卢梅红、薛金娣等绣娘也逐步走出了一条属于自己的特色发展之路，打造出一个又一个具有特色的个人刺绣文化艺术馆，和中国刺绣艺术馆一起，接待了来自国内外百万以上的游客。

此外，镇湖的苏绣作品在国内外工艺美术展览和大赛中屡屡争金夺银，荣获国家级和省级荣誉的作品多达1000件，其中金奖300多件，100多件作品被中外著名博物馆收藏。

1998年以来，镇湖刺绣产业销售值也不断增加，逐年增长。2012年在宏观经济形势走低的情况下，仍创造了12亿元的销售额。此外，高新区还积极推介刺绣产业，到目前为止，已举办了8届中国刺绣文化艺术节。

全方位提升景区内涵 绣品街作为景区的重要组成部分，自1998建成以来，从完善功能着眼，先后投入资金4000多万元，对街头牌坊、道路绿化、店面形象、管网设置、路灯景观等进行了全方位综合整改。

2012年以来，镇湖街道又以中国刺绣艺术馆为重点，对景区进行全方位提升，满足购物、旅游、商务、餐饮等需求，提升旅游综合功能。加大基础设施建设，打造“苏秀天地”商业配合综合体，集购物休闲、刺绣展示、交流、培训和餐饮于一体。对中国刺绣艺术馆进行立面改造，对游客中心内部重新布置、装饰美化。投资285万元新建了7000平方米停车场，增加了电瓶车，完善了景区内旅游交通设施。所有商户的厕所，均可公开对游客开放。增设部分游客公共休息设施和观景设施，

为丰富服务内容，镇湖街道还建立了信息咨询系统，游客咨询中心配有触摸屏、影视厅、宣传手册等，对残障游客提供轮椅、拐杖、婴儿车、雨伞等服务设施和其他免费服务。在绣品街设置了十个“旅游购物推荐店”，根据不同特点，把景区内的大师精品店打造成十多个个人刺绣艺术馆。在景区重要入口和游客集散地，增设邮政、通讯等服务项目，开通旅游电子商务系统，为游客提供网上查询和游购服务。设计推出了镇湖中国刺绣艺术馆景区旅游明信片、纪念封、纪念邮戳等。配备了汉语、日语、英语三个语种的导游。

同时加强旅游管理，提高商户诚信经营、质量第一的意识，杜绝假冒伪劣商品。要求所有商户做到亮证经营、明码标价、文明经商、礼貌待客。为让游客放心购物，景区制定了计量制度、价格制度、售后服务制度等购物保障制度，并在游客中心和主要景点设置了游客投诉点。

此外，景区内还引入“智慧元素”，通过自主语音导游，使游客方便快捷地了解各景点信息，还可通过二维码迅速下载景区APP，感受到“贴身服务”。游客也可以通过微博等方式对景区做出评价，实时互动，更好地推进服务改善。

向“苏绣创造”进军 中国刺绣艺术馆景区创建国家AAAA级景区，就是要将景

区建设成整体形象鲜明、特色突出、服务设施齐全、吸引力强的旅游景区，提升镇湖旅游总体形象，使其成为环太湖旅游带以原生态和刺绣为主题的特色休闲旅游区，促进旅游业进一步发展，拉动相关产业、提高就业，促进区域社会经济和环境的良性可持续发展，造福当地百姓。

镇湖街道未来还将不断完善各项基础工程建设和基础设施建设，推动景区的规范化建设和管理，加大对外宣传力度，吸引更多的游客来镇湖参观游览，在AAAA级旅游景区的基础上，冲刺国家AAAAA级旅游景区，并在文化旅游要素方面实现突破：扩大镇湖苏绣的产业规模，组建镇湖苏绣集团公司，集聚刺绣人才和销售资源，打响苏绣文化品牌，力争使镇湖苏绣的年销售额实现翻番；壮大苏绣人才队伍，培养一批国家级大师，并在80后、90后中塑造一大批高、精、尖苏绣人才；在苏绣旅游产品的题材、装裱、外观设计等方面有大的突破，实现从“苏绣制造”到“苏绣创造”的跨越；在品牌提升方面，继续办好中国刺绣文化艺术节，使之真正成为国家级的刺绣文化旅游盛事，促进镇湖区域的现代旅游、生态保护、休闲农业和刺绣文化产业“四位一体”协同发展，把镇湖建设为一个生态优美、富裕文明、和谐进取的旅游名镇。

季节色彩

主要参考文献

〔汉〕司马迁撰:《史记》，中华书局，1959 年。
〔汉〕刘向撰 / 赵善诒疏证:《说苑疏证》，华东师范大学出版社，1985 年。
〔唐〕陆广微撰:《吴地记》，江苏古籍出版社，1986 年。
〔宋〕朱长文撰:《吴郡图经续记》，江苏古籍出版社，1986 年。
〔宋〕高承撰:《事物纪原》，金圆、许沛藻点校，中华书局，1989 年。
〔明〕杨基著:《眉庵集》，明成化刻本。
〔明〕王鏊等纂:《姑苏志》，明成化刻本。
〔清〕金友理撰:《太湖备考》，江苏古籍出版社，1998 年。
〔民国〕曹允源、吴荫培等纂修:《吴县志》，1933 年刻本。
高福民、金煦主编:《吴歌遗产集萃》，上海文艺出版社，2003 年。
林锡旦著:《苏州刺绣》，苏州大学出版社，2004 年。
叶继红著:《传统技艺与文化再生》，群言出版社，2005 年。
卢群撰:《苏绣之乡》，海潮出版社，2006 年。
姚海泉主编:《镇湖镇志》，上海辞书出版社，2007 年。
叶继红著:《苏州镇湖刺绣产业集群研究》，古吴轩出版社，2007 年。
卢群著:《镇湖绣娘》，时代文艺出版社，2008 年。
虞美华主编:《苏州镇湖绣品街》，人民出版社，2011 年。
张雪撰:《薛金娣：苏绣守望者》，文化艺术出版社，2012 年。
林锡旦著:《典范苏州 · 博物 · 指间苏州 · 刺绣》，古吴轩出版社，2014 年。
朱浴宇著:《山水之韵》，古吴轩出版社，2015 年。
宋长宝等著:《传承与发展中的苏绣》，江苏人民出版社，2015 年。
苏州高新区虎丘区年鉴编委会编:《苏州高新区虎丘区年鉴》，广陵书社，2015 年。

编纂始末

2014年，苏州高新区（虎丘区）相关部门经研究，决定组织编纂镇湖街道志，围绕其刺绣产业和生态建设两大特点展开，遂向苏州市地方志办公室申请编纂《中国名镇志丛书·镇湖街道志》，得到苏州市地方志办公室支持。10月，苏州高新区（虎丘区）档案局邀请已退休的苏州市地方志办公室编纂处原处长林锡旦担任主编。由苏州高新区组织人员提供资料，林锡旦负责具体编纂。

自此林锡旦即学习《中国名镇志文化工程苏州片编纂实务教材》，根据中指办提出的基本篇目，着手编列《中国名镇志丛书·镇湖街道志》纲目。纲目先后六易其稿，并经过苏州市地方志办公室以及高新区档案局领导专家对纲目二次评审，吸纳了许多宝贵意见。在此基础上，林锡旦又参考《中国名镇志丛书·周庄镇志》，最后修改确定了基本纲目，获得苏州市地方志办公室通过。

《中国名镇志丛书·镇湖街道志》的编纂，在结构上遵照中国名镇志文化工程统一的框架和篇幅要求，略去普通一般性的内容，突出镇湖不同于众的“名”和“特”，即镇湖刺绣和生态镇湖。起初将刺绣设立3个大类，后吸收意见合并为2个大类，一是“刺绣产业”，记述镇湖刺绣整个发展过程，最终成为刺绣产业集群，被评为“中国民间艺术之乡”“国家文化产业示范基地”，镇湖刺绣获国家地理标志产品保护。2015年，八千绣娘年销售额14.6亿元。二是“绣娘绣品”，记述刺绣中的人物和绣品成果，绣娘获评研究员级高级工艺美术师职称（正高教授级）的有24名，镇湖苏绣在纪念改革开放30周年中国创意城市文化名片荣誉盛典上，成为中国创意城市苏州的文化名片，镇湖苏绣艺术精品在国内外获金奖达360多件，获中国文联、中国民间文艺家协会最高奖“山花奖”的作品有8件，入藏国内外博物馆的精品有94件，被作为国礼馈赠外国元首和名人的近百件。第二个特色是“生态镇湖”，镇湖依据伸入太湖的自然地理优势，经全面规划，建设生态街区、发展旅游度假产业、文化创意产业、现代农业产业、绿色环保产业；“特色旅游”，2015年，镇湖生态旅游区成功创建国家级生态旅游示范区，成为苏州市首家国家级生态旅游示范区。两大特色部分文字约占全书三分之二篇幅。

在编纂过程中，执行主编每月到镇湖沟通交流，互通信息，汇报进度，得到镇湖政府及有关部门、人员的大力支持。区档案局尽力提供年鉴及许多档案资料；镇湖刺绣协会主动联系绣娘，做了大量工作，提供了许多珍贵的第一手资料；《镇湖镇志》主编姚海泉不顾年高，亲自到第一线搜集资料，包括人口、少数民族及人数统计、绣娘、绣店、经济结构、科教文卫、水陆资源、绿化情况、行政村、西华社区至2015年变化情况等，实属不易。执行主编在2016年6月不幸遭遇车祸，住院抢救，延误了4个月时间，身体稍好，便坚持编志不辍，尽量把损失的时间补回来。2017年年初，256千字初稿终于问世。经略作整理删改，形成229千字的初稿本，后再修改至200千字左右。送审后再根据市方志办的审阅意见作了一定调整充实，最终以180千字交稿完成。并尽力补上了所需的照片，除了书前几位照片摄影者外，还有相关部门和绣娘作者本人提供的。2017年10月17日省地方志办终审，提出了许多宝贵意见，原则虽已通过送审稿，实际上后续修改、补充、完善的工作仍很多。会后执行主编与高新区档案局、镇湖街道党政办、文化站一起商议，根据评委和领导的意见，择善而从，梳理了修改补充的主要内容，随后进行认真细致的修改完善。

《中国名镇志丛书·镇湖街道志》的编纂，得到中国地方志指导小组办公室、江苏省地方志办公室、苏州市地方志办公室的指导，尤其是苏州市方志办陈其弟、傅强在总体把握及修改方面提出的具体意见，使原来编纂过《苏州市志》的老编纂人员学到了编纂名镇志的新要求；高新区档案局、镇湖街道不仅提供了相关资料、照片，而且请《镇湖镇志》编纂班子的人员协助搜集和提供资料，镇湖刺绣协会也动员镇湖有关刺绣人员提供各自的资料，使编纂工作得以顺利进行。相关人员在前面编纂名单中已列名，现再次表示衷心感谢！感谢大家的大力支持，感谢协助完成了本志。这是上下合作众手成志的成果。

所幸的是《中国名镇志丛书·镇湖街道志》送到方志出版社后，又得到方志出版社审查验收评审意见。喜获出版社的真知灼见，如获至宝，前期误入歧途之处得以及时改正，有的标题和内容也得以修正和删移。2019年1月23日，又得到方志出版社对志稿逐页修改的具体意见，使这部名镇志最终得以完善。在此谨向方志出版社表示衷心感谢！

由于对中国名镇志文化丛书编纂要求理解有限，不足之处请能谅解，错误之处请能提出宝贵意见，以待有机会予以修正。

编　者

2019 年 2 月